本书系教育部人文社会科学研究青年基金项目"城乡教育一体化的制度逻辑研究"（项目编号：12YJC880016）、全国教育科学"十三五"规划国家青年项目"基于优势挖掘的乡村小规模学校教育质量提升研究"（项目编号：CHA170265）、吉林省教育厅"十三五"科技与社科研究规划项目"新型城镇化背景下吉林省农村教育发展道路研究"（项目编号：2016-464）的研究成果。

SYSTEM LOGIC OF THE INTEGRATION OF URBAN AND RURAL EDUCATION

Based on Anthropology Investigation in Zhongle County

社会变迁中的农村教育

凡勇昆　著

城乡教育一体化的
制度逻辑

基于／中乐县的／人类学考察

社会科学文献出版社
SOCIAL SCIENCES ACADEMIC PRESS (CHINA)

史，也可以说是一部乡村破坏史。"随着国家工业化进程的推进，原来维系乡村社会秩序的开明士绅，带着知识、资金、人才等全部进城了，留下来的大多为土豪劣绅，因此维系乡村原有义学、社学、私塾等教育秩序的力量逐渐从乡村抽离出去。特别是 1905 年"废科举、兴学堂"后，由于新式学堂几乎全部设在州县以上城市地区，乡村面临"一乡十里、数十里之中，求一旧有之蒙学馆而不得"的教育停滞状况，乡村子弟向上进学的阶梯也被中断了，乡村教育遭到破坏之情状可见一斑。针对乡村教育几近崩溃的残酷现实，20 世纪二三十年代以晏阳初、陶行知、梁漱溟等为代表的一大批教育家发出了"到乡村去""到民间去""复兴农村""建设农村"的号召，并身先士卒开展乡村教育实验，催生了一场轰轰烈烈的乡村教育运动。

新中国成立不仅是一项重大的宏观结构性或制度性社会变迁，也是一场国民心理性或心态性社会变迁。为了充分体现新社会教育之新性质，国家提出了"教育为工农服务""学校向工农子女和工农青年开门"的方针，大力兴办工农速成中学和工农干部文化补习学校，并积极开展工农群众业余教育，人民群众及其子女的学习热情日益高涨，但伴随而来的是轻视体力劳动和学位供不应求的问题。针对这种情况刘少奇同志提出了"全日制"和"半工（农）半读"两种学校教育制度构想，在此构想下乡村教育获得了较快发展。到 1965 年，小学数量达到 168.2 万所，在校生数达1.16 亿人。尽管"文革"十年先后经历了从"停课闹革命"到"复课闹革命"的"教育革命"浪潮，教育秩序遭到严重破坏，但"接受贫下中农再教育"的城市知识青年"上山下乡运动"却为穷乡僻壤的孩子们送来了一群独特的"乡村知识分子"——知青教师。知青教师在乡村播撒文明的种子，在十余年的时间里让近 1000 万农村儿童获益终生。

改革开放后，国家逐步确立了社会主义市场经济体制，农村社会先后经历了从"家庭联产承包责任制"到"农地三权分离制度创新"、从"农村税费改革"到"全面取消农业税"、从"计划生育政策"到"全面二孩政策"等重大变迁。农村教育也经历了从"普及小学教育"到"普及九年义务教育"、从城乡义务教育"非均衡发展"到城乡义务教育"一体化发展"、从"农村教育人民办"到"农村教育政府办"等制度变迁。进入 21世纪以来，当"城乡教育不均衡"遇上"新型城镇化"时，城乡社会变迁

总　序

　　党的十九大报告提出"实施乡村振兴战略"和"推动城乡义务教育一体化发展，高度重视农村义务教育"。一时间，农村教育再度成为热点。在我看来，农村教育问题在很大程度上不只是一个教育问题，还是一个社会问题；农村教育话题在许多情况下也不只是一个教育学关心的话题，还是一个多学科共同关心的话题。在一定意义上，不是只在乡村学校推广和应用一般教育理论就能解决乡村教育难题的，还要进行基于乡村的教育现代化探索和实验。正是基于这样的认识，我们策划了三套丛书，即"社会变迁中的农村教育"丛书、"学科交叉中的农村教育"丛书和"教育实验中的农村教育"丛书，作为未来十年农村教育学基本学科建设的重点任务。"社会变迁中的农村教育"丛书着重把农村教育放置在社会变迁这一宏大背景中来考察，以辨识社会变迁与农村教育变迁之间的互动关系。"学科交叉中的农村教育"丛书着重以问题为导向，综合运用社会学、经济学、文化学、政治学、心理学等学科视角分析农村教育的重点、热点、难点、盲点问题。"教育实验中的农村教育"丛书着重回到教育过程本身，通过随机对照实验、行动形成实验等方法，探索结果导向的、有助于提升农村少年儿童认知技能和社会能力的教育策略。

　　历史证明，教育变迁和社会变迁之间是存在一定因果关系的，有时教育变迁是社会变迁的动因，有时教育变迁是社会变迁的结果，有时两者又互为因果和条件。对中国乡村而言，近代以来最重大的社会变迁莫过于欧洲"工业文明"和"都市文明"的引入，即所谓的现代化运动。梁漱溟先生说："原来中国社会是以乡村为基础，并以乡村为主体的；所有文化，多半是从乡村而来，又为乡村而设——法制、礼俗、工商业等莫不如是。在近百年中，帝国主义的侵略，固然直接间接都在破坏乡村，即中国人所作所为，一切维新革命民族自救，也无非是破坏乡村。所以中国近百年与城乡教育变迁不协调、乡村教育发展不充分的矛盾被加剧放大，引发了一系列重大问题，譬如农村学校布局调整问题、农村学校标准化建设问题、农村小规模学校问题、农村寄宿制学校问题、城镇大班大校问题、乡村教师队伍建设问题、农村留守儿童教育关爱问题、农民工随迁子女在流入地就学升学问题、农村初中生辍学问题、城乡学生大学入学机会公平问题等。所有这些问题，都是宏观社会变迁对城乡教育制度和城乡教育形态带来的挑战与影响。

本套"社会变迁中的农村教育"丛书以 21 世纪我国重大社会结构变迁为宏观视角，重点探讨社会变迁对农村教育的影响以及农村教育的自主调适过程。农村教育变迁既有"被动"的一面，也有"主动"的一面，只是由于城镇化的力量过于强大、城乡教育质量不均等过于严峻，乡村教育面临"凋敝"困境。但是值得欣喜的是，在同样的宏观社会变迁背景下却出现了四川蒲江、江西弋阳、甘肃平凉等乡村教育现代化的样板，这里的乡村教育不仅是高质量的、有特色的，而且是现代的、田园的。尽管优质乡村教育的力量还很微弱，但我们坚信"星星之火，可以燎原"，我们完全可以在乡村振兴战略驱动下，汇聚起气势磅礴的力量去振兴乡村教育，并通过乡村教育促进乡村社会的现代转型。

城乡是一体化社会，是教育命运共同体。如果乡村教育质量不高，国家不仅难以大面积地获得高质量的人才资本，城市也难以普遍地获得高素质的劳动力量。为此，我们要秉持"政府主体责任"的治理理念。政府在直接提供有形教育公共产品的同时，还要提供制度、规则和政策等无形教育公共产品，激发社会力量广泛参与农村教育治理，推进基层教育创新。我们要坚持"城乡包容一体"的发展理念。积极适应新型城镇化和新农村建设需要，统筹规划城乡教育，做强农村教育、做大城镇教育，推进城乡教育一体化和同步实现教育现代化。我们要确立"城乡共同利益"的价值理念。发展现代化农村教育不只是农村居民的群体福祉，更是全社会的共同利益，实现农村教育现代化对农村、城镇和国家均有裨益。城乡是互益共享的利益共同体，农村人口思想和行为的现代性转变是城乡共同的资本与财富。

我们生长在一个大变革的时代，扎根中国大地，真实记录并勇于思考农村教育这一时代课题，是历史赋予我们的光荣使命。当前，学术界对农村教育的现实性研究居多，理论性探索略有不足。本套丛书的研究成果，多是研究者在长期学术积累基础上，经反复修改提炼而成的，具有一定的学术前沿性和创新性。我衷心期待本套丛书的出版能激发更多高水平农村教育研究成果的涌现。

邬志辉

教育部人文社会科学重点研究基地

东北师范大学中国农村教育发展研究院院长

2018 年 6 月 3 日，于长春

序　言

　　凡勇昆博士的著作《城乡教育一体化的制度逻辑》即将正式出版了，这是他学术生涯的第一本著作，我想这对于他的意义是毋庸置疑的。本书是在他博士学位论文基础上进行较长时间修改的成果，作为他的博士生指导老师，同时也是本书的第一位读者，我为他感到由衷的高兴，同时也向他表示衷心的祝贺！他是一位非常勤奋的学者，对学术有着执着的追求；他为人谦逊，无论是同窗学友还是挂职锻炼单位同事，都对他有着很高的评价。在凡勇昆博士新著出版之际，我想就城乡教育一体化问题谈一点看法。

　　在我看来，"一体化"概念的语义逻辑前提是"两体化"甚至是"多体化"的存在，其价值逻辑前提是一体化是理想化的存在状态。这里的"体"主要是体制、机制以及这些制度背后的文化价值观念和社会主流态度，所以城乡教育一体化从根本上说就是城乡教育体制机制的一体化，它针对的是长期以来形成的城乡教育二元分割的制度安排。中华人民共和国成立以来，为了加速推进国家的工业化进程并能获得工业化发展的资本积累，我国政府采取了"以农促工""二元分立"的发展战略，与此相对应，在教育上形成了城市教育政府办、农村教育农民办的二元化教育制度格局。应该说，这一制度安排对于国家快速发展教育事业、培养国家急需的人才起到了重要作用。可是，随着我国改革开放政策的不断深化、社会主义市场经济体制的逐步确立、城镇化进程的快速推进，城乡教育差距也日益突出。即使在县域内，城镇与乡村之间的教育差距也越来越明显，从而引发了教育要素资源的向城性流动——优秀教师流向城镇，优秀生源流向城镇，教育资金也流向城镇。国家看到了这一问题，因此在《国家中长期教育改革和发展规划纲要（2010—2020年）》中首次提出了"建立城乡一体化义务教育发展机制，在财政拨款、学校建设、教师配置等方面向农村倾斜"的政策方向。我认为，判断一个地区城乡义务教育是否在结果意义上实现了一体化发展，主要有三个标准：一是城乡义务教育的资源配置是否实现了均等化，即学校的办学要素、资源配置是否达到了国家规定的底线标准并在特定的空间内实现了基本的均衡；二是城乡义务教育的吸引力是否实现了同等化，即农村学生家长是否会因为教师水平、教育质量等因素去选择城市学校，农村在职教师是否会因为工资福利待遇和发展晋升机会等因素而进行单向的"向城性流动"，新毕业的师范大学学生是否会出现歧视性地不到农村学校就业；三是城乡义务教育学生接受高质量后续教育的机会是否实现了平等化，即从结果的意义上看，城乡义务教育是否真正实现了一体化，还要看城乡学生在义务教育结束后接受高中阶段教育和高等教育时，在同等水平学校所占比例是否大致相当。而要保证实现上述三个城乡义务教育一体化发展目标，必须要有强有力的体制机制作保障。

　　长期以来，我国教育政策执行一直存在"大落差"现象，很多政策看起来设计得非常科学，也经过了专家的长时间论证，但是在实践中却经常出现各种偏差甚至完全相反的结果，最后导致政策偃旗息鼓、不了了之，为什么会出现这样的怪圈呢？凡勇昆博士的研究视野重点集中在县域层面，他的着眼点不只是"如何设计政策"，更重要的还在于"如何提出和落实政策"，以发现影响城乡教育一体化目标实现的制度根源。作者深入中乐县开展实地研究，通过较长时期的参与观察，致力于记录地方政策提出和落实中不同利益相关者的不同言语和行动，反思成功经验和发展困境背后的制度逻辑。对此，凡勇昆博士做了一些尝试性的回答，为教育行政部门科学有效推进城乡教育一体化政策提供了新的思考方向和空间。

　　凡勇昆博士借鉴新制度主义社会学中的分析框架和话语，深入中乐县考察城乡教育一体化制度产生和制度化过程，辨识制度实施过程中出现的不同困难和问题。在他看来，历时的制度变迁和共时的制度实施隐藏着权力和文化的互动意义，在权力和文化的双重影响下，中乐县城乡教育一体化出现了制度变迁的强制性、制度实施的选择性、制度遵守的表面化、制度执行的变通化、权力运作的非正式化、下级抵抗的软性化、上下级共谋等实践行为。作者让我们认识到了城乡教育一体化中的制度逻辑，即城乡教育一体化的制度包括权力与文化两大类型，它们构成了组织和个人所处的制度环境，并按照各自的运作逻辑对人们产生影响；"强权力、弱文化"特征使得中乐县在城乡教育一体化中"提出"任何一项重大教育改革措施或者理念时，权力的作用往往大于文化的意义；与此对应，"弱权力、强文化"特征使得中乐县"实施"任何一项改革措施或者理念时，文化的意义总是大于权力的作用；在城乡教育一体化的很多层面和维度上，权力与文化之间有着重要的互动关系。这些认识有很多是符合中国现实的，这正是习近平总书记强调的"要扎根中国大地做学问"的深刻体现，这种基于扎实的中国本土田野工作所得出的认识，自然对中国城乡教育改革和发展具有重要的指导意义。

　　研究的本质不仅在于问题的真实、概念的严谨，更在于方法的恰当、证据的充分。为了能真正发现真实问题，凡勇昆博士最终选择了人类学的研究方法，并以中乐县为田野工作地点，深入地方四个多月，同当地教育机关、学校、教师保持着非常紧密的接触。在田野工作中，他对具体研究方法的选择比较开放，参与观察、口述史、个案研究以及访谈、调查等方法，只要有利于研究工作的开展和资料的收集，他都会积极地去思考和探索，并能自觉反省研究过程中的"主位与客位""理论研究与实地考察""人类学与历史学"方法论关系。在扎根于教育大地的过程中，自然地生长出了不一样的理论认识，而这正是我所欣喜的地方。

　　据我所知，当年论文的盲审成绩还算不错，答辩时的各位专家也提出了比较中肯的意见和殷切的鼓励，他能利用两年多的时间认真思考各位专家的意见和建议并进行修改，这种严肃认真的学术精神是我非常欣赏的，这既是对专家意见的尊重，也是对自己学术的尊重，更是对读者的尊重。当然，受诸多因素所限，本书还有许多缺憾，还有进一步提升的空间，好在凡勇昆博士是一位有着执着学术追求的年轻学者，我相信在今后的学术交流、互动与探索中，会把这一学术问题引向深入。

　　是以为序！

邬志辉

二〇一七年三月二十六日于长春南园寓所

目　录

绪　论

一　研究的背景和意义

（一）研究背景

1. 政策上城乡教育一体化的适时提出

如果研究城乡教育一体化，就不能不提到城乡一体化。城乡一体化是城乡关系理论的一个组成部分，而对城乡关系的探索最早出现在 16 世纪欧洲的空想社会主义，其后马克思、恩格斯也对城乡关系进行了较为详尽的论述，在英、美、加等国家也出现了较为丰富的城乡关系的理论研究和实践探索。然而，"城乡一体化"概念则由国内学者首先提出并开启了一系列较为深入的研究。

城乡一体化研究肇始于 20 世纪 80 年代初，其时正值我国改革开放之初，随着苏南地区的乡村工业化和城镇化的迅猛发展，在实践上表现出一种试图突破原有城乡二元结构的发展趋势和力量。较早提出城乡一体化概念的是我国学者发表的两篇论文，它们是 1984 年黄文新、赵曙东发表在《江苏农业科学》上的《江苏太湖地区农村经济发展的新趋向》和陈城发表在《求索》上的《是社会主义城市化，还是城乡一体化?》，自此我国学界拉开了关于城乡一体化理论研究和实践探索的大幕。从 1984 年到 1990 年，共有 100 多篇专门针对城乡一体化问题进行研究的文章参与了这一讨论（薛晴，2011）。迄今为止，城乡一体化研究经过 30 多年的理论演进和实践发展，其所涉及的领域已非常广泛，具体包括政治、经济、社会、文化、生态、规划布局等。

自其产生以来，政治学、社会学、经济学以及城市学等各学科人士均立足于自身立场，运用不同的方法论、从不同角度对城乡一体化的理论内涵给予了各自的解读，关于"城乡教育一体化是什么"的问题至今尚未有一个权威解释。然而，这并不妨碍人们对之进行持续探索的热情，通过对以往城乡一体化相关文献的梳理，我们可以大致总结其蕴含的内在特征和精神内核，即它是以消除城乡二元结构、促进城乡社会协调发展为目标，不断追求城乡互惠互利的一个渐进过程。

城乡教育一体化是来自我国学界的一个教育思想，并逐渐成为当下解决城乡教育关系困境的政策选择。我国最早出现的城乡教育一体化思想来自同时发表于1989年的两篇论文，其一是在《教育与经济》上发表的《经济与教育一起抓——四川省梁平县虎城乡建立农民教育与农村经济开发一体化机制的调查》，其二是在《上海教育科研》上发表的《从城乡一体化的要求看户口政策对上海农村教育的影响》。但是在当时的教育背景下，关于城乡教育一体化的相关研究极少，即使在随后的十多年时间内仍没有引起研究者和相关政府部门的关注，这让两篇论文显得有些形单影只，这种情况一直持续到近几年。

2008年10月中共十七届三中全会颁布《中共中央关于推进农村改革发展若干重大问题的决定》，提出了"建立促进城乡经济社会发展一体化制度"的发展任务，城乡一体化思想的政策化直接催生了城乡教育一体化。2010年国务院颁布并实施的《国家中长期教育改革和发展规划纲要（2010—2020年）》明确提出了"建立城乡一体化的义务教育发展机制，在财政拨款、学校建设、教师配置等方面向农村倾斜"的教育发展目标。

随后，教育部先后在全国范围内确立了城乡义务教育一体化发展的试点地区，其中北京市部分区县、天津市、山西省、黑龙江省部分县市区、江西省、安徽省、湖南省以及新疆维吾尔自治区确立了探索城乡教育一体化发展有效途径的目标和任务（国务院办公厅，2010）。城乡教育一体化政策的颁布，凸显了我国各级政府为消除城乡差距、统筹城乡发展进行的不懈努力。

基于城乡教育一体化的政策要求，教育研究者对此也逐渐产生了浓厚兴趣，尤其是2011年5月21~23日在教育部政策法规司，教育部基础教育一司、二司，教育部师范教育司和教育部督导团办公室的支持下，由中国教育学会主办的"首届中国农村教育论坛"在河北三河召开,论坛以"城乡一体化背景下的中国农村教育改革与发展"为主题,围绕当前城乡教育一体化发展、农村义务教育改革与发展、农村学前教育改革与发展、教育督导四个热点问题设置四个分论坛并展开了热烈的探讨,这在理论研究上给予城乡教育一体化政策以有效回应。

与理论研究和政策制定相比,我国城乡教育一体化在开始之时就体现了实践上超前的特征。近几年我国部分地区已经进行了城乡教育一体化的实践探索,如安徽铜陵、重庆梁平、上海浦东、天津、北京以及河北三河等。值得一提的是,本书的研究对象乾口市早在 21 世纪初就以"乾口市构建城乡教育一体化发展模式研究"为题承担了全国教育科学"十五"规划课题,以乾口地区教育现状为基础对城乡教育一体化进行了实践尝试。2009 年,教育部与地方签署了共建统筹城乡教育综合改革试验区合作协议,尝试通过改革试验在统筹城乡教育、灾后重建、现代教育服务体系等方面探索出新的发展模式。这些丰富的实践探索获得了难得的改革经验,它不仅为理论研究和政策制定提供了诸多合理化建议,而且为城乡教育一体化的未来发展提供了实验基础。

2. 实践中农村教育地位的逐渐凸显

20 世纪中期以来随着市场经济的出现,各种腐败现象和社会不公正问题逐渐凸显,公平、平等、公正逐渐成为我国学术界的强势话语和公共话题。这不仅仅反映在教育学研究领域,在政治学、社会学、经济学以及法学等领域均蕴含着对公平、公正理想的价值诉求。尽管中国学界在政治改革、社会经济领域、国际关系中出现了分化,但是毋庸置疑它们之间也存在着"关注在社会保障、教育、住房、医疗、就业等各领域的不平等"(共识网,2011)的基本共识。

改革开放以来,在我国教育"城本主义"价值取向下,农村教育一直处于极其尴尬的位置,农村教育改革的推进步履维艰。从某种意义上讲,如果说 30 年来中国教育改革(而不是"发展","改革"与"发展"是有联系但又有重要区别的两个概念)取得了不俗进展的话,那么这些进展主要也是在城市中取得的(吴康宁,2010)。这种情况大致可以从理论研究和实践走向两个维度来体现。

首先,农村教育的专业研究者少。农村教育可以从两个方面理解,即农村研究中的农村教育和教育研究中的农村教育，前者主要指我国农村研究机构在对农村建设中的政治、社会、文化、生态等研究中对教育的关涉，后者主要体现在我国教育研究机构对城市教育和农村教育的分野。然而目前我国农村教育研究群体有着极大的局限，而且国内比较重要的农村教育研究机构屈指可数，涉猎农村教育的研究者大多有着明显的"兼职性"，他们只是在涉及农村教育的课题或者项目申请中才会"介入"农村，他们与农村教育的关系实质上是一种工具价值向度的关怀。这一点从关于农村教育学术研讨会的参与学者类型就可以看出。而对于那些农村研究机构，经济研究、组织制度、农村政策等往往成为农村研究的中心议题，而"教育"或许根本没有进入他们的视野，教育在农村研究中被研究者割裂了。

其次，农村教育地位低，城市化倾向愈演愈烈。从世界范围来看，农村教育的地位低一直都是一个突出的问题。在我国历史上，农村教育被城市教育和高等教育严重地边缘化了（葛新斌，2015）。

所谓农村教育发展的城市化，是指农村教育为了改变落后面貌，顺应现代化发展的潮流，遮蔽农村教育的文化熏陶，以先进的城市文化作为农村教育发展的向导，以先进的城市教育作为农村教育追逐的榜样，在学校管理、课程设置以及教学组织等各方面均以城市教育为标准，从而使得农村教育逐步城市化，以期最终实现农村教育城市化。目前，我国农村教育城市化的倾向越来越明显，甚至有些地区明确提出了"县城教育是城乡一体化的关键"（胡守荣，2011）言论，建议所有农村学校迁移到县城中去，这种把农村教育"抽离"出农村的行为确实值得商榷。

近年来，城乡教育差距逐渐拉大导致的城乡教育失衡引起人们的广泛关注。2010年教育部颁布的《国家中长期教育改革和发展规划纲要（2010—2020年）》全文累计出现"农村"二字达40次，足以充分说明农村教育之于我国教育改革和发展的重要意义。我国各级政府也逐渐置农村教育为各项工作的重心。例如，2011年教师节前夕，时任国务院总理温家宝在河北省张北县农村教师大会上就强调了办好农村教育的重要意义，提出了推进农村各类教育协调发展、着力提高农村教育质量、加大农村教育投入、创新农村教育管理体制、造就高素质的农村教师队伍等发展任务（温家宝，2011）。因此，一些学者也把他对于农村教育的关怀情结亲切地称为"农村教育学"。改变落后的农村教育现状成为社会的殷殷期望，教育发展的责任也促使政府不断思考城乡教育公平的运行机制，这也是近几年教育公平、教育公正、教育均衡以及城乡教育一体化等理念和政策应运而生的原因之一。

3. 研究中对城乡教育一体化缺乏深度挖掘

虽然"城乡教育一体化"概念产生于 1989 年，但是就历年来有关文献数量的变化程度而言，直到 2009 年它才真正显现于研究者和政府面前，因此它多少显得有些"姗姗来迟"。当然，这与 2008 年《中共中央关于推进农村改革发展若干重大问题的决定》的颁布以及近几年来教育公平、平等和公正问题成为主流教育话语有着密切的关联。依据目前掌握的研究文献，笔者发现关于城乡教育一体化的研究主要集中于基本概念、政策意义、实现路径、实践反思以及指标体系构建等维度，在政策的引导下，教育理论界对城乡教育一体化的机制、体制和制度研究的兴趣日益浓厚。当前城乡教育一体化的制度研究主要集中在内容设计上，如有研究者认为促进城乡教育一体化需要改革的教育制度包括学生培养制度、教育质量评价制度、教育人事制度、教育投入制度、入学招生制度、办学制度和教育管理制度等方面（褚宏启，2010a）。也有研究者基于体制与机制的辩证统一关系，认为在城乡教育一体化改革中，教育体制与教育机制的不同，要求教育体制与教育机制各自改革自己特定的内容，不能将二者混为一谈和相互替代；而教育体制与教育机制的相关性，又要求二者的改革需要同步进行，不可顾此失彼，同时还要求二者的改革不仅要相互适应，而且要注意教育机制创新与教育活动改革和教育观念改革相配套（孙绵涛，2011）。这些研究基本上代表了目前研究的现状，而且在城乡教育一体化研究刚刚起步的当下，它们的出现确实在同类研究中起到了奠基性作用，也为政府部门进行决策和相关政策制定提供了理论依据。甚至有些研究已经出现了对当前制度研究的"逃离"，从文化的视角来研究城乡之间文化鸿沟的消除和城乡文化的融合（魏峰，2010），这在一定程度上是对城乡教育一体化制度内涵理解的突破。

然而，总体而言，当前在制度研究中还存在需要进一步深化的空间。我国学者黄万盛认为，制度的重要性无可辩驳，但是当前学界的自由主义者过于重视制度而忽略了文化，如果仅仅从经济政治制度架构谈论普适性问题而从不讨论制度背后的文化因素，就会使制度变得很薄，一旦经济出现问题，制度就会发生危机，无法面临原教旨主义的挑战（许纪霖、黄万盛、杜维明，2003）。这种现象也普遍反映在教育领域内，尤其是当前城乡教育一体化制度研究中文化要素遭遇无视和缺位。肇始于 20 世纪 70 年代末的新制度主义社会学在制度研究中有着不同的研究视角和理解层次，在制度的理论要素、制度化以及制度变迁等方面积累了可观的资源，例如，它认为制度不仅包括各种法律文本、规章条文以及社会规范，还涵盖了价值观念、文化制度、行为习惯等内容；制度化环境作为一种理性神话，提供了社会结构的合法性机制，对组织结构和行为具有一种决定性意义；等等。同时，它也能够对存在的问题提供有深度的学理性解释，例如，在组织中为何出现目标替代？学校和其他一些社会组织为何体现为一个松散的结合体？如何解释城乡教育制度从城乡二元分割到城乡教育一体化的变迁？为何出现人们花费大量的人力和财力设计一项制度但是完成之后却将其束之高阁、弃之不用的现象？等等。诚然，新制度主义社会学的确是在用"另一种思维"来解读和回应城乡教育一体化的制度问题，不失为一次有价值的尝试。然而，这种来源于西方国家的理论资源与我国城乡教育一体化的制度实践之间的恰切性如何还不得而知，我们不可能仅仅依靠"拿来主义"的思维方式把根植于外国实践的理论简单搬运到中国，进而指导我国城乡教育发展的运行和变革。也正是为了避免中国实践被国外理论随意裁剪的厄运，本书采用人类学的研究方式深入城乡教育改革的现场来感受底层运作和倾听无声者的声音。

（二）研究意义

1. 理论意义

城乡教育一体化研究是当下我国教育研究中的重大理论问题。虽然该理论诞生至今已经走过了 20 余年的发展历程，但是研究成果主要集中在近几年内。目前国内的城乡教育一体化研究还远远不成熟，这不仅体现在至关重要的制度研究相对简单和肤浅，理论深度和研究反思上还亟待进一步加强，而且思维方式的单一和呆板也大大限制了其他学科对该问题的观照。一些中国社会科学家只能以西方学术规范来表达其在中国的生活中所感受到的重要性，这构成了中国社会科学研究面临的根本困境乃至"中国危机"，只有运用跨学科的研究方法和思维才有可能走出一条解困之路（汪丁丁，2008）。在国家教育政策提出"建立城乡义务教育一体化机制"的当前，本书采用人类学个案研究的方法，通过实地调查来观照城乡教育一体化问题。在以往的农村教育乃至整个教育领域的研究中，人类学的实地研究相对较少，大多数研究者或者沉湎于纯粹的教育原理性的理论思辨，或者追随西方社会科学中的定量分析。在这样的思维方式影响下，一些农村问题研究者总是预设了一种远比农村教育当事人更为高明的立场，总是用自己的一套概念和话语体系，先入为主地去框套和剪裁农村教育现实，然后得出自以为深刻的结论，提出自以为得计的对策和建议（葛新斌，2006）。这就造成了以往一些研究"外在于"农村教育现场的困境，在教育理论与教育现实之间造就了一条无法逾越的"鸿沟"。

　　实地研究具有其他研究方式所不具备的优势，如它重视研究者亲临"实地""考古"，重视通过与研究对象的交往对话来获取研究资料；重视研究者在整个研究过程中的作用，强调研究者具有高度的主动性和能动性，实地研究者应该使个人的风格与个性浸染于实地研究之中；重视从整体的和历史的角度来认识和理解研究者与被研究者的关系；强调从过程的和建构的视角来观照和阐释事件及其意义；将研究的重点从注重构建理论体系和形成严密科学，转移到注重探究那些与人们日常生活有密切关系的重大现实问题上来（张新平，2007）。本书为了避免落入以往研究的窠臼，采用实地研究的方式，通过对中乐县实施为期四个多月的现场观察，感受实践中城乡教育一体化产生、实施过程中制度规范、文化期待、价值观念以及当地人们特有的文化－认知，以让理论研究能够实现"脚踏实地"的夙愿。值得一提的是，本书虽然采用人类学的研究方法，尽量倾听现场不同人群的主位观点，立足于还原事物的本来面目，但是它并非纯粹的研究材料堆砌，其间也充满着理论与现实、西方不同话语与我国理论之间的对话和碰撞。本书曾多次借鉴新制度主义社会学理论，尝试用"另一种思维"来积极探索城乡教育一体化制度设计和实施的基本理论问题。与当前我国教育研究中的制度分析不同，新制度主义社会学认为城乡教育一体化中的制度分为规制性制度、规范性制度和文化－认知性制度三个维度，而且关注的焦点不只是单一的城乡教育制度内容体系，城乡教育一体化过程中的制度逻辑、权力和利益斗争以及多元制度环境等问题也将成为研究的关注点，这样就可以从不同侧面来透视城乡教育一体化的制度和政策问题。

2. 现实意义

在"城乡教育一体化"概念提出之后，教育部以及各级政府和教育行政部门均把城乡教育的协调发展放在教育工作的重心位置。然而，城乡教育一体化理论和政策不仅对教育实践者而言非常陌生，就是对理论研究者而言也是一个崭新的发展课题，这一点可以从至今出现的关于城乡教育一体化的专著窥见一斑。本书立足于人类学研究视角，考察城乡教育一体化制度的产生和制度化过程，对其在实施过程中出现的不同困难和问题进行真实的辨识，进而概括城乡教育一体化的制度逻辑。本书能够为各级教育行政部门的政策制定者提供思考的空间，尤其是对城乡教育一体化实践过程的细节和忽视点的透视能够给政策研究补充新的思考方向；同时，也为各级学校校长消除笼罩在城乡教育一体化理论上的层层"迷雾"，进而能够拨云见日般地感受、理解和支持城乡教育协调和沟通。

本书作为一个地区的城乡教育一体化发展图景进行描述的个案研究，自然也遭遇到人类学研究中非常普遍的一个质疑，即它具有多大的代表性或者单一的个案能否反映当前整体发展的全貌？小地方能否成为大社会的一个缩影？这个关于普遍性和特殊性的逻辑困境，有很多学者已经对其进行了学理性的回应。例如，文化人类学家格尔茨（C. Geertz）认为典型的人类学家的方法从"一"及其扩展的方式摸透极端细小的事情这样一种角度出发，最后达到那种更为广泛的解释和更为抽象的分析（张新平，2007）。还有我国教育学者陈向明的《王小刚为什么不上学了》一文，通过目的性抽样的方式在河阳县选取了辍学生王小刚作为分析对象，通过对其背景、辍学的过程和原因、辍学后的去向、辍学后的心情以及今后的打算五个维度的考察，勾勒出了一个农村儿童的完整辍学经历，勾画出我国义务教育阶段辍学生的一个缩影，并成为"中国贫困省基础教育重读、辍学研究"课题的研究成果之一（陈向明，1996）。本书意在通过对一个典型个案的微观描述，体现县域内城乡教育发展关系的轨迹，窥视不同的组织与主体在各种行为中表现的丰富性。希望能够通过对"小地方"的麻雀剖析，对"大社会"的研究与政策提供一些反思和验证。

二　研究文献回顾

（一）城乡教育一体化研究的轨迹

近年我国政府为解决城乡差距、统筹城乡发展进行着不断的努力。2010 年我国政府出台《国家中长期教育改革和发展规划纲要（2010—2020年)》，在我国教育政策中首次正式提出城乡教育一体化的设想，它对于我国整个教育系统的发展具有重要意义。为了对城乡教育一体化有一个总体印象，本书对其 20 多年中的理论研究和实践探索的变迁历程进行了梳理。

1. 城乡教育一体化相关研究文献分析

近几年城乡教育一体化问题已引起人们持续广泛地关注。截至 2017 年7 月，在中国知网采用高级搜索的方式以"城乡"、"教育"和"一体化"为题名共检索出 731 篇研究文献，其中中国期刊全文数据库 378 篇，中国优秀硕士学位论文全文数据库 45 篇，中国重要会议论文全文数据库 46 篇，中国重要报纸全文数据库 262 篇。由此可见，报纸和期刊是城乡教育一体化研究文献的主要来源。然而，这还不包括以城乡教育一体化为主题或关键词的相关研究，因此该领域研究文献数量要大于前面提到的统计数据。然而，统计所有相关文献不仅没有可能而且完全无必要。因此，以上的731 篇研究文献构成了本书的研究基础，以此可以大致看出近年来关于城乡教育一体化的研究发展现状和趋势（见表 0 - 1）。

表 0 - 1　1989 ~ 2016 年我国城乡教育一体化研究的文献分布

年份	文献数量（篇）	所占比例（%）	年份	文献数量（篇）	所占比例（%）
1989 ~ 2003	8	1.09	2010	74	10.12
2004	7	0.96	2011	96	13.13
2005	28	3.83	2012	71	9.71
2006	24	3.28	2013	93	12.72
2007	21	2.87	2014	91	12.45
2008	17	2.33	2015	68	9.30
2009	56	7.66	2016	77	10.53

从表 0-1 可以看出，历年来城乡教育一体化的研究文献较为明显地分为三个阶段。一是 1989~2003 年的萌发阶段。城乡一体化思想产生于 1984 年前后，经过研究者的理论发展和各地区的实践探索，短短几年内它已经在政治、经济等领域产生了广泛的影响，当然教育也不例外。在《从城乡一体化的要求看户口政策对上海农村教育的影响》一文中，研究者认为城乡一体化是当代世界经济发展的潮流，城乡一体化应该是实现上海经济、社会发展战略的一个重要指导思想，也是改造、振兴上海的一条重要工作方针。城乡一体化的进程中，科技是最活跃的因素和搞好城乡一体化的基础，而教育则是科技的基础，然而农村的智力状况与城乡一体化的要求很不适应（张奇文，1989）。以此可以看出，城乡一体化的思想和行动对当时城乡二元教育制度产生了强烈的冲击，面对当时城乡教育发展失衡的状况，研究者也自觉地把教育划归到城乡一体化的范围之中。此外，当时我国政府大力支持开展农村教育综合改革，三教统筹、农科教相结合成为农村教育发展普遍推广的模式，1993 年我国政府颁布的《中国教育改革和发展纲要》明确提出了"积极推进农村教育、城市教育和企业教育综合改革，促进教育同经济、科技的密切结合。县、乡两级政府要把教育纳入当地经济、社会发展的整体规划，分级统筹管理基础教育、职业技术教育、成人教育，统筹规划经济、科技、教育的发展，促进'燎原计划'与'星火计划'、'丰收计划'的有机结合，落实科教兴农战略。要积极推进城市教育综合改革，探索城市教育管理的新体制"（中共中央、国务院，1993）的农村教育发展政策，这一切成为城乡教育一体化思想的理论和现实来源。从 1989 年出现城乡教育一体化理念至 2003 年的 15 年中，一共才出现 8 篇研究文献，年均论文数量不足 1 篇，这说明虽然部分研究者认识到城乡教育一体化的意义，但是囿于当时的政治、社会和教育环境，它并没有得到关注，整体上它还并不是真正意义上的"出现"，这也是这一阶段被称为萌发阶段的原因。

二是 2004~2008 年的出现阶段。2004 年以后发生了较大变化，研究文献数量较之前有了明显的提升且较为稳定，研究者的目光逐渐转移到了城乡教育一体化的相关研究上来。这主要源于"教育公平"、"教育平等"以及"教育公正"等观念成为我国教育内中心议题的变迁结果。2000 年以前，我国学术界对教育公平的研究还处于起步阶段（王振存，2008），这一点从包括硕博士论文、教育研究课题在内的数量变化特征可见一斑，在2004 年前后，有关教育公平的研究文献出现明显上升的趋势。此外，2004年前后淄博市、乾口市等地区的城乡教育一体化的现实运作取得了显著成就，基于课题研究和设计上的理论探索让人们重新认识了城乡教育一体化的机制，在全国产生了广泛的影响。然而，值得强调的一点是，该阶段所有 97 篇文献中以经验性研究居多，缺乏系统性和理论基础支撑，极少有来自教育研究领域的学术精英的作品。因此，在严格意义上，彼时的城乡教育一体化研究还没有真正走进研究者视野。

三是 2009 年至今（2017 年 7 月）的显现阶段。2009 年以来城乡教育一体化研究文献尤其是学术性论文数量激增，而且每年都有新的变化，[①]这意味着该研究开始走进了研究者的关注范围。当然，除了与城乡教育一体化紧密相关的"教育公平"等论题的持续彰显之外，出现这样的情况同样有着深刻的社会、政治和教育背景。加之城乡教育一体化相关政策的颁布，凸显了我国各级政府为缩小城乡差距、统筹城乡发展进行的不懈努力。至此，城乡教育一体化才真正显现于教育研究者的视野。

同时，在研究文献中还发现了一些具有较高研究水平和价值的学位论文，如《城乡一体化背景下农村义务教育培养目标定位研究》《乾口市成华区推进城乡教育一体化发展的研究》《重庆统筹城乡基础教育一体化机制研究》等。这在另一方面证明了关于城乡教育一体化的研究已经不仅仅出现在报纸、网络等形式的社会媒体报道中，而且还吸引了具有较高学术研究能力的学者的兴趣。"城乡教育一体化"概念出现至今已有 20 余年，然而这并不表明该领域的理论研究已经成熟，事实上它只不过刚刚起步。因此，对于迄今尚未出现以城乡教育一体化为主题的博士论文和论著的现状，本书认为这不足为怪。

2. 我国城乡教育一体化研究的现状

如前文所言，经过本书考证，在 1989 年就出现了关于城乡一体化中教育发展的研究。而最早明确提出"城乡教育一体化"概念的则来自 1995

---

① 由于本次搜索时间在 2017 年，该年度的研究文献并没有全面发布在期刊网，因此根据目前研究现状推断，它的实际数字要远远大于表 0-1 中 2016 年的 77 篇。

年王克勤发表在《普教研究》第 1 期上的《论城乡教育一体化》一文。在此后很长一段时间内，理论界和政府部门很少有人对此有所关注，直到 2004 年这种现象才有所改善，此后城乡教育一体化作为我国教育发展的一项政策逐渐成为人们关注的热点。

（1）城乡教育一体化概念界定

认识城乡教育一体化的内涵是研究城乡教育一体化的前提，因此诸多研究者基于不同的理解给出了操作性定义。目前较有影响的主要有城乡教育共同发展、农村教育城镇化两种观点。

其一，城乡教育共同发展。赞同城乡教育共同发展的研究者认为城乡教育一体化就是通过多种形式和措施，为城乡教育提供公平、共享的优质教育资源，就是要协调城乡一体化进程，把城市教育和农村教育作为一个整体，突破城乡二元分割分治的制度束缚，由各级政府在辖域范围内统筹规划城乡教育发展、统筹设计城乡教育政策、统筹配置城乡教育资源，改变优质教育要素资源单一"向城性"流动的格局，实施向农村倾斜的教育政策，逐步缩小城乡教育差距，实现城乡教育高质量、有效率的均衡与可持续发展的过程（邬志辉、秦玉友，2012；褚宏启，2009；李潮海、于月萍，2010）。目前坚持这种观点的研究者占据绝大多数，而且我国政府政策中"在财政拨款、学校建设、教师配置等方面向农村倾斜"的规定也显示出对城乡教育共同发展理念的认同，因此，在一定意义上它代表着当前我国城乡教育一体化研究的主流观点。

其二，农村教育城镇化。由于农村地区经济条件落后、生源不断减少、教育质量低下以及社会环境恶劣等因素的存在，部分研究者认为城乡教育一体化是引导农村学校向城镇转移并逐渐消除农村学校的过程。应顺应城市化潮流和民众意愿，实施农村中学由乡向城的转移，仿效山东平原县的经验，实现农村中学的县城化、非农化，从而以农村教育城镇化推进城乡一体化（胡俊生、李期，2010）。也有研究者认为县城教育是城乡教育一体化的关键所在，起码在目前阶段，发展县城教育才能使城乡一体化成为可能，使城乡教育健康协调发展成为可能。因为只要县城教育做大、做强了，上可以连接大中城市，接受大中城市的辐射，同时减轻大中城市的就学压力；下可以带动辐射乡村及整个农村地区，这样才能形成一个较为合理的教育发展链条（胡守荣，2011）。当然，目前持这种观点的研究者并不太多，但是它无疑真实地言说了一种现实中存在的城乡教育发展倾向。

（2）城乡教育一体化的政策价值

除城乡教育一体化内涵研究之外，关于城乡教育一体化政策意义也是研究的重要内容之一。通过对以往研究文献的回顾，笔者发现，几乎所有研究者都给予了城乡教育一体化极大的赞同和认可。他们认为城乡教育一体化是"当前和今后一个时期统揽教育全局的一个战略问题"，"为破解城乡二元结构提出的新发展观"，"反映了对城乡关系的变化的新认知"，"建立城乡义务教育一体化发展机制是党和政府在新时期提出的战略性任务"，等等。还有人基于对城乡一体化的理解，特别强调城乡教育一体化内在的必然性和必要性，认为它是城乡二元经济社会体制向城乡一元经济社会体制转变的必然结果，是经济社会城镇化和教育城镇化发展的必然要求，是我国 2000 年以来教育体制变革的必然结果，是解决日益扩大的城乡教育差距的战略措施，是从根本上解决城镇班容量过大和农民工随迁子女入学难等突出问题的治本之策，为城乡职业教育和农民教育加快发展提供了新的方向和途径（韩清林，2011）。总之，在关于城乡教育一体化的政策意义上，迄今尚未听到任何"不和谐"的声音，人们几乎众口一词地认为城乡教育一体化是符合我国教育发展规律的一项政策，对于我国整个教育尤其是农村教育发展有着积极意义。

（3）城乡教育一体化的实现路径

城乡教育一体化是促进我国教育实现高质量、高公平发展的战略构想，也是我国今后很长一段时间内的重要发展目标。如何构建实现城乡教育一体化的路径也是政府和研究者关注的焦点问题。当前的研究主要集中在城乡教育一体化的体制机制建设、教育制度改革以及教育体系的建构和完善等维度上。

城乡教育一体化发展的重点是遏制乡村教育衰败，关键是重建乡村教育形态，根本是创新教育体制机制（邬志辉，2012b）。基于城镇化进程、农村学校布局调整等各种因素的综合影响，不仅农村生源和优秀教师流失严重，而且农村学生考上一流大学的机会也大幅减少。乡村教育的衰败已经不止一次地被提出，但是迄今非但没有得到有效遏制，反而有加剧的趋势。乡村教育由"文字下乡"到"文字上移"的转变，致使研究者必须思考乡村教育形态的重建问题，创新具有"乡村组织"意义上的教育形态成为城乡教育一体化发展的基础。教育体制和机制的创新是城乡教育一体化的根本选择，要在认识机制和体制内涵意义的基础上，促使各级政府、教育行政部门、各级中小学校等积极地参与进来。

教育制度改革是城乡教育一体化的突破口，也是当前该问题研究得最为集中的领域。城乡教育一体化中教育制度改革主要包括学生培养制度和教育质量评价制度，教育人事制度与教育投入制度，入学招生制度，办学制度，以及教育管理制度（褚宏启，2010a）。尽管教育制度改革已经引起广泛关注，但是它仍然有进一步研究的空间，现代学校制度建设需要研究者付出更多的努力。

教育体系的建构和完善。教育结构体系是教育总体各个部分的相互关系及组合方式。其中涉及教育层次结构中基础教育与高等教育的关系、教育类型结构中普通教育与职业教育的关系、体制结构中公办教育与民办教育的关系、形式结构中正规学校教育与非正规学校教育的关系是否协调等（乔晖，2011）。

城乡教育一体化指标和标准的设定。如果要对城乡教育一体化的发展程度进行测量和评价，就需要构建科学合理的城乡教育一体化指标体系和标准。然而目前这方面的研究还处于初级阶段，尚未得到足够的关注。关于城乡教育一体化的指标体系，有人认为它可分为城乡教育机会一体化、城乡教育资源配置一体化、城乡教育质量和教育成就一体化三个维度（张金英、陈通，2010）。该指标体系比较全面地概括了我国城乡教育一体化的重点内容，对于城乡教育一体化的研究和实践有着积极意义。同时，也有研究者提出了判断一个地区城乡义务教育是否实现了一体化发展的标准，主要可以从三个层面来考量：一是城乡义务教育的资源配置是否实现了均等化，这是城乡义务教育实现初步的一体化；二是城乡义务教育的吸引力是否实现了同等化，这是城乡义务教育实现基本的一体化；三是城乡义务教育学生接受高质量后续教育的机会是否实现了平等化，达到这一标准是实现了更高水平城乡义务教育一体化的表现（邬志辉，2012b）。该标准的三个层次从低到高、从简单到复杂地提出了城乡教育一体化在不同阶段的要求和任务，体现了标准制定的灵活性和多元化，避免了全国统一标准"一刀切"可能造成的消极影响。

以上是迄今笔者所能搜集的仅有的关于城乡教育一体化的指标体系和标准研究，这些观点的提出为实践中的城乡教育一体化推进和研究提供了有价值的参考。

（4）城乡教育一体化过程中的实践反思

城乡教育一体化研究不仅蕴含着基本理论探讨，也包括对城乡教育一体化实践的反思。在过去的几年时间内，我国一些地区试行了城乡教育一体化政策，具体包括淄博市、张家口市、三河市、乾口市、上海市浦东区以及浙江省等地区。城乡教育一体化的实施取得了丰富的经验和教训，对这些城乡教育一体化实践的回望性反思，构成了研究获得深入的前提。需要指出的是，这类研究主要来源于两个主体：教育理论研究者和教育行政部门领导。首先，是教育理论研究者的反思。有研究者基于城乡义务教育供给机制的演变，提出城乡教育一体化发展机制的构建时机已经成熟。近30年来，农村义务教育供给机制虽然历经了从"乡村自给"到"公共财政保障"的转变，但是城乡义务教育差距并未有实质性的缩小，城乡义务教育学龄儿童依然受到不平等的教育待遇，城乡之间学生、教师、教育资源流动还存在大量的体制和制度性障碍。作为最基本的公共服务，义务教育城乡一体化发展机制的构建已经刻不容缓（陈静漪、宗晓华，2012）。同样，也有研究者在微观领域以我国西南地区的某县为个案，对城乡学校"捆绑发展"政策的实施进行了考察，着重探讨了其在帮扶的组织形式和权力结构、受援学校的办学自主权以及经费保障等方面存在的问题，从教育行政部门、城市优秀学校以及农村学校三个方面提出了自己的见解（魏峰，2011）。其次，是来自教育实践的反思。浙江省教育厅副厅长张绪培根据过去几年浙江省城乡教育一体化的实践情况，也进行了相关思考。他提出了抓资源、抓交流以及抓弱势的思路，即公共资源配置的一体化、大城市教育对农村教育辐射的加大以及对城乡二元结构形成的热点问题的适时解决，并以此深入浅出地展现了浙江省城乡教育一体化的历程、问题以及主要策略（崔若峰，2011）。张家口市教育局局长胡守荣提出了县城教育是城乡一体化的关键（胡守荣，2011），他认为在目前阶段这是使城乡教育一体化和城乡教育均衡发展成为可能的一个较为合理的教育发展选择。

（二）城乡教育一体化制度的研究

城乡教育一体化是来自我国学界的一个教育思想，诞生于 20 世纪 90 年代中期，随后进入沉寂。一直到 2008 年，我国相继出台的《中共中央关于推进农村改革发展若干重大问题的决定》和《国家中长期教育改革和发展规划纲要（2010—2020 年）》才正式推动了城乡教育一体化研究和实践。城乡教育一体化制度研究文献主要包括在整个社会系统和在教育系统内部两个范围进行的研究。

1. 研究者基于整个社会系统提出的社会制度改革诉求

对于城乡教育的巨大落差，很多人都把目光聚焦在制度的错位和无能。如有研究者认为关于城乡教育一体化的困难很多，其中之一就是城乡教育的巨大差距，不仅仅因为农村地区社会经济、文化（特别是教育发展水平）以及信息、交通等方面的差距巨大，更重要的是城乡制度性落差，制度安排造成的人为差异，即城乡教育实质上存在着不合乎社会公平和正义的双轨制（课题组，2006）。于是，就有研究者提出城乡教育一体化过程中在制度方面的障碍体现在人事管理制度、户籍管理以及教育制度等方面，因此要建立城乡教师资源配置的法律制度、建立经费投入主体责任体制、建立科学的教育政绩观和考核制度以及建立共同参与的社会管理机制（郭彩琴、顾志平，2010）。这种把教育纳入整个社会大系统之中进行考量的视角，能够有效避免陷入研究中"就教育论教育"的窠臼，从而能够在更宽阔的视野中认识城乡教育一体化的制度设计和实施。然而这样的研究也体现了一个悖论，即这样的制度研究也凸显了由于涉及面过于宽泛所引起的论证不充分的困境。

2. 在教育领域内部进行城乡教育一体化的制度设计

除了基于整个社会系统之外，也有人在教育领域内部进行城乡教育一体化的制度设计，事实上这也是大多数研究者采用的分析视角。《国家中长期教育改革和发展规划纲要（2010—2020 年）》中提出的"建立城乡一体化的义务教育发展机制"具有积极的政策导向意义，自颁布以来就引起了理论界对机制、体制和制度研究的强烈兴趣。具体而言，目前关于城乡教育一体化的制度设计主要包括教育管理制度、教育投入制度、教育人事制度、教育质量保障制度、学生培养制度、教育质量评价制度、动力机制和统筹规划机制、进城务工人员随迁子女城市就学升学的体制机制、信息化推进城乡教育一体化体制机制、幼儿教育一体化的体制机制、普通高中教育以及职业教育体制机制（褚宏启，2009；郭泽斌，2010；杨卫安，2012）。这几乎涉及教育制度的所有层面和维度，以此也可以看出城乡教育一体化的涉及面之广及其复杂程度。然而，制度的制定与实施不仅与政府、各级学校以及城乡居民有着密切联系，而且与制度的可持续性、制度化以及制度变迁有关，因此研究中也出现了关于城乡教育一体化体制和机制的讨论。与基于整个社会系统来研究城乡教育一体化制度不同，教育领域内的研究相对更加深入，在系统性、严谨性和学理性上都要略胜一筹。

考察上述文献可以发现以下主要特征。第一，多数制度研究缺乏理论基础。目前尚未出现以制度主义或新制度主义的政治学、社会学以及经济学为基础来研究城乡教育一体化的文献。或许是由于城乡教育一体化研究在我国才刚刚起步，目前该类型只散见于各类期刊或者会议论文集之中，尚未出现以学术著作的形式对城乡教育一体化的深入系统研究，且已有研究中采用的研究方法一般以经验研究为主，实证调查较少。第二，在制度设计的内容上具有共性。制度设计的内容一般都包括城乡教育管理制度、教育投入制度、教育人事制度、教育质量保障制度、学生培养制度以及教育质量评价制度等维度，而在整个社会系统中也大致包括人事管理制度、户籍管理以及教育制度等方面。这反映了人们对城乡教育一体化制度内容上认识的一致性。研究虽然有交叉和重复，但是这些研究的价值还应该值得肯定。

城乡一体化的理论研究和实践探索在我国已经有30多年的历史，它是国外的二元经济结构理论与我国特殊的城乡关系相结合产生的理论成果。然而在我国，城乡一体化从理论到实践还处于探索阶段，城乡一体化的科学内涵、造成城乡差距的根本原因以及城乡一体化的实现途径还悬而未决（李冰，2010）。已经有30多年发展历程的城乡一体化尚且如此，与其相比，刚刚起步的城乡教育一体化研究存在很多的谬误也在所难免。总体而言，现在城乡教育一体化研究还存在以下缺陷。

教育研究视野相对片面。城乡教育一体化研究在我国才刚刚起步，因此会出现研究视域相对狭隘的缺憾，这主要表现在城乡教育研究视角单一和国际研究视野缺位明显。首先，城乡教育研究视角单一。城乡一体化包含文化、政治、经济以及生态等众多维度，城乡教育一体化可以立足不同学科视角进行，并非只反映在单一的教育制度、体制和机制的构建。以文化为例，文化的视角在城乡教育一体化中具有积极的意义，但是已有的研究多采用有意无意的忽视态度。城市文化与乡土文化是两种不同类型的文化，事实证明，农村教育的城市化与农村教育的乡土化均属典型的文化中心主义倾向，任何单一倾向的选择均对农村教育的发展极为不利。如何全面认识城乡文化的差异，避免城乡文化的冲突，实现城乡文化的交融，并最终构建一种适合农村教育发展并能最终实现全面城乡教育一体化的"文化型"，是值得研究者深入探讨的问题。事实上，新制度主义社会学中文化－认知内容便是制度分析的重要维度。同样，政治学、经济学等视角在教育中的运用，也是城乡教育一体化研究可以借鉴的思想之源。其次，国际研究视野缺位明显。城乡教育一体化是我国学者提出的一个具有中国特色的理论模型，国外至今还不多见诸如此类的概念。然而，城乡教育一体化毕竟是城乡教育关系中的一个类型，透视和借鉴国外城乡教育关系，也是研究城乡教育一体化的理论基础和前提。当前国外城乡关系的研究有很多，如马克思主义城乡关系理论、社会学和城市经济学对城乡关系问题的研究、发展经济学对城乡关系的研究等（杨卫安，2012）。对国外城乡关系的梳理对于我国城乡关系以及城乡教育关系的研究都有着积极的参考价值。但是，目前关于国外城乡教育关系的研究文献则少之又少，这造成了我国城乡教育一体化的理论研究缺憾，但是同时或许也为研究者进一步拓展提供了契机。

理论思考缺乏深度。事实上，城乡教育一体化研究不仅研究范围有限，而且在理论研究上也不够深刻。这首先表现在城乡教育一体化论题中的一些基本理论、概念和逻辑上，在城乡教育一体化理论探讨中，主要包括城乡空间的边界如何定位？城乡教育一体化中"化"的含义是什么？城乡教育一体化的根本目的是什么？城乡教育一体化与教育统筹之间有着什么样的区别和联系？什么是城市化？城市化与城乡教育一体化的联系是什么？城乡教育一体化是城乡一体化的简单演绎吗？城乡教育能否或者有无必要成为一体？如何解决城乡文化冲突？等等。以上诸多的追问，其中一些是研究者业已关注过的，但正是因为现实研究中并没有进行深入的挖掘，才显示出当前我国城乡教育一体化在研究中存在着一些模糊、简单和肤浅的缺憾。基本理论研究对实践的作用形式可能是间接的，但它更具有总体性、根本性、动力性、透析性和方向性，它通过对其他成员观念、思想方法带来的冲击性影响，促进他们在自己的实践中做出新的创造来发挥作用（叶澜，2001）。城乡一体化的理念来自我国学界，尽管其产生已经有 30 多年的历史，有很多的社会学、经济学、政治学、管理学甚至哲学领域的学者对其进行了不懈研究和探索，但是无论是在理论还是在实践上，它仍是一个远远未竟的事业。况且目前城乡教育一体化还只是一个具有强烈时代感的新生事物，这就更需要研究者对之进行挖掘。同样，城乡教育一体化自身也有着极其丰富的内涵，这意味着在城市教育和农村教育、城市文化和农村文化、农村教育与新农村建设、教育与社会政治和经济等之间存在一种必要张力，因此，城乡教育一体化有深入研究和进一步拓展的空间。

认识城乡教育一体化蕴含的"任重而道远"意义。城乡关系在人类历史上出现了城乡分化、城乡分离、城乡对立、城乡融合和城乡一体五个不同的发展阶段，依据马克思的城乡关系理论脉络，从城乡分化到城乡一体是人类历史发展的必然阶段。然而，城乡关系走向一体并非一时之力可以实现，城乡教育关系的一体化也非"毕其功于一役"，这需要一定的社会历史条件和较长发展时期作保障。经济学家厉以宁认为，从 2009 年我国改革的重点将由国企改革转向城乡二元体制，以通过城乡二元体制改革而实现城乡一体化，而且由于城乡一体化自身任务的艰巨性，用改革开放的第二个 30 年能否实现城乡一体化，还要看我们的努力（厉以宁，2010）。自我国 20 世纪 80 年代初提出城乡一体化设想以来，城乡关系的二元结构建立了多元联系，城乡关系的对立状态也得到了相对缓解，但是城乡之间自由的沟通机制尚未真正形成，城乡之间的经济、文化、生态等领域并未融合为一体。而城乡教育一体化政策只不过刚刚诞生，城乡教育一体化的研究和实践也开始不久，城乡教育一体化的机制和制度尚未真正建立，这还需要研究者进行长期持续的探索。

三　研究问题和核心概念

（一）研究问题

科林伍德（R. Collingwood）曾言，在科学中提出你看不到答案之希望的问题，恰如在政治中规约出你不相信会得到遵守的秩序或恰如在宗教中祈求那种你不相信上帝会赐予的东西一样，是一种根本的罪恶。一个真正"好"的研究问题，无论对教育理论发展或教育实践改善，抑或对研究者自身发展来说，都应当是"真"问题。任何真正"好"的教育研究，都必须既是教育理论发展或教育实践改善之过程的"真实"的组成部分，也是研究者自身生命运动的"真实"组成部分（吴康宁，2002）。城乡教育一体化相关文件的颁布赋予了政策上的诉求，当下我国城乡教育一体化实施过程中存在的问题暴露了实践上的困境，而相关教育研究中对待城乡教育一体化的无力和误识也形成了亟待学者突破的挑战。

同时，作为孩提时期就在农村文化中耳濡目染并于若干年前从农村走出来的农民儿子，我对农村教育和农村学校有着至今难以割舍的情结，尤其是当目睹现在农村遭受"自然生态衰败"、"人际生态塌陷"和"文化生态更是破陋不堪"之殇，再回忆曾经生活过并给自己留下生命回忆的乡村的景象，更是引起了无限的感慨和惋惜。还记得假期里每每父亲给我讲起农村学校布局调整之后农村学校衰败和荒凉的景象，与之相反的则是城市学校在快速扩张中所显现的繁荣和光华，虽然他可能并不没能真正理解造成城乡教育出现明显差距的内在机制，但是从他的声声叹息中我还是感受到了普通农民对于农村学校不断走向消亡的素朴感情。城市教育和农村教育真的如现实所反映的是此消彼长的关系吗？农村教育真的要走向消亡吗？回首过往20余年的求学生涯，农村教育与城市教育的内在关系时常萦绕在脑海之中，督促着我不断阅读相关研究著述和理解城乡教育一体化的发展成就、困境和未来，这也是三年前我义无反顾地志于农村教育改革和发展研究的重要原因之一。

此外，在国家提出城乡教育一体化之后，短时间内很多地方政府或教育行政部门的政策主题立即发生了转换，最起码在政府工作报告、年度教育工作总结报告以及各种场合的工作汇报上发生了名义上的变化，从表面上看起来整个教育领域呈现一片奋力改革的繁荣景象。如果只是把目光聚焦于地方政府和教育行政部门出台的政策、规定、汇报材料以及媒体的宣传话语上，那么我们毋庸置疑地会做出"城乡教育一体化非常成功"的论断。这样的情况在乾口市中乐县同样存在并不断自我复制。在从事的任何研究中，问题意识是决定整个研究过程成功与否的关键。研究者要么对一个未知的事物去进行分析和解释，回答它是什么；要么你要推翻它，对之前的理论进行证伪，回答它不是什么；要么你对事物何以如此，你对它的内在机制逻辑和因果关系进行阐释，回答一个为什么的问题（郭于华，2007）。基于以上各种因素的考虑，本书的研究问题也就显而易见了，即作为研究选择的个案，中乐县城乡教育一体化实践的表里之间为什么会出现这么强烈的反差？具体来说，以上问题包含着以下几个关联性问题。

其一，中乐县城乡教育一体化的提出经历了怎样的过程？形成了哪些举措？在实施的过程中已经取得了哪些瞩目成就，该政策能够被持续推进的原因是什么？

其二，中乐县城乡教育一体化实施的过程是否顺利？遇到什么样的困难和矛盾？为什么会遇到这些困难和矛盾？其间是否经历了政策的调适、变通或者反复？

其三，城乡教育一体化实践背后的制度逻辑是什么？

（二）核心概念

研究中对核心概念的界定是必要的，城乡教育一体化、制度逻辑、文化、权力构成了本书的核心概念。下面将对这些概念在研究中的意义进行论述。

1. 城乡教育一体化

通过对城乡教育一体化理论产生和发展的阶段特征的追溯，可以明显地发现它的提出明显受到城乡一体化、教育公平、教育均衡等思想的启发。就现有文献中不同研究者对这些理论话语的运用程度而言，可以发现城乡教育一体化与城乡一体化、教育公平、教育均衡之间在内在逻辑和历史变迁的渊源，以及基于各种理论和思想资源上的常识性探索和反思。作为城乡教育关系制度的一个新理念，城乡教育一体化不仅是对理论母体遗传基因的印证和相关理论共同价值诉求的表达，更重要的是它在琳琅满目的"理论丛林"中清楚认识"我者"与"他者"之间的关联和区分，流露出理论自身应有的个性特质，从而显现它在教育理论探索、实验研究和实践实施中的价值意蕴。对城乡教育一体化及其相关概念的辨析，是当下研究城乡教育一体化的逻辑起点。

（1）城乡教育一体化是什么

在对城乡教育一体化进行研究之前，往往都存在着"城乡教育一体化是什么"的价值预设，因此对该问题的回答体现了研究者的态度和思路。具体而言，"城乡"的甄别规定了研究的基本前提；"教育"的界定提供了研究的弹性空间；"一体化"的理解构成了研究的着力点。

首先，城乡是什么。在以往的研究中极少有提出"城乡是什么"的问题，因为在大多数人眼里这似乎是一个不言自明的问题。然而，如果要深入研究"城乡是什么""城和乡是什么"的问题时，可能很多人就闪烁其词了。认识"城乡是什么"是进行城乡教育一体化研究的前提，而理解该问题的核心在于认识"城"和"乡"的基本意义及其边界，而其中的主要分歧在于对"县城是否属于城市"的回答。据《现代汉语大词典》的解释，"城"有三个意思：其一，城墙，例如城外、万里长城；其二，城墙以内的地方，例如东城；其三，城市（跟"乡"相对），例如消灭城乡差异（汉语大词典编辑委员会，2003）。由上可知，这里的"城"应为第三个意思，即城市。而"城市"这个词最早出现在《韩非子·爱臣》中："是故大臣之禄虽大，不得藉威城市。"意指大臣的俸禄即使很多，也不能凭借城和市建立自己的威势。古代的城市应分别从"城"和"市"来理解，其中"城"主要指人口集中、商业发达的较大的城郭，"市"指提供古代商业贸易的场所以及一些较小的城镇，因此古代的"城市"包括除农村地区以外的大城市以及城镇。这与现代意义上的"城市"有着较为明显的差别。《现代汉语大辞典》中，城市是指人口集中、工商业发达的地区，通常是周围地区的政治、经济、文化中心（汉语大词典编辑委员会，2003）。这一点比较容易理解，如北京、上海等大都市以及省会所在地都属于城市范畴，它们与以农业生产为主、经济比较落后的农村相比有着明显区别。在英语的用法上，一般"城"都选择其形容词 urban 的形式，意思是 of cities or towns，即城市的，例如，the urban poor 和 urban districts（薄冰，2009）。在英语中，urban 主要代表以大城市为主的行政区域，因此中英文意义上的"城市"内涵颇为相似。"乡"也有三个意思：其一，乡村（跟"城"相对），例如乡间、下乡、城乡物资；其二，家乡，例如乡音、背井离乡；其三，行政区划的基层单位，由县或县以下的区领导，例如乡镇、乡长（汉语大词典编辑委员会，2003）。这里的"乡"取第一个意思，即县级以下的包括乡镇、村、屯等所有行政区域均称为"乡"。乡对应的英语为 rural，其意为 in or belong to the country，即乡村的、田园的，例如 rural life（薄冰，2009）。它与前文的 urban 相对，因此国内学者通常将"城乡教育一体化"翻译为 integration of rural and urban education。

通过以上对"城""乡"二字的概念演化和跨文化分析可知：其一，现代意义上城乡教育一体化中的"城"主要指我国作为周边政治、经济、文化中心的城市地区，"乡"则主要指除城市之外的其他广大的地区；其二，关于"县城"所在地属于"城"抑或是"乡"的问题，上面的分析似乎还不够明晰，这需要通过其他途径予以确认。在 1999 年颁布的《城市规划基本术语标准》中规定了城市也指城镇，意指以非农业和非农业人口聚集为主要特征的居民点，包括按国家行政建制设立的市和镇（中华人民共和国建设部，1999）。而我国现阶段符合"以非农业和非农业人口聚集为主要特征的居民点"特征的对象，正是县级以及县级以上的城市地区。而且，在 2001 年颁布的《关于推进小城镇户籍管理制度改革意见》中，相关条文也明确提出了非农业人口只要达到规定条件，均可以申请获得"县级市市区、县人民政府驻地镇及其他建制镇"城镇常住户口的规定。基于以上考虑，本书认为县级市市区和"县"政府所在地属于"城"，县级以下的包括农村和乡镇的广大地区属于"乡"。

其次，教育是什么。城乡教育一体化应该包括所有的教育形态、阶段、形式和方式，具体在教育形态上包括学校教育、家庭教育和社会教育，在教育阶段构成上包括学前教育、义务教育、高中教育、职业教育、高等教育和继续教育，在教育形式上包括全日制学校、半日制学校以及业余学校，在受教育方式上包括面授教育、函授教育、远距离教育、自学考试。事实上，与其说这是对城乡教育一体化最全面的界定，不如说这是对城乡教育一体化的理想化追求。基于现阶段我国的生产力和生产水平，城乡教育一体化只能选择教育系统的关键领域作为突破口，这与义务教育均衡发展中提出的"初步均衡"和"基本均衡"思维方式颇为类似，同时也为今后研究提供了良好的弹性空间。因此，《国家中长期教育改革和发展规划纲要（2010—2020 年）》明确提出建立城乡一体化的"义务教育"发展机制而非扩展到"各级各类教育阶段"，实乃一种理性的选择。所以，义务教育的城乡一体化应成为现阶段我国城乡教育一体化的着力点。例如，在城乡一体化的教育制度改革中虽然囊括基础教育、职业教育、继续教育，但是义务教育制度改革才是重中之重（褚宏启，2010a）。需要指出的是，我国当下强调"义务教育"并非轻视或者排斥其他阶段和形态的教育，而是随着"义务教育"城乡一体化的研究和实践推进，"城乡义务教育一体化"能够不断积累成功经验，进而产生辐射效应，而且其他阶段和形态的教育也会逐渐生成一种学习机制，以至于最终实现全面的城乡教育一体化。

最后，一体化指什么。为了研究便利，一体化不妨分解为"一体"和"化"两个部分。其中"一体"包含两个意思：其一，关系密切，如同一个整体；其二，全体（汉语大词典编辑委员会，2003）。根据城乡教育一体化理论的价值诉求，这里的"一体"主要指"关系密切，如同一个整体"的意思。由此可见，"一体"具有明显的系统论的特征，即城乡教育构成的"一体"是由若干相互联系、相互作用的要素所构成的具有特定功能的有机系统，具有目的性、整体性、层次性和动态性。对于"化"而言，它一共有8种不同的意思，但是此处它意指一种后缀，加在名词或者形容词之后构成动词，表示转变成某种性质或状态，如绿化、恶化、机械化（汉语大词典编辑委员会，2003）。"一体"本来是名词，在其后加上一个"化"字。一体化的英文为 integration，意指融合、合并。不过，城乡教育的一体化体现更多的是融合，与合并的含义相去甚远。显然，一体化中的"化"是问题的关键，就"××化"的字义而言，至少有两种解释：一指某种事物的性质或状态所发生的根本性变化，指一种"质的转换"；一指某种事物向某种性质或状态所做的改变或变化，指一种"转换的过程"（邬志辉，2000）。由此，我们就不难发现，城乡教育一体化与教育现代化有着类似的双重特征，即既可以认为城乡教育一体化是一个过程，一个永无止境的追求，也可以把它当作一个预设的目标，在不同的时期和环境下彰显一定不同的主题。因此，城乡教育一体化是过程性和目标性的统一。

综合以上关于"城乡""教育""一体化"的思考以及城乡教育一体化的已有界定，本书尝试为城乡教育一体化提供一种新的思考方向。所谓城乡教育一体化就是在新型的城乡关系和注重教育公平和教育质量的时代背景下，各级政府、教育行政部门以及各级、各类学校等在城乡教育发展问题上，积极构建城乡各级、各类教育一体化发展机制和制度，构建城乡文化沟通和交流渠道，破解深刻积淀在市民和农民之间的心理壁垒，实施向农村倾斜的教育政策，从而有步骤、分阶段地实现突破现有的城乡二元经济和社会造成的教育二元结构，积极促进城乡教育均衡发展和教育质量稳步提升，城乡教育整体协调发展，并最终实现城乡教育共享现代化社会创造的物质财富和精神文明成果，这既是一个动态的发展过程，也是一个延展性的目标体系。

（2）城乡教育一体化与城乡一体化

城乡教育一体化与城乡一体化主要有两点相似之处。其一，两者均关注城乡之间明显的差距。长久以来，城乡之间在经济、社会、文化以及教育等领域中存在着明显的差距，这与城乡关系发展变迁的内在逻辑是分不开的。城乡关系在人类历史上曾经出现了城乡分化、城乡分离、城乡对立、城乡融合和城乡一体五个不同的发展阶段，一个社会应该会经历城乡差距带给乡村社会发展的阵痛。在我国，自中华人民共和国成立以来就长期实施了农业支持工业、为工业提供积累的政策，从而造成了城乡差距越来越大的局面，于是产生了对缩小城乡差距的实践探索和理论研究的需求。其二，两者的目标是走向城乡一体。要消弭城乡之间过大的差距，城乡一体是城乡关系发展的必然走向。当今中国已经深刻卷入现代化的世界体系中，农民早已不是"三十亩地一头牛，老婆孩子热炕头"的传统农民，他们的需要和愿望正与城市迅速合拍。所以建设社会主义新农村不是否定城市文明、重新建构城乡对立及零和博弈，而是寻求城乡一体、共同发展（徐勇，2009）。因此，在基本的发展目标上城乡教育一体化和城乡一体化具有内在一致性。

城乡教育一体化与城乡一体化的区别主要有两点。其一，两者的视域范围不同。显而易见，城乡教育一体化主要关注教育领域，无论是当前聚焦的基础教育和职业教育，还是其自身内在规定性的"城乡范围内所有的教育形态、阶段、形式和方式"的教育，城乡教育一体化的内涵和外延总是有着"教育"领域的限制和规约。反观城乡一体化则不同，它包括城乡体制的一体、经济的连接、社会的趋同以及空间的融合（陈雯，2003），涵盖了城乡中的政治、经济、社会、文化、生态、规划布局等诸多领域，通过城乡多方面双向的一体化，城乡一体化致力于社会主义新农村和全面建成小康社会的实现，从而真正促进城乡社会共同发展。其二，两者运作的内在逻辑存在差异。教育发展既受到经济、社会和政治发展的影响，同时又表现出一定的独立性和特殊性，而对后者的深刻认识于城乡教育一体化具有重要意义。在城乡一体化中教育的特殊性表现在制度、文化以及运作方式等各个方面，例如在城乡一体化中可以通过快速推进城镇化建设、提高城市化水平来推进城乡经济社会的一体化进程，也可以通过直接注入资金、建立乡镇企业等途径来发展农村经济，然而这些发展思维是否可以直接运用在城乡教育中还值得慎重考虑。

不论是"农村教育中心化"还是"农村教育边缘化"都有其不容忽视的弊端，我国农村的教育现代化应该采取"和而不同"的第三条发展道路，既要公平地对待农村教育，用与城市教育相同的水准来要求与发展农村教育，以给农村教育创造平等的发展机会，也要从农村的实际出发，符合农村社会发展的要求，尊重农村教育的特性，使"农村教育"更像"农村教育"（邬志辉、马青，2008）。在文化选择上我国农村教育要超越"乡土化"和"城市化"两种倾向，改变农村教育发展的文化认同比较单一、非此即彼、典型的笛卡尔式二元对立的思维方式，应该运用系统化的思维方式，即把农村教育和城市教育作为整个教育大系统中的两个子系统来对待，它们在各自的发展过程中是相互联系、相互影响、相互依赖的关系，并非彼此排斥甚至相互敌对。系统化的思维方式要求农村教育的发展应该走向文化自觉，即生活在一定文化中的人对其文化有"自知之明"，明白它的来历、形成过程、所具的特色和发展的趋向。它没有"文化回归"的意思，不要"复旧"，也不主张"全盘西化"或"全盘他化"。自知之明是为了加强对文化转型的自主能力，取得决定适应新环境、新时代时文化选择的自主地位（费孝通，1997）。因此，文化自觉体现了城乡教育一体化的价值诉求。

（3）城乡教育一体化与教育均衡发展

教育均衡发展思想涉及哲学、政治学、经济学、法学、社会学等不同学科，但是在教育学视角中它一般指一个国家或地区在一段时期内，教育体系中各种变动的力量处于平衡状态，不同区域、学校、群体以及城乡之间在教育资源、教育机会、教育质量以及教育成就等各个维度中实现较高水平的相对均等，它更多意义上代表着教育发展过程中的一种理想状态。

在教育均衡发展过程中，各种资源尤其是物质资源的需求与供给均衡是其基本内涵，因此在教育均衡发展理念中包括人、财、物以及信息在内的教育资源配置自然成为其中的关键内容。

城乡教育一体化与教育均衡发展有着两点相似之处。其一，促进教育公平是两者共同的价值诉求。教育均衡发展与教育公平有着非常紧密的联系，甚至在一些文献中研究者并没有把它们进行区分而是混合使用。教育均衡发展主要致力于缩小教育差距，改变以往教育发展中"重视效率，兼顾公平"带来的大范围教育失衡问题，从而使不同区域、学校、群体以及城乡之间实现教育的公平发展。义务教育均衡发展的目的是缩小教育差距，促进教育公平（褚宏启，2010b）。教育均衡实质上是指在教育公平思想和教育平等原则的支配下，教育机构、受教育者在教育活动中有平等待遇的理想和确保其实际操作的教育政策和法律制度（翟博，2006）。与教育均衡相比，城乡教育一体化也有着相似的追求，从不同研究者对其概念的界定中，可以明显地感受到教育公平思想的气息。城乡教育一体化主要以突破城乡二元分割的制度结构为契机，统筹城乡教育制度、教育政策和教育资源各个维度，改变长期以来我国广泛存在的"城本主义"教育发展价值取向，最终实现城乡教育一体化和城乡教育的公平发展。其二，目标和过程的统一是两者共同的特征。教育均衡发展是一种发展目标，更是一种教育发展过程（翟博，2006）。教育均衡只是一种教育发展中的理想状态，是人们为改变当下教育发展失衡所设定的一种高远的目标，但是它并非可望而不可即的"空中楼阁"。教育均衡主要通过对包括人、财、物和信息等在内的教育资源的合理分配以实现基本的教育均衡，然后再逐步促使各个地区和学校提供包括教育机会、教育过程以及教育结果在内的教育服务均衡，从而达到一种"高水平"的教育均衡状态。城乡教育一体化与教育现代化有着类似的双重特征，即既可以认为城乡教育一体化是一个过程，一个永无止境的追求，也可以把它当作一个预设的目标，在不同的时期和环境下彰显一定不同的主题，因此城乡教育一体化是过程性和目标性的统一。

然而城乡教育一体化与教育均衡发展又有着明显的区别。其一，两者所关注的时空范围不同。20 世纪 80 年代以来，随着我国经济建设中城市主义价值取向的出现，在农村教育现代化的推进中实际上坚持一种"以城市为中心，先城市后农村"的"城本主义"价值取向（邬志辉、马青，2008）。在"城本主义"价值取向背景下，我国教育出现了诸多"理所应当"的现象，如城市中的学校尤其是城市中的"重点"学校和"示范"学校，无论在硬件设施还是在管理理念和方式、教育质量等方面较之于农村学校都有着明显的优势。城乡教育一体化正是在这样的环境下应运而生并在近两年得到政府的积极重视的。因此，城乡教育一体化主要缘起于"城"和"乡"的各级各类教育在各个层面的差距不断拉大的现实，是致力于改变城乡教育失衡的政策和制度设想。至于城与城、乡与乡以及不同地区的学校之间的教育发展水平，则不属于城乡教育一体化讨论的范畴。教育均衡发展在此与其有着明显不同，它不仅包括一个地区中城与乡之间的学校，同时也涵盖了不同地区、学校、群体之间的教育均衡状况，这一点在教育学术界基本上达成了共识。因此，在一个比较分析的框架中，"教育均衡发展"是一个比城乡教育一体化范围更加灵活和宽广的概念。其二，两者实现的方式不同。虽然两者都需要政府部门在制度和政策上给予支持，但是城乡教育一体化主要采用打破城乡二元经济和社会结构束缚的途径，进而通过构建一个动态均衡、双向沟通、良性互动的教育体系和机制，以此促进城乡教育资源共享、优势互补，推动城乡教育相互支持、相互促进（褚宏启，2010a），这说明城乡教育一体化的实现不仅与行政改革（破解城乡二元结构）的成功与否关系紧密，而且它需要构建城乡之间良性互动的机制和制度。教育均衡发展则不然，并非所有范围的教育实现均衡状态都要借助行政的力量，在一定程度上它缺乏教育对政府的依赖，例如，在同一地区的不同学校之间即使没有政府力量的参与也能实现均衡的目标。同时，教育均衡也没有城乡教育一体化包括的"双向沟通，良性互动"的内在要求，不同的学校主体之间是否建立这种正式或非正式的关系与教育均衡发展无关。

2. 制度逻辑

"制度逻辑"这个概念并非本书所独创，而是来自新制度主义学者罗格尔·弗利南德（R. Friedland）和罗伯特·阿尔弗德（R. Alford）的《把社会因素重新纳入研究之中：符号、实践与制度矛盾》（*Bringing Society Back in*: *Symbols*, *Practices and Institutional Contradictions*）一文。在对制度逻辑进行界定之前，我们有必要分别了解一下制度和逻辑的内涵。

　　对于制度而言，在汉语中它包括两方面的含义，其一是要求成员共同遵守的、按一定规程办事的规则，如工作制度、学习制度等；其二是在一定条件下形成的政治、经济、文化等方面的体系，如资本主义制度、社会主义制度（《辞海》编委会，1990）。在英语中，一般用 system 和 institution 来表示制度，它们的含义基本一样，只是后者是新制度主义社会学中的常用词语。institution 一般包括三个含义，其一是团体、共同机构，如学校或医院；其二是制度和习俗；其三是建立、设立和制定（《辞典》编委会，2002）。因此，总体而言，制度包含着隐性的文本或文化意义上的规定和显性的社会组织机构两层内涵，这一点已经被大多数制度研究者认同。同样，在教育研究中也大致如此，只是不同的研究者有不同的侧重，有些认为制度是规定和机构的复合体。在新制度主义社会学中，斯科特对制度进行了综合的界定，他认为制度包括为社会生活提供稳定性和意义的规制性、规范性、文化－认知要素以及相关的活动与资源（斯科特，2010），而且在新制度主义社会学者的理解中，制度与组织在一定程度上是交替使用的，因此与我国学术界相比，各种形态的规定和组织体系两个基本要素也构成了他们在制度研究中的核心内涵。然而它们之间也存在着不小的区别，其中最为明显的区别体现在对"规定"的解读上，在我国的研究中，制度主要是一种狭义上的制度概念，它涉及"要求成员共同遵守的、按一定规程办事的规则，如工作制度、学习制度"；新制度主义社会学与之不同，它把各种价值观念、文化－认知、观念制度以及各种规范体系都纳入进来，形成一种典型的广义上的制度认识。在本书中，对于制度中"规定"的界定主要倾向于新制度主义社会学广义的理解。

　　相对而言，逻辑是一个略显抽象的教育学术话语，在《现代汉语词典》中"逻辑"一词有三个含义：其一指思维的规律，如"这几句话不合逻辑"；其二指客观的规律性，如革命的逻辑、生活的逻辑；其三指逻辑学（龚学胜，2009）。其中思维的规律是逻辑学研究的主要内容，例如黑格尔《小逻辑》中的充足理由律、形式逻辑的排中律、内容与形式、内在与外在、形式的推论以及他对于客观逻辑与主观逻辑的区分，都属于典型的从逻辑学意义上来探讨思维规律的研究。在逻辑学 2000 多年的发展历程中，它主要经历形式逻辑、数理逻辑以及应用逻辑几个阶段。然而，本书无意于探讨逻辑学意义上的这种纯粹思维形式和纯粹思想，也非分析教育逻辑学中教育理论与教育实践的逻辑关系议题，而是倾向于逻辑中"客观的规律性"的意蕴。这与一些研究者关于"教育实践的逻辑"的理解有着相同的意蕴，教育实践的逻辑是指各种教育实践共同分享和遵守的一般形式、结构或内在法则，它是教育实践工作者身处其中但又未必完全清晰且无法逃脱的文化系统，是各种具体教育实践样式得以可能展开并在交流中走向未来的内在法则（石中英，2006）。在这里，本书认为逻辑就是"一般形式、结构或内在法则"，是组织环境中的"文化系统"。

然而，要深入了解逻辑的理论内涵，还需要从新制度主义学派的相关论述中寻找理论资源。在新制度主义理论中，制度逻辑概念与组织场域的理解紧密相关。场域的概念来自布迪厄（P. Bourdieu），是指一个社会或文化在生产领域中的各种行动者、各种组织以及它们之间动态关系的总和（Dimaggio，1979），具体包括关键的供应商、原料与产品购买商、规制机构以及其他提供类似服务与产品的组织等聚合在一起所构成的一种被认可的制度生活领域（Dimaggi & Powell，1983）。场域概念表明一种组织共同体的存在，这些组织具有一种共同的意义系统，而共同体的参与者彼此之间比起与场域之外的行动者来说更加频繁地互动，并且这种互动对于场域内组织的生存与发展更为重要（Scott，1994）。对于一个县教育局而言，教育场域就是由教育局、该县的所有学校、县政府、上级教育行政部门、各种教育协会、家长委员会等组织、部门和人群等构成的关系系统。在由众多组织组成的场域中，存在着不同组织与个体之间的交往和接触，这时组织场域的秩序就不能仅靠自身组织的规范、价值观等进行规约，而需要建立一套能够促使不同组织之间沟通的制度。在当代西方社会中存在的各种重要的制度秩序，都会根据各自的中心逻辑——物质性实践与符号结构系列——建构其组织原则，促进组织与个人的发展，同时物质性实践和符号结构系列的组合，有着不可观察的、概念化的、超理性的意指，也有着具体体现它们的可观察的各种社会关系（沃尔特·鲍威尔、保罗·迪马吉奥，2008：248~249）。也就是说，在组织场域中影响不同组织和个体的结构与行为的物质性实践与符号结构系列就构成了制度逻辑的核心。无论是任何形式的组织，只要处于场域的背景下，就肯定会受到来自制度逻辑的规约和控制，同时，制度逻辑也构成了组织行为的指导纲领。而且，在不同领域和不同组织范围内有着不同的逻辑内涵，研究者们还分别列举了资本主义、家庭、科层制政府、民主、基督教等具有的形态迥异的制度逻辑特征。例如，政府的制度逻辑就是通过立法与科层等级组织来对人类活动进行理性化和调节规制；民主的制度逻辑就是参与以及大众控制人类活动的扩张；家庭的制度逻辑就是共产主义，以及通过成员的无条件忠诚和再生产需要而促进人类活动；等等（沃尔特·鲍威尔、保罗·迪马吉奥，2008：249）。基于以上对制度和逻辑的分析，在本书中所谓制度逻辑是由规制性、规范性和文化-认知要素构成权力和文化各种制度的系统，在某一个组织场域内形成的对组织和个体的结构和行为有着客观规律性影响的文化系统、社会关系和实践行为的总称。

3. 权力

"权力"是一个多学科的概念，最早出现在政治学研究当中，后来逐渐渗透到社会学、法学乃至教育学领域。在西方国家的权力研究中，对待权力的观点大致可以分为两种完全不同类型。其中一类的代表人物是韦伯，他认为权力意味着在一种社会关系内，自己的意志即使遇到反对也能贯彻的任何机会，而不管这些机会建立在什么基础上（马克斯·韦伯，2000）。在科层组织中，权力更侧重理性力量的含义，这代表着一种带有明显的强制性、威慑性和控制性的能力。同时，他也提出了权力的三种不同来源的基础，即正当性支配或权力的三个纯粹的类型：理性的基础——确信法令、规章必须合乎法律，以及行使支配者在这些法律规定之下有发号施令之权力（法制型支配）；传统的基础——确信渊源悠久的传统之神圣性，及根据传统行使支配者的正当性（传统型支配）；卡理斯玛的基础——对个人及他所启示或指定的道德规范或社会秩序之超凡、神圣性、英雄气概或非凡特质的献身和效忠（卡理斯玛支配）（马克斯·韦伯，2004：303）。在法理型支配中，人们之所以选择服从管理就在于组织中的法律起到了关键性作用，他们是忌惮于法律的惩罚才屈服；在传统型支配中，人们在社会行动中首先考虑的不是法律制度，而是传统习惯赋予组织或个人的支配权力；在卡理斯玛型支配中，人们之所以服从是基于组织中某一个人的领袖魅力，"卡理斯玛"也就是 charismatische 的音译。当然，无论是法理型支配、传统型支配还是卡理斯玛型支配，它们很少以单纯形态存在于社会组织中，在很多时候它们都是以混合的形式出现的，只不过其中某一种支配类型占主导罢了。总之，韦伯意义上的权力概念主要是指在科层组织内部以及相互之间展开的，并且来源于法律赋予的正式的职位、职务中的一种强制力和控制力，它们与社会体制、政治地位紧密相关。这种权力的表现形式通常为正式的法律、国家政策以及各级政府制定的规章制度等，如果出现组织或者个人违反以上各种形式的权力，那么就会出现一般由国家政府、法院和警察或者其他正式的权威机构所组成的部门的惩罚和制裁。

与韦伯所代表的相对"较硬"的理性权力不同，另一种权力的观点则意味着"较软"的倾向，持此观点的学者们认为权力不是政府机构、法院等国家机构所产生的暴力和强制，而是存在于日常生活中人与人之间的一种关系、意向或者影响力。权力不是获得的、取得的或分享的某个东西，也不是我们保护或回避的某个东西，它从数不清的角度出发，在各种不平等的和变动的关系的相互作用中运作着（米歇尔·福柯，2005：61）。福柯的微观权力观反对传统上宏观的只关注国家机构、法律支配和控制的权力观，在他看来，权力是一种"关系"、"网络"或者"场"，它不仅仅出现在监狱、政府、法院，而且也活跃在学校、商店、工厂、修道院，社会的各个角落都弥漫着这种无主体性、非中心化的关系。不管权力是一种"意向"还是一种人与人之间的"关系"，与韦伯意义上的权力相比，它都少了强制性和暴力色彩，更具有一种出现在更广领域范围的柔性力量。

当然我国与西方国家对权力的观念有着不同的理解，例如，我国经常把权力理解为个人权力或政治权力，这与韦伯意义上的理性权力相去甚远。特别是中国辞源上的"权力"源于"权"，而非"力"，这一方面与物理学发展迟缓有关，另一方面也强化了权力的"权、术、谋"的特点，而对力的分析，则偏向于强制力、控制力或暴力，对其他力如影响力、能力、动力、潜力、关系力则关注不多（张天雪，2005）。

基于以上的分析，在研究中权力的含义主要源于韦伯意义上的"强制说"，主要是指在地方政府、教育行政部门以及学校中出现的一种长官意志得到贯彻的能力，它主要建立在法理基础之上，通过各级部门颁布的各种法律法规、正式的规范制度以及口头上的行政命令等得以运行，具有明显的强制性、威慑性和控制性。如果出现违反这种权力的现象，那么就会受到正式的权威机构所组成部门的惩罚。

4. 文化

文化作为一种制度，也被新制度主义社会学称为文化－认知，它的提出是新制度主义社会学的重要理论贡献和特色，此处的认知与心理学中的认知意义不同，它是指"内在的"理解过程是由"外在的"文化框架所塑造的（斯科特，2010：66），甚至有学者认为文化是形成人们所有认知思维和行为的"软件"。与前者不同，文化不存在在价值观和行为方式上进行选择的问题，而是当人们面对文化－认知性制度时根本没有选择的意识，他们长期生活在这样的文化氛围中已经形成了固定的"理所当然"的认知思维和方式，除此之外他们大多不会想到其他的行为选择。那些与主流文化信念相亲近的行动者，更有可能感觉自己是正常的、有能力的或者重要的；而那些与主流文化信念相左的行动者，最好的情况可能被认为是"无知和无能的"，最坏的情况则可能被认为是"疯癫的"或者异端（斯科特，2010：66）。基于此，研究中的文化意指人们长时期形成的固定的认知结构和思维方式，它对组织的运行和人们的行为有着理所当然和潜移默化的影响。在研究中，它主要包括关系、角色、仪式三项内容。

首先是关系。韦伯曾经把社会关系看作根据行为的意向内容，是若干人之间相互调整并因此而相互指向的行为，它包含的内容千差万别，例如争斗、敌对、性爱、友谊、崇敬、市场交换；协议的"履行""规避""中止"；经济的、性的或其他方面的"竞争"；社会等级、民族或阶级共同体，社会关系的概念不带有任何关于行为者是否"团结"的含义（马克斯·韦伯，2000：35）。很显然，这是一种对"关系"概念的泛化观点，在研究中主要指这种社会关系中包含着人情、面子、圈子等有着亲密、友好性质的关系。以人情为例，人情来往也体现着文化意义。一些西方学者对中国社会中人际关系的研究，关注送礼的功利性与私人网络的培育，而忽视了这些社会互动的文化意义（阎云翔，2000：19）。有研究者通过对下岬村的实地考察，认为人们在礼物交换的社会互动中流露出情感、道德、恩情的文化意义，从村民之间的相互"走动"和"来往"中看到了彼此感情的交融。在下岬村的社会生活中，感情就像道德责任一样深刻地影响着村民行为，渗透在礼物当中的精神，同时含有道德意味和情感意味，村民们交换礼物，以增加感情、巩固关系，换言之，是发展感情联系和培养私人关系两方面的因素赋予了礼物交换实践以意义（阎云翔，2000：

141）。虽然一个县的教育场域中的教育行政人员、校长、教师的地缘关系比较远，但是由于工作的原因，他们交往的程度和频率决定了它也基本具有了"熟人社会"的性质，尤其是教育行政人员与校长之间以及他们部门内部的不同主体之间，都建立了一种类似"朋友"、"哥们"甚至"同道中人"的关系，尽管其中基于不同部门、不同兴趣也有各种分野，但是这种关系就是一张无形的网，把几乎所有的人都联系在一起，每个人都代表着一个节点。

其次是角色。在城乡教育一体化的组织场域内，校长、教师、教育行政人员、学生以及学生家长（包括市民和农民）等不同主体具有各种类型的身份，每种身份又相应地承担着各自的角色。作为学校总负责人的校长拥有着管理学校各种事务的权力和责任，当他能够很好地符合社会对"校长"这一身份的行为期待时，就说明该校长的角色表现与角色期待相一致，否则就有可能引起校长的角色的混乱和紧张。城乡教育一体化涉及社会各个阶层和不同社会地位的人的利益，那些校长、教师、教育行政人员、学生以及学生家长（包括市民和农民）等不同主体基于各自的社会角色对政策制定、实施以及相关制度的态度和价值倾向，能够体现出不同利益集团之间的斗争过程。

最后是仪式。仪式用英文 ritual 表示，最开始的时候，仪式主要与宗教、迷信行为相关。后来，它已经超越了宗教行为的范畴，虽然大多数宗教的及巫术的行为都属于仪式的，但"仪式"这一概念通常却不限于宗教和巫术（郭于华，2000a：2）。仪式绝对不是原始社会、前现代社会的专利，现代政治生活和社会发展同样离不开仪式，仪式的象征意义很好地诠释了权力与文化之间的联系。它可以是特殊场合情境下庄严神圣的典礼，也可以是世俗功利性的礼仪、做法，或者亦可将其理解为被传统所规范的一套约定俗成的生存技术或由国家意识形态所运用的一套权力技术（郭于华，2000a：3）。本书赞同这种对仪式宽泛意义的理解，认为仪式是一种结果会产生一定的功效或者满足人们的某种期待的可重复性的实践行为。横向地看，礼仪活动应该高于日常活动；纵向地看，礼仪常常是源自习俗，是过去行为的惯性，是传统行为方式的文化规定（郑也夫，2002：53~56）。莫斯在《礼物》一书中通过特林吉特人和海达人交换礼物看到了其对于整个部族的政治和文化意义。特林吉特人和海达人居住在落基山脉与海岸之间，一到冬天，这些原始部落就接二连三地过节、宴请，举行成年礼、萨满仪式，开始大神膜拜、图腾崇拜、对氏族的集体祖先或个体祖先膜拜，所有这一切都纠结在一起，形成了一个由仪式、法律呈现和经济呈现所组成的错综复杂的网络，而也在其间，人群、部落、部落同盟乃至族群间的政治地位得到了确定（王铭铭，2005a：126）。因此，仪式具有文化和政治的象征意义。

四　研究架构

（一）方法论和方法设计

1. 教育人类学方法论

教育人类学是教育学科的一个分支学科。教育人类学自20世纪初期的人类学和教育学联姻以来，已经走过了启蒙时期、20世纪50年代前后的应用发展时期，再到70年代前后逐步形成的学术性学科发展时期（冯增俊，2005：38），迄今已经走过了百余年的历程。目前关于"什么是教育人类学"尚无定论，这仍然是一个悬而未决的议题，不过在众多的纷争中还是基本能够辨识出一个大致共识，即教育人类学是把人类学的理论观点和原则方法置于教育领域的相关研究中加以运用，它是人类学和教育学的共生体。以此看来，教育人类学的方法论原则既包含人类学方法论的要素，也与教育研究的传统与现代不无联系。马林诺夫斯基在《西太平洋的航海者》中对人类学的方法论原则有着清晰的认识，方法原则即田野工作的三大基石可以归纳为：首先，学者理所当然必须怀有科学的目标，明了现代民族志的价值与准则；其次，他应该具备良好的工作条件，主要是指完全生活在土著人当中而无须白人介入；最后，他得使用一些特殊方法来搜索、处理和核实他的证据（马林诺夫斯基，2002：4）。本书将主要从理论研究与实地调研的结合、人类学与历史学的结合两个方面来阐述在中乐县城乡教育一体化方面的田野工作开展的方法论原则。

（1）理论研究与实地考察的结合

研究方法论从根本上关涉一个研究者或者研究团队从事教育管理研究的立场问题，关涉一个专业共同体或者一个学科观察问题的方式和视角问题（张新平，2006：132）。不同的研究立场和观察视角会带来反差极大甚至完全相左的研究结论，体现着不同的思维方式和研究范式。观察转型过程中的中国社会可以有两个不同的"视点"，每一个"视点"可以有两个不同的"视角"，第一个"视点"的两个"视角"是"从外向内看"与"从上往下看"，第二个"视点"的两个"视角"是"从内向外看"与"从下往上看"（曹锦清，2000：1）。根据研究问题和理论基础，本书将主要选择"从下往上看"的研究视角，来对中乐县城乡教育一体化的产生和实施进行深入研究。在中乐县四个多月的田野工作，笔者一方面从教育局图书室、档案室、县政府图书馆等不同地方搜集年鉴、县志、教育政策以及各种简报等文献，与教育局以及其他政府部门的领导进行了多次接触，聆听他们对于城乡教育一体化的理解，这为了解中乐县教育的历史和现实提供了较为丰富和生动的资料；另一方面笔者还积极地走进学校，在短短的不足两个月时间内，基本走访了全县所有的中小学校，对不同学校的管理者和教师进行了不同程度的访谈，获得了他们在人事管理、特色学校建设、学校联盟发展、教学改革、中小学校标准化建设等方面大量的纸质、口述和访谈信息。把中乐县作为一个社区来进行人类学的考察稍显偏大，以往的社区研究一般会选择一个村、一个镇或者政府的一个部门，例如费孝通在离开中国去英国留学之前就选择了江村作为考察地点，最终形成了人类学经典名著《江村经济》。然而本书的研究视域只是局限于中乐县教育场域内部，再加上全县学校数量较少，因此本书基本可以采用"解剖麻雀"的方式对中乐县这个社区进行深入研究。

在经验研究中常常会出现两种极端，其一是"只见树木，不见森林"，这种方式采用微观视角，对小型社区和地方性知识有着较为详细的描述，却看不到时代背景和理论研究之于地方性知识的影响。其二是"只见森林，不见树木"，这种情况多倾向于宏大叙事，从社会整体结构出发进行论述，导致思想没有根基，是一种游离状态的言说。在研究中我们要关注社会文化与国家权力的互动，打破单纯的"宏大叙事"与"小传统描述"的弊端。因此，对社区考察经验的重视并不代表笔者仅仅关注微观的实地调查而对宏观的社会事实以及理论研究置之不理。自下而上的研究对研究者的要求更为严格，因为它注重实地经验，注重个人体验，而任何经验和体验都是有限的，如果超出经验的限度，同样会发生以个人经验得出一般性结论的"致命的自负"，如果以个案和经验取代理论研究，就很容易陷入只见"树木"而不见"森林"的窠臼之中（徐勇，2006）。这就要求研究者不能只是关注个人地方性的经验、感受和知识，而是要在它们的基础上思考与宏观社会背景和时代条件的关系，反思以往理论模型、架构和假设的合理性，从而创生出能够反映社会现实真实状况的研究与经验。

　　教育人类学应该在所有人类文化成果的基础上，对人类发展的现状、社会和教育的关系等诸多问题进行深入的理论分析，同时也要坚持实地研究的方法传统，不断丰富和验证已有的理论成果，实地研究是理论研究的源头活水，因此教育人类学的发展既需要自身理论的建设，也需要大量的实地研究来不断丰富和发展已有的理论（冯增俊，2005：86）。热衷于经验研究的我国学者曹锦清对于中国研究有着自己的见解。他把当下局部的经验放在它的整体里面加以解读，把社会事实安放在历史背景之中，安排经验事实与中西方理论的反复对话（曹锦清，2010：13），这就是他在很多场合反复提倡的历史、整体和理论维度。本书将既关注以国家法律、行政机构等所凸显的权力性制度，也对发生在实践中往往被人们忽视的仪式、关系、角色以及社会文化等文化 – 认知性制度进行详细的考察，在城乡教育一体化语境中探索出文化与权力的关系。

　　人类学研究要超越传统乡土社会文化小传统的界限，十分重要的一点就是权力关系和政治视角的引入，即关注民间文化与政治生活及国家权力的互动关系（郭于华，2000a：4）。波普尔认为经验观察必须以一定理论为指导，但理论本身又是可证伪的，因此应对之采取批判的态度。因此，应在理论生成的过程中尝试着与国内外相关理论进行平等的对话，思考东西方不同的社会环境以及国内不同地区所生成的理论的差异性和内在的合理性。以社会科学一般理论作为自己的理论上家，站在中国主位的立场来吸取适宜的理论，让这种一般理论与中国的特殊实际相结合，从而发展出中国特色的本土化理论，这是问题的关键所在（贺雪峰，2003：225）。在这样的思考中，即使建构的教育理论产生不了国际性的影响，但至少也能为教育政策的反思以及教育实践的走向提供一些实质性的影响。

　　（2）在历史的"垃圾堆"里行走

　　在研究中，需要对城乡教育一体化的萌芽、产生和发展的历史进行回溯，在历史文献和人物口述中尽可能还原中乐县城乡教育一体化在制度变迁过程中的真实情境。人类学研究能否涉足历史深处？民族是在人民共同生活经历中形成的，也是在历史运动中变化的，要理解当前的任何民族绝不能离开它的历史和社会的过程，现况调查必须和历史研究相结合，在学科上说就是社会学或人类学必须和历史学相结合（费孝通，2004：160）。事实上，这种观点最起码在当时已经成为学者们的共识。传统史学主要关注重大历史事件和重要人物，历史学者在书写历史的时候大多遵循着主流意识形态和统治阶级的传统，至于普通大众的事件则无关紧要，他们从来没有资格登入大雅之堂，无论是司马迁的《史记》还是韦政通的《中国思想史》，都是这种史学观点的代表。人类学与之不同，人类学者大多非常重视历史学者所鄙视的或者抛弃的历史残留物，无论是文化人类学还是体质人类学都是如此。列维－斯特劳斯认为，历史学是从社会生活的有意识的表达方面来组织资料，而人类学则通过考察他们的无意识的基础来进行研究，因此他也称人类学者是在历史的垃圾堆里捡垃圾。他们（历史学家和人类学家）是在同一条道路上、沿着同一方向走着同一个旅程。唯一不同的是他们的朝向：人类学家是朝前进的，寻求通过他们早已深知的有意识现象获得对无意识的越来越多的了解；而历史学家却可以说是朝后行进的，他们把眼睛死盯着具体和特殊的行为，只在为了一个更全面和更丰富的观点上考察这些行为时才把眼光离开它们，这是一个真正的两面神伊阿努斯，正是这两门学科的结盟才使人们有可能看到一条完整的道路（列维－斯特劳斯，1995：29）。因此，历史学与人类学虽然关注的内容并不一致，然而基于相互之间强烈的互补性，它们的结合造就了获得经验研究结论的真实性和可靠性。

历史人类学要求我们不仅使用人类学的研究方式对"社会无意识"进行关注，而且也需要获得历史资料保存的"有意识表达"。如果人类学是一个以研究人为宗旨的学科，那么它就不应该满足于对一个陌生社会的浅薄"调查"，当人类学者的研究对象转向有文字、有历史、有国家社会时，甚至人类学者本身就是被研究社会的一员时，还满足于"参与观察"而无视历史学等其他学科已有成绩的做法就成了自欺欺人的做法（王铭铭，2005a：368）。本书并没有抛弃档案馆、图书室、学校以及教育局办公室丰富的文献库，也不仅仅满足于人类学参与观察获得的直接性经验知识，而是在历史人类学观念的指导下，尽量去完成人类学和历史学的无缝衔接。

（3）主位与客位

当人类学者来到教育现场时，无论是在学校、社区还是教育行政部门，都会碰到无数信息扑面而来的现象，这时所能做的事情就是奋笔疾书，恨不得把所有信息都快速记录在案，任何一个细节都不想放过，无论对什么事情都异常敏感，至于这些信息是否为研究主题关涉的内容好像已经不那么重要了，"万一在后续研究中用到了呢"，这或许是多数田野工作者不约而同养成的习惯。数月甚至更长的实地考察让我们获得了丰富的资料，然而它们并不是规则地排列在一起的，也并非完全为研究需要，我们面对的只不过是一个混乱的信息团。那么，我们如何判断和选择那些"真实"的信息呢？美国早期人类学家克鲁伯（A. Kroeber）写过许多关于印第安人的报告，有一次他又到一个印第安人家中去访问，问一个报道人问题时，那人总是要回到房间去一会儿再出来回答，克鲁伯很奇怪，问他是不是到房里去转问他母亲，那印第安人答说是去翻阅一个人类学家克鲁伯的报告，以免把自己的风俗记错了（乔建，1999：3～4）！显然，这个故事表明了印第安人是在借用客位的观点来表达主位的思考，而如此的信息收集所完成的民族志，造成了主位和客位的方法论选择的混乱，其研究结论的真实性和解释力实在令人担忧。

主位（emic）和客位（etic）是来源于语言学的一对概念，在1979年美国学者马文·哈里斯（M. Harris）为了避免主观与客观可能引起的语言中的"混乱"，首先将主位与客位引用到人类学研究中来。主位是指当地人自己基于本地文化对事情自然而然的理解，客位则是外来的研究者从自身出发对事情的理解。依照以往的研究经验，在任何一项田野工作中主位研究和客位研究对同一文化现象进行分析都会得出不尽相同的研究结论。在哈里斯看来，当使用主位的视角进行研究时，旁观者试图获得一种人们必须懂得的范畴和规则的知识，以便能像一个本地人那样思考和行动；而对于客位的视角而言，旁观者不使用从本地人观点看来必定是真实的、有意义的和恰当的概念，而是自由地使用从科学的数据语言中得来的、相异的范畴和规则（马文·哈里斯，1989：37～38）。同时，他也引述了一个印度圣牛的例子来说明主位和客位研究可能造成的显著差异。当地的小公牛比小母牛死亡率高出一倍，从牛出生率来看这并非一个必然，那么为何会出现这样的死亡现象？当地人给出的理由是小公牛出生的时候就比较瘦弱、经常生病、小公牛吃的奶水相对较少，每个人都不否认任何一头牛生存下来的合法性。但是作者经过实地考察发现，事实并非如当地人解释的那样，小公牛死亡的实际原因是当地很少需要力气大的公牛作为畜力，他们希望多养一些母牛来繁衍更多的小牛，于是在饲养小牛的时候有意无意间将小公牛吃奶的时间压缩，而让小母牛获得更多的奶水，不久之后小公牛体质就越来越差，当然也就很难抵抗疾病的侵袭和营养不良带来的负面影响。同时，我们可以发现共餐在主位和客位视角中的迥异。无论是在教育局还是在学校，都会出现一些人基于不同的场景参与的共餐现象。从主位的观点来看，不同部门的人共餐是再"平常"不过的一件小事了，没有什么值得讨论的，"我们一直以来都是这样"。在客位的视角来看则有着明显的不同，共餐是长久以来人们在社会交往中形成的一种仪式，从共餐地点的选择、座次的安排以及敬酒的次序等方面可以窥探到其所包含的各种意味的象征，而且人们也在有意无意地对这些象征意义保持着极高的认同。共餐对于理解教育行为有着重要的象征意义，毫无疑问它也是一种教育场域中独特的仪式。在这样的氛围里大家不仅仅是在吃特色牛肉或者红烧鱼块，在觥筹交错中肆意豪饮，它更代表着每一个人意见的表达、思想的交融以及观点的碰撞，甚至领导在酒桌上就考察了某些人的性格特点和真实水平，"酒品看人品"也不无道理。不可否认的一个事实是，共餐已经成了自我认同、表达尊重、缓和冲突、增进情感、共度节日的重要手段。

也有研究者把主位和客位观点分别与局内人（insider）和局外人（outsider）相联系，局内人属于同一个文化氛围的群体或个体，对事物往往有相似的思维方式和比较一致的认识；局外人则是指处在不同文化氛围的群体或个体，他们通常有着不同于局内人的思维方式、体验和观点。有些人常常持这一观点，即主位意味着局内人理解，客位也就意味着局外人的认识。如果对此不进行深究的话，乍看起来并无问题。然而，局内人和局外人与主位和客位相比不仅有着另外一种方法论上的意义（庄孔韶，2006：139），而且还在于局内人和局外人是可以相互转化的，但是主位与客位则是相对稳定的。格尔茨与他的妻子初到巴厘岛时，当地人对这两位外来者熟视无睹，视他们如"一阵云、一阵风"，这时他们是典型的局外人。十天之后，为了给学校筹集资金，一次大规模的斗鸡在公共广场举行，在第三轮比赛进行得正酣之际，警察进行了突然袭击，参赛者与围观者四处逃窜，格尔茨和妻子与其他人一样开始逃跑，在无处可逃时，随一名巴厘人进入其院落，这位男子的妻子立刻摆好桌椅及其他相关物品替他们掩饰。第二天情况大不相同，巴厘人正式接受了他们，他们也顺利完成了从局外人到局内人的转变。人类学者在一个陌生之处经历较长一段时期的田野工作，是实现研究者从"局外人"到"局内人"身份转变的关键，在一定程度上这种变化可以保证记述信息的客观性，增强人类学研究结论的解释力和可信度，更重要的是，也能够帮助研究者更加清晰地感受隐藏于这些活动背后的行动逻辑和规则。

　　主位的观点能够体现出局内人对于本地知识特殊的理解方式，获得某些直接和应激的信息，这可能也是当年毛泽东在《反对本本主义》中强调"没有调查，没有发言权"的题中应有之义吧。当前，很多人都在热心地为农村发展和农民的生活建言献策，构想农民未来生活的宏伟蓝图，可是农民就是不愿意接受他们的这番美意，这些专家无不为这些人的"愚昧无知"感到痛心疾首。事实上，基于自身职业、社会地位等因素的限制，农民往往成为政策制定与实施过程中"沉默的大多数"，他们是被有意无意区隔的。而正是这些"无声者的声音"被忽视，主位观点处于缺失的空白，才造成了政策的种种失误和失真后果。同时，主位的观点也并非完全真实，有的时候它也能够迷离局内人的双眼。当我们来到一个陌生的文化情景中，任何一件微不足道的细节都能够给我们留下思考的空间，遗憾的是，我们却往往对自己身边发生的事情习而不察，视它们为见怪不怪、理所当然的常识，因为我们对自己了解得太多了。因此，在农村教育研究的田野工作中，需要思考主位与客位之间的关系。一方面，研究者要对现场的人物、事件、环境、行为、言语等不同方面保持充分的敏感，以一个局外人对异文化震撼的眼光去感受周遭所发生的一切，听取当地人对行为的态度和观点。另一方面，研究者也并非一个古板的记录真实画面的录像机，而是要保持主动阐述具体事件的冲动，基于自身的理论认知形成新的理论观点，充分体现主位观点和客位观点之间的张力。可以说那些唯一限于主位观点或唯一限于客位观点的研究策略，不像那些两种观点都包括的研究策略那样有效地符合目标定向的社会科学的标准（马文·哈里斯，1989：39）。对于任何一项研究而言，我们的目的并非刻意地徘徊在主位研究与客位研究两种不同的文化观点之间，而是通过对它们的合理整合，对研究的问题和现象给出描述和深入的学理性解释。

2. 研究方法和研究设计

在人类学研究方法论的指导下，本书将主要采用个案研究、口述史、参与观察以及访谈调查等研究方法。

（1）个案研究

个案研究是对一个人、一件事情、一个社会集团、一个社区所进行的深入全面的研究，它的主要特点是焦点特别集中，对现象的了解特别深入、详细（风笑天，2001：239）。由定义可知，个案研究的对象非常广泛，可以是单个的人和事，也可以是社会集团和组织；可以是一个村庄或街道，也可以是一个较大的社区。在社会学中比较经典的个案研究包括费孝通的《江村经济》、怀特的《街角社会》、利博的《塔利的角落》、林德夫妇的《中镇》等。近几年随着教育研究的不断深入，也出现了一些较有影响的著述，如陈向明的《王小刚为什么不上学了——一位辍学生的个案调查》、司洪昌的《嵌入村庄的学校：仁村教育的历史人类学探究》等，甚至有教育研究者提出实地个案研究已经成为"教育管理研究的第三条道路"（张新平，2007：1）。在个案研究中可以采用多种研究方法，口述史、参与观察、叙事研究都可以参与进来，但是不同研究对象的个案研究所需要的研究方法类型和侧重也不尽相同。例如杜赞奇的《文化、权力与国家：1900-1942年的华北农村》主要是基于20世纪初日本对华北地区农村进行调查的文献资料进行的分析，因此文献研究是其采用的主要研究方法，黄宗智的《华北小农经济与社会变迁》也是如此；而怀特的《街角社会》则是主要运用参与观察的方法深入科纳威利这个意大利贫民区，通过其中的"多克"与该地区的帮派青年经常聚在一起，逐渐建立一种相互信任的关系。个案研究按照不同的标准可以分为不同的类型，根据研究对象的不同它大致有三种基本类型：对教育过程中的某个人进行调查研究的个人调查；对某个教育组织或团体进行调查研究的团体调查；对某个教育现象或问题进行调查研究的问题调查（《教育大辞典》编撰委员会，1990）。本书研究的对象不是某个人和某个单一的团体，而是中乐县城乡教育发展中的制度现象和问题；同时，本书的研究性质决定了它更倾向于民族志个案研究的类型。

（2）口述史

口述史有时又称为口碑史，它是主要指按照人们的口头回忆对过往事件和人物的口述而进行的研究分析。英国的史学家保尔·汤姆逊曾经把口述史叫作"过去的声音"。口述史大致上可以分为两类：一类是历史学家经过对事件参与者或目击者的访问，取得口述的证据，这种方法主要应用于当代的社会史研究；另一类口述史是利用口碑传统进行的历史研究，它主要是指一代又一代的人们通过口头的叙事或描述所流传下来的对某些事件的记忆（杨豫、胡成，1996：213~214）。本书综合采用两种类型，对当代事件的回忆内容都是通过对直接参与的人们进行访问得来的，至于社会文化和历史传统方面的内容，则是依靠当地人一代一代传承下来的记忆。

口述史不仅能够生动形象地回顾整个事件的过程，更重要的是它可以作为文字史料的有效补充，甚至经过对不同人群的口述分析来推翻"正史"的谬误和偏见。来自人类感知的每一种历史资料来源都是主观的，但是只有口头资料来源容许我们向这一主观性提出挑战：去拆开一层层记忆，向后挖掘到记忆的深处，轻叩他们的下意识，抽出他们最深层的秘密，从而获得隐藏的真理（保尔·汤姆逊，2000：184）。一般的历史都是从政治、经济、文化等方面来记述，数字、图标是常用的记载手段，使用的也都是严格的"规范性"语言，这样的历史是传统史学的最爱，然而它至少反映不出日常生活中普通大众的生活细节，以及他们对于某项事件的感受、观念和价值判断。有研究者通过对"一位不适应的老人"的口述史分析，描述了一位有着光荣的历史和乡村社区中少有的文化教养的相当特殊的人物，但是她的生活却出现了种种不如意，遭遇了与邻居的格格不入、儿媳妇的埋怨、理想的追求与磨灭以及社会的抛弃。这位老人的不适应让我们能够了解作为主流意识形态的国家意义系统如何与地方性知识发生联系与相互作用，又如何影响到个体的生活历程，个人的生活史与大的社会文化的结构和变迁发生关联，成为不同意义系统之间关系的一种隐喻，进而提供从个体的生命经历理解国家与民间社会的关系、从微观叙事与个案研究探索深层文化意义和宏观社会世界的路径（郭于华，2000b：113~121）。提供口述史料的人在回顾往事的时候，无论他的记忆如何鲜明和生动，都不可避免地要受到事后经历的影响，口述者与传统媒介的接触、怀旧的情绪、童年的不幸遭遇、对亲人的情感、对他人的怀疑都使回忆渗入了感情色彩而变得不纯，"过去的声音"难免变成"现在的声音"（杨豫、胡成，1996：218）。诚然，每个人都是有着个人情感和价值观的个体，在回忆事实的时候都不可避免地进行了自我的选择。本书为了规避这种情况有可能造成的记忆失真，采用三角互证的检验方式，把尽可能多的来自不同人群和个体的口述资料放在一起综合考虑，从而尽最大可能提炼出真实的记忆和历史。

（3）参与观察

参与观察是人类学田野工作中经常使用的一种研究方法。如何进入田野，如何让调查对象接受你，这可能是每个有志于田野调查的人类学家将要面临的难题。作为人类学者，他们在进行一项研究之时，大多会选择一些地方深入当地民众的日常生活中，通过对他们的言语、行为、价值观念、民俗习惯等方面的观察，获得直接的第一手的分析资料。参与观察者一定要全身心投入研究对象的社会生活之中，以当事人的角度观察并理解诸文化事项及其行动的意义，梳理其整个的文化脉络，并加以诠释（庄孔韶，2006：163）。与一般性的立足"旁观者"视角的直接观察相比较，参与观察的重心在于研究者自身在各种活动中充当一位参与者和观察者双重角色，他不仅是一位观察他人、感受当地生活和工作的研究者，还是一位日常社会的直接参与者。

人类学者通过较长一段时期的参与行为——这也是实现研究者从"局外人"到"局内人"身份转变的关键——在一定程度上可以保证记述信息的客观性，增加人类学研究的解释力和可信度，更重要的是，也能够帮助研究者更加清晰地感受隐藏于这些活动背后的行动逻辑和规则。在参与观察的过程中，研究者要对现场的人物、事件、环境、行为、言语等不同方面保持充分的敏感，以一个局外人的眼光去感受和体现所发生的一切。当然这也并非把研究者当作一个被随意摆弄的木偶，而是说研究者也要主动阐述具体事件，也有生成新理论观点的内在要求和自觉，要充分体现主位研究观点和客位研究观点之间的张力。其中，参与者的观点叫作主位研究观点，与此同时，个案研究人员作为现象的调查者通常要保持自己的观点，也即客位研究观点（梅雷迪斯·高尔等，2002：450），主位研究观点与客位研究观点是"局内人"和"局外人"的角色差异造成的。如果有什么新的发现尤其是出现思维跳跃的时候，一定要把转瞬即逝的灵感记录下来，即使当时不方便完整地叙述，最起码也要草草记下关键词。然而在做现场观察记录时，需要注意最好做到"不引人注目地记录"，即记录的动作要小、记录的速度要快、记录的时间要尽可能短。到一个陌生的地方一个月的见闻可以写一本书，一年的见闻却只能写一篇论文，因此构成文化震撼的东西要及时写下来，不求当时的"正确"解释，但最好有当时的感性和体会。每天晚上都要进行一项必需的程序性活动，即把当天发生的事情进行回忆并有选择性地、较为完整地叙述出来，以免发生对重要信息和场景的遗漏。

参与观察有助于获得人们言行中的深层次的含义，这与格尔茨曾经提出的人类学中一个非常重要的"深描"概念不无关联。从教科书的观点来看，所谓民族志就是建立联系、选择调查合作人、做笔录、记录系谱、绘制田野地图、记日记等，但是技术以及公认的程序并不能界说这项事业，可以界说它的是详尽的"深描"（thick description）的尝试（克利福德·格尔茨，2008：6）。正如格尔茨所言，同样是一种眨眼，但是其中包含的内涵可能完全不同，它可能只是"随意"的眨眼，这是一种身体的正常机能反应，也可能是"挤眉弄眼"来向对方发出一种特别的信号，或者其他。同样，这种"深描"同样也出现在对讽刺和犬儒的感受当中。判断某种话语、行为或者态度是讽刺还是犬儒的，暗含了对其所作所为背后动机的认识，其中讽刺指的是掩饰，也即说一套，其弦外之音则指另一套，甚至完全相反，它是讥讽、戏仿、嘲弄和挖苦等间接修辞方式的共同特征；如要将此类形式依照谦虚与傲慢、包容和排他的谱系排列的话，应将犬儒主义排在傲慢和排他这一端，它是一种表面上毫无疑问地赞同、暗地里却彻头彻尾反对的态度和形式（王铭铭，2011：139）。因此，在这也说明了长时期的参与观察相较于直接观察所具有的真实性、丰富性的优势。由于笔者在教育局承担一定的工作，这就在一定程度上成为中乐县教育系统人们眼中的"局内人"。基于此，调研期间笔者顺理成章地参与了从市级政府到学校、从教育系统到县级其他部门的各种会议和活动，有幸亲身经历了如今正在进行的高效课堂改革、人事制度管理、特色学校发展、学校联盟建设以及学校委托管理模式构建等与城乡教育一体化相关的项目。在短短的四个多月的时间里，笔者走访了全县所有的中小学校，与一些校长、教师进行了多次接触，在离开中乐县之前已经有相当数量的教师把笔者当成了无话不谈的朋友。这样的经历无疑让笔者能够更好地参与其中并对各层级人士的言行以及学校环境进行细致入微的观察，为研究资料的收集和整理带来诸多的方便。

（4）访谈调查

较之于问卷调查研究方法，访谈调查的优点是可以在谈话中观察到研究对象的动作、表情等非言语行为，而且可以就其中某些关键问题进行引导和追问，从而获得问卷调查很难获得的深度研究信息，因此访谈调查成为研究收集资料的主要方法之一。

首先，访谈调查内容的确定。在访谈调查之前，要根据研究的主题来确定访谈调查内容，具体而言，这大致可以包括以下内容。其一，城乡教育一体化制度的产生。根据目前研究掌握的文献资料来看，"城乡教育一体化"的概念最早产生于20世纪90年代初期，践行这种思想则是在2000年前后。中乐县是何时开始提出并实施城乡教育一体化政策的？当时是基于何种考虑实施城乡教育一体化政策？是执行上级政策、模仿他人、自主创造抑或其他？这些问题都构成了城乡教育一体化制度产生的重要内容。其二，中乐县在城乡教育一体化实施过程中采取的重要举措。在提出城乡教育一体化政策之后，县级政府以及教育行政部门必须要采取一定的措施来完成这样的目标。其三，城乡教育一体化发展过程经验和教训的追问。通过较长时间地对中乐县教育的直接和间接了解，笔者获知在过去几年时间内该县在城乡教育协调发展中取得了累累硕果，探索并形成了较好的教育改革实践经验。那么该政策能够被持续推进的原因是什么？在绩效工资处于较低水平的情况下，教育局是如何激发所有成员积极性的？同时，任何教育改革都是一项复杂的系统工程，任何改革都可能会牵涉不同利益方的利益，如何处理改革背后的各种关系和利益问题便成为相关负责人必须考虑的问题。回首以往的教育均衡工作，这个过程是否顺利？遇到什么样的困难和矛盾？为什么会遇到这些困难和矛盾？其间是否经历了政策的调适、变通或者反复？他们是如何解决这些困难的？如此等等，均能够较为充分地呈现教育改革的非线性变化和复杂性。

其次，访谈调查对象的选择。在访谈内容确定之后，选择访谈调查的对象自然就被提上日程，研究的访谈对象主要包括县政府主要负责人、教育局主要负责人、各科室人员、各学校校长、中层干部、专任教师以及学生家长等，在访谈类型的选择上一般采用较为轻松的非结构性或半结构访谈。在学校中，除校长成为访谈的关键人物之外，还包括 3~5 人的任课教师，他们一般应为较为了解学校情况的班主任，年龄和性别比例也要尽量符合本学校教师总体特征。同时，也要尽量选择 2~3 位学生家长来到学校，主要向他们了解学生的基本情况、关于城乡教育发展的价值观以及具有地域性特征的文化－认知图式。在对全县教育具有领导和管理责任的教育局领导方面，如果能够直接与教育局局长进行深度谈话，则对研究资料的获得无疑具有重要意义，然而现实中这些"高层"基于自身职位等各种因素的考虑，所给予的信息通常是较为正式的政策话语，这无疑会影响研究的效度。为了规避这种风险，除了对他们进行常规访谈之外，笔者一般采用以下几种策略进行适当的弥补。其一，寻求"中间人"，即找到那些既与教育局主要领导有着非常紧密的关系又非常熟悉本地区教育现状的人群，他们不仅没有主要领导者的矜持与警惕，而且也不影响研究资料的收集，能够较好地弥补前者带来的缺憾。其二，通过平时与他们在一起吃饭、乘车以及消遣中的接触，进行较为详细的观察和记述。根据笔者的经验可知，往往在比较放松的场合和时间里，他们才能够放松所有的警惕，对所有人畅所欲言、一吐为快。其三，通过建立良好的朋友关系拉近彼此的距离。在中乐县与他们一起工作和生活的时间里，尽量让自己保持不卑不亢的心态，既尊重所接触到的每一位领导又能够使用相对轻松的话语与他们进行沟通，甚至在他们开玩笑的时候也积极地参与其中，让他们充分感受到笔者是与他们一同生活和工作的"自己人"。诚然，选择访谈对象的类型和人数越多，给研究带来的难度和工作强度也就越大，但是只有对一个场域内不同群体进行较为全面深入的了解之后，才有可能把握县城教育的真实性、生动性和丰富性。同时，三角互证法事实上是一种比较法，通过比较不同来源的信息，以确定它们之间是否相互证实（威廉·威尔斯曼，1997：316），因此访谈也有在三角互证中需要多种资料收集方式的内在诉求。

再次，访谈提纲的编制。在博士论文开题报告形成之时，笔者就精心"设计"出了一套相对规范的访谈提纲，并自认为比较符合实际和研究的需要。或许是导师看出了笔者的浅薄，当时他就告诫笔者，"在你去中乐县一段时间后，你的访谈提纲肯定会变化"。果然，在中乐县工作一段时间后，才发现很多事情并不是想象的那么简单，甚至遭遇的很多现象和问题震撼着笔者的思想，也重塑了很多长期以来一直影响着笔者的教育观点和价值观。于是，笔者的访谈提纲经历了多次的修改和完善，现在的访谈提纲较之以前在研究问题、内容以及思路等方面已经出现了翻天覆地的变化。本书的访谈对象包括县政府主要负责人、教育局主要负责人、各科室人员、各学校校长、中层干部、专任教师以及学生家长等，具体内容参见附录。

另外，访谈资料的收集和整理也很重要。对于人类学的访谈方法，尽量不要采用笔记速写的形式，因为以往的访谈经验表明，这样只会引起对方的警惕、怀疑甚至拒绝接受访谈，因此要借用录音笔、照相机等音像设备。不过在进行正式录音之前，最好与对方进行较为详细的解释，保证所有的录音只是供研究之用，而且还要进行保密性的技术处理，以消除他们的顾虑和紧张心理。在访谈过程中，研究者要做一个好的听众，无论对方表达任何观点，都不要表露不耐烦或者鲁莽地去拒斥对方，更不要与之发生争执，否则就根本不可能同对方一同进入一个宽松的谈话氛围。当然，除此之外还包括录像和照片、文字记录等，它们都是个案研究所可能采用的资料收集方法。之所以采用多元的资料收集方法，是因为事件的"真实"会通过不同的方式呈现出来，只用综合尽可能多的信息才能最大限度地把它还原，这也是人类学研究中的三角互证法。

三角互证法是用两个或两个以上的技术和资料来实施信息收集的方法，从本质上说三角互证法是定性研究效度的保障，这种方法可以用来检验不同的资料来源或不同的资料收集形式的准确性（威廉·威尔斯曼，1997：316）。三角互证法在一定意义上保障了信息的真实，这对于研究过程的推进和研究结论的确定具有重要价值。在访谈调查之前的设计中，有必要对即将获得的访谈资料进行编码，这是厘清诸多访谈资料的重要手段。编码是对资料进行编组和归并的过程，实质上，它通过这样的过程能够使定性研究者们"发现他们有了哪些资料"（威廉·威尔斯曼，1997：261）。对于访谈资料而言，编码意味着让研究者了解他们已经有了哪些访谈资料，以及还有哪些访谈资料需要进一步去获得。因此，笔者根据访谈对象的不同尝试对访谈信息进行编码。编码系统由四部分组成：被访者类型－代码－获取方式－次数。具体而言，被访者类型分为教育行政人员

（E）、校长（H）、教师（T）、学生（S）、教育研究者（R）、政府人员
（A）以及家长（P）；代码是指不同的访谈资料在所有访谈资料中的顺序
安排，在每一种类型均按照自然数的先后顺序从前至后排列，如 E-1 就
意味着第一位教育行政人员的访谈记录，P-2 则代表第二位学生家长的访
谈记录；获取方式主要包括录音（R）和无录音（N）两种类型，其中录
音是指在整个访谈过程中使用了录音笔，访谈资料是在之后严格按照录音
笔整理的结果，而无录音是指那些因各种因素导致访谈过程没有使用录音
笔，之后根据自己的记忆获得的访谈信息；在对那些关键人物进行访谈的
过程中，正式、非正式以及结构和半结构等诸多类型的方法都可以被使
用，而且根据研究的需要还要对他们进行再次乃至多次的沟通，这就需要
对不同人群的访问次数进行记录，它也是由 1、2、3……进行标示。综上，
访谈资料编码的呈现方式包括了被访者、代码、获取方式以及次数四项内
容，例如 R-5-R-2 则意味着是第五位教育研究者的第二次访谈内容，
文字内容是根据录音笔转换而来的。照片命名由数字部分和文字部分两部
分组成。其中，数字部分又包括时间（D）和地点（P），就时间而言，年
份、月份及具体日期均为两位阿拉伯数字，如一幅图片拍摄时间为 2012 年
8 月 27 日，那么时间编码应为 D120827；地点将把该县所有学校、县教育
局以及地方政府按照一定的顺序编号，如照片如果是在 06 学校拍摄则将会
被记录为 P06，综合以上的规定，此照片的数字编码为：D120827P06。文
字部分要求用文字说明照片简要的内容，包括人物和事件等基本信息，要
求文字内容简明扼要。

实物资料也是质性研究中非常重要的资料来源，同时也是研究分析城
乡教育一体化制度变迁的重要分析资源。实物资料主要包括以下几种：市
年鉴、市教育年鉴、县年鉴、县教育年鉴、县经济和社会发展统计数据、
县各级教育统计数据、县委县政府主要负责人关于城乡发展和城乡教育发
展的报告、县域内主要文化构成、民族构成、教育局局长关于城乡教育发
展的规划、县长和教育局局长年度汇报、教育局关于城乡教育一体化的思
路和举措以及其他各种关于城乡教育发展的音像资料等。

（二）文本框架

基于前面形成的研究思路，研究的文本框架也就呼之欲出了。具体而

言，它主要包括以下几个方面。

第一，引子。通过叙述一件典型的与城乡教育一体化相关的事件，来引出研究所要关注的主题和亟待解决的问题。这不仅体现了城乡教育一体化重要的政策意义和研究价值，而且还能够从一开始就留下悬念。

第二，中乐县基本情况介绍。

第三，第二、三、四章为制度变迁。城乡教育一体化并非一个完成之物，也非一个无源之体，它的产生、发展、实施以及完善等经历一个较为复杂的过程，这部分内容将着重还原中乐县城乡教育一体化的制度变迁过程，并且深入教育现场尝试挖掘制度变迁背后的内在机制。

第四，第五、六、七章分别为人事管理、教学改革、强弱合作。城乡教育一体化是一个较为抽象的话语，在实践中中乐县对它进行了具体化处理，主要通过标准化建设、人事管理、教学改革、强弱合作以及特色发展等维度来促进城乡教育均衡发展，并最终实现城乡教育一体化。

第五，第八章为结语。城乡教育一体化的制度逻辑是研究主要回答的问题，通过对中乐县城乡教育一体化的制度变迁以及标准化建设、人事管理、教学改革、强弱合作和特色发展五个维度的论述，总结提炼出城乡教育一体化制度逻辑的核心内容。

（三）创新追求

创新是理论发展的本质特征。经济社会发展以及教育改革对教育科研提出了更高要求，教育理论创新的任务愈益紧迫，我国改革与发展正处于关键时期，教育面临一系列新情况、新问题，时代呼唤教育理论的创新（《教育研究》编辑部，2009）。同时，教育研究也要对以往的理论基础和方法原则进行反思。教育研究的原创性不仅包括了研究结论和研究方法的创新性，而且包括了研究领域和研究问题的开拓性（李润洲，2008）。目前城乡教育一体化的制度研究主要体现于具体的制度设计机制构建上，但是无论在思想深度还是在解释效力上均不能满足现实的需求。基于此，本书力图在研究问题和研究方法上进行创新。

1. 城乡教育一体化制度逻辑的探寻

为了突破城乡教育一体化理论研究和实践探索过程中的困境，本书提出了一个新的思考方向，尝试提出蕴含于城乡教育一体化形成和实施过程

中的制度逻辑的学术议题。之所以提出这样的新问题，主要源于对当前我
国城乡教育一体化研究和实践的反思。本书不仅关注我国城乡教育一体化
实施现状，同时也注重与国内外相关理论进行对话，例如新制度主义社会
学就讨论、扩展了制度的理论内涵和外延，创新性地提出了制度变迁理论
以及制度环境和技术环境的关系理论等。此外，更重要的是通过以上各内
容的分析，本书得以逐渐摸索在教育领域内长期形成的对各级组织和人们
的行为和话语有着客观规律性影响的文化系统、社会关系以及内在法则，
即城乡教育一体化的制度逻辑。迄今，在当前的学术界尚未出现关于城乡
教育一体化制度逻辑的研究，本书不仅拓展了城乡教育一体化制度研究的
范围，而且深化了城乡教育一体化制度研究，为城乡教育一体化制度提出
和实施过程中遭遇的实际问题提供了学理上的依据和解释。

2. 人类学方法在城乡教育一体化研究中的运用

有学者指出，教育学想要履行教育学科本身的理论和实践使命，就必
然跨越学科之间的疆界，通过跨学科视野和多学科方法的运用研究教育中
的政策及相关教育问题（丁钢，2008）。通过已有的研究文献可以发现，
以往关于城乡教育一体化研究的文献不仅数量较少，而且采用的研究方法
同质化倾向较为严重，一般以经验研究和理论思辨性研究为主，实证调查
较少。这样的研究习惯在一定程度上导致了该领域研究与实践发展之间形
成了难以逾越的鸿沟，对于城乡教育一体化实施中遭遇到什么困境、产生
这些困境的深层次原因是什么、城乡居民对该制度的反应如何、教育领域
的不同群体在实践中担当何种角色等问题，多数研究者并没有给出令人满
意的答案，即使出现寥寥回应也多来自于研究者无根的思考。当然这并非
只是城乡教育一体化研究的问题，而是长期存在于我国学界的痼疾。为了
改变研究与实践的疏离，本书尝试在人类学方法论的基础上，综合运用个
案研究、参与观察和调查研究等研究方法，以我国城乡教育一体化实施时
间较长的中乐县为研究个案开展四个多月时间的实地研究。教育学的人类
学研究其价值不仅在于能有效地深度观察、理解教育现场和教育现象，还
在于能有效地弥合思辨研究与实证研究的鸿沟（李政涛，2009：36）。更
为重要的是人类学个案研究方法让研究者能够深入了解一个地区城乡教育
一体化发展的实际状况成为可能，并且从与当地各种组织和人物的交流中
感受教育的"真实"，从动态丰富的活动现场汲取灵感。

五 田野选择

（一） 为何选择中乐县

在研究问题和研究内容确定之后，就应该思考研究对象的选择了。研究应该选择什么地方作为实地考察的现场呢？目前学术界在选择熟悉和陌生环境的利弊方面仍然各执一词、莫衷一是，笔者无意于陷入这场没有结论的争论泥潭。然而，其中有一点是相对确定的，即在客观条件许可时，我们应该尽量选择那些既与所研究的问题或现象密切相关，又容易进入、容易观察的地点（风笑天，2001：244）。当年我国著名人类学者林耀华之所以选择义序作为研究的对象，主要基于三个原因：其一，作者是福建人，生长于闽地，闽俗习惯早已娴熟，行动不致与习俗冲突；其二，义序为一纯粹黄姓一系的宗族乡村，异姓杂居者寥若晨星，可代表宗族乡村一个模式；其三，义序人文繁盛，虽近城市，不失乡村特性，且距作者家居不远，气息相通，调查方便（林耀华，2000：2）。在博士生导师邬志辉教授的帮助下，笔者获得了到我国城乡教育综合改革前沿阵地中乐县做实地调研的难得机会。于是，在2012年的初夏，笔者怀揣着既激动不已又有些惴惴不安的心情来到了中乐县。综合而言，笔者最终选择中乐县作为研究对象主要依据的是相关性原则和便利性原则。

其一，相关性原则。长期以来，中乐县是该县所在市乃至省域范围内教育发展成就居于前列的地区，尤其在近几年，各层级学校积极顺应当前教育发展的主流趋势，关注教育公平和教育质量的时代主题，逐渐培养了教育改革自觉，在一定程度上形成了较为广泛的影响。其中，有以下一系列重要事件可以成为该县城乡教育变革和发展进步的注脚：率先在所在市完成农村中小学标准化建设；率先实现了从学前到高中的十五年教育普及；建成所在省首批、所在市第一个"义务教育示范县"；全国教育均衡发展现场会在该县召开，受到教育部等的重要领导人的高度评价，例如"中乐县的标准化建设学校堪称全国一流，令人耳目一新，城乡教育差距明显缩小，县委县政府实施的教育优先发展战略成效非常显著"（中乐县教育局内部资料）；在省政府对县政府的教育督导评估中被评为优秀；荣获"全国农村教育改革先进县"称号，被评为"全国农村义务教育经费管理示范县"；城乡义务教育均衡发展经验和成果在重要的国际论坛上做交流展示，荣获全国教育改革创新奖。从中不难看出，近年来中乐县经历了城乡教育一体化的提出、实施、变迁等一系列过程，在这个过程中收获的这些成绩、遭遇的困境以及不同利益群体的思考和行为都无疑为研究提供了一个研究的空间。

其二，便利性原则。虽然中乐县地处我国西部地区，与研究者所居单位相距较远，但是人类学研究的"长时期与当地居民生活在一起"的内在要求让研究者能够长期居住中乐县，这就有效避免了往返过程出现的舟车劳顿，为研究者以一个正常的身心状态进入现场提供了便利。更为重要的是，笔者的朋友与中乐县教育局的一位负责人有着良好的私人关系，作为管理一县教育的重要人物，他在该地区已经从事了长期的教育工作，具有相当丰富的实践经验，也拥有着研究所需要的该县教育领域中的各种人脉关系，很好地扮演了个案研究中非常重要的"守门员"角色。

（二）进入研究现场

1. 进入研究现场之前的准备

针对一个地区进行的个案研究最基本的要求即研究者要长时间停留在研究现场，与当地人们生活在一起，尽量去观察他们的社会生活方式、生活态度和价值观。然而这一切都以能否获准进入研究现场为前提，有研究者认为要顺利进入现场需要做到如下几点：选择实地环境中与你最初接触的人；选择最佳交流方法（例如电话、通信或亲自拜访）来提出你的要求；决定怎样表达你的要求（例如注意强调为研究做出贡献的机会或强调给实地参与者带来的个人利益）；准备好回答问题，并对得到许可前或许可后所出现的有关事情进行表述（梅雷迪斯·高尔等，2002：455）。于此我们发现，第一点内容是关于如何寻找"守门员"的问题，后三点则是关于如何与其进行合理交流的思考。决定研究者能否顺利进入现场研究非常重要的一个因素是"守门员"。所谓"守门员"就是那些在被研究者群体内对被抽样的人具有权威的人，他们可以决定这些人是否参加研究（陈向明，2000：151），因此在研究者进入现场前，"守门员"的选择是所有研究进行的关键。同时，这些"守门员"要具有"合法性"和"正式"（陈向明，2000：151）的基本特征，即这些人不仅要具有社会和该领域内认可的权力和地位，而且这种权威来源于正式组织之中，至于韦伯语境下的魅力型权威则不适合作为"守门员"。然而，仅仅具有"合法性"和"正式"特征并不能保障研究者顺利进入研究现场，除此之外，更为重要的是研究者还需与"守门员"通过各种方式建立一种良好的信任关系。《街角社会》的作者怀特认为："我能否为这个地区所接受取决于我所发展的私人关系，而远不是取决于我所能做出的解释。写一本关于科纳威利的书是不是件坏事，完全取决于人们对我个人的看法。如果我是好人，那么我的研究也是好的；如果我不好，那么没有什么解释能够使他们相信写这本书是件好事。"（威廉·怀特，1994：330）我国学者曹锦清在写作《黄河边的中国》时，也有着类似的感受。基于以上的考量，本书选择的王和礼是中乐县教育局工作的一名人员，年龄40岁左右，有着非常丰富的领导和管理工作经验，不仅在该县教育局内具有较高的威望，而且与城乡各学校的校长也有着良好的私人关系。同时，在去之前笔者也曾有过与他进行课题研究、学校改进等方面的合作经历，相互之间已经非常熟悉，因此，研究选择的王和礼基本符合了个案研究中"守门员"要求。

与被研究者交流的方式和内容也具有重要的意义。与被研究者初次交流时，无论采取电话、邮件还是面对面交谈的方式，都要表达对方愿意提供研究合作和机会的谢意，体现出一个"局外人"对每一位"局内人"的尊重。为了让被研究者能够主动接受研究者"进入"的要求，避免不必要的误会和戒备之心，研究者要主动介绍这次研究的研究问题、研究内容、涉及对象、研究范围、自己对对方的期待以及研究的截止时间等内容。此外，还需要强调研究对所有涉及地点和人物进行保密的规定，不仅不会给当地政府、教育行政部门以及学校人员造成麻烦，而且还会通过此类研究为该地区的教育发展带来一定的价值。研究者向被研究者介绍自己研究的一般原则是：提供足够的信息，避免对方产生不必要的猜忌或好奇；但要注意适可而止，过多过少都不合适（陈向明，2000：151）。因此，提供足够的信息并非要求研究者作为一个"玻璃人"呈现在被研究者面前，而是要根据对方的反应和研究的要求综合考虑，尽量做到既能免除被研究者的各种担忧，也不会使研究陷入无休止的解释的泥潭。

2. 进入研究现场的时间

一般而言，人类学研究应该用不少于一个年度周期的时间与当地人共同生活，长期以来这已经成为多数研究者的共识。因为民族志研究的"循环性质"，田野工作期限要一年以上才能保证研究者对研究对象有"深度了解"（李政涛，2009：90）。然而，一项人类学研究究竟需要多长时间和实际研究耗时多久是两个问题，实际上不同的研究者在实际调研中使用的时间也长短不一。费孝通在家姊的介绍下到江村考察仅仅一个多月，就形成了后来被学人广为传阅的经典名著《江村经济》；林耀华则在 1934 年至 1937 年利用两次返回家乡的机会，在一年半的时间内运用社会人类学方法对中国南方闽江中游的农村进行了较为详尽的调查，基于此产生了人类学名著《金翼》，而《凉山彝家》则仅仅用了 87 天的时间；布劳尼斯娄·马林诺夫斯基在 1915～1918 年两次深入英属几内亚的特罗布里恩德群岛，最终促成了其成名作《西太平洋的航海者》的问世；1906 年只有 25 岁的拉德克里夫 - 布朗来到安达曼群岛，用两年的时间完成了《安达曼岛人》的民族志研究。因此，人类学研究中规定的"一个年度周期"只是人们依照以往的经验大致的估计，事实上并没有严格遵循的学术意义。国内研究生从事田野工作的时间偏少，少则一两个月，多则半年，这种状况受制于现有学制、经费、研究生管理、教师休假制度等诸方面的影响（庄孔韶，2005：358）。不过，任何一项人类学研究必须充分利用田野工作的这段时间，消除当地人对一个闯入者的警惕、防备甚至反感，最好能够学会并使用当地语言，与他们建立一种良好的沟通和交流关系。

从 2012 年 9 月 15 日笔者正式进入中乐县到 2013 年 2 月 6 日离开此地，中间经历了约四个半月的时光。虽然这次的时间有些短，但是基于人类学研究的"循环"特性，在以后的时间笔者有了多次的"再访""三访"的机会，对很多细节性问题进行多次核实，基本上能够弥补首次时间较为短暂的遗憾。笔者隐约地意识到，在中乐县这样弥足珍贵的停留不仅为研究资料的收集提供了充分便利条件，而且也能让平时难得进入基层学校的自己深切感受当前教育的真实，甚至与教育局领导、各科室人员以及各学校的校长、教师、学生交往的每一个瞬间都可能成为今生永不褪色的记忆。根据实际工作的安排来看，笔者对首次 4 个多月这段时间的工作内容进行大致介绍。

2012 年 9 月是第一个阶段，主要是熟悉工作环境。暑假刚刚结束，教育局已经开始为新学年的各种事务忙碌了，既有教育局向各科室人员传达上级指示和精神的各种文件，对各级各类学校的常规检查，又有召集各学校负责人的会议，当然其中最为关键的就是每年一次的人事调整。各中小学校的各项工作处于紧张忙碌的工作状态，教育局与之前相比也繁忙了许多。为了能够迅速适应教育局工作的角色，让自己看起来更像一个与他们没有隔阂的"局内人"，在这段时间里笔者主要进行了以下几件事情。

第一，收集和阅读教育局关于城乡教育一体化（包括教育均衡、城乡教育统筹、教育公平）的资料和历年市县年鉴（志），这样不仅能全面和深入地了解中乐县政治、经济、文化、社会以及教育的历史和现在，而且在搜集资料的同时也给笔者提供机会与教育局的工作人员相识和相知。

第二，与教育局人员在工作上亲密接触。作为一个从未有过人类学调查经验的人，在初来乍到之时，笔者对自己能否顺利地融入一个完全陌生的异地文化氛围中去还存在着一些顾虑，而且当地的语言和饮食习惯都与北方地区有着明显的差异，地方特色格外鲜明。因此笔者婉言谢绝了教育局专设独立办公室的特殊安排，而是选择了多人共用的教育局办公室。这样一来就完全避免了自己与他们在空间和心理上的隔绝，既方便对各种资料和信息相对完整的获取和收集，又能够与他们逐渐建立一种相互信任、和睦相处的良好关系。

第三，与当地人员在生活中成为朋友。除了平时在工作上的接触，笔者也主动与当地人在空闲时间一起散步，对此笔者也收获到了一些额外的信息。因为研究不仅仅涉及教育局和学校这个封闭的场域，还与一个地区的文化和社会背景有着紧密的联系，通过对当地的大街小巷、名胜古迹、盘山公路以及青山绿水的了解，能够深入地体悟当地独有的民族风情和民俗文化，这样也在一定程度上弥补了各种年鉴和资料上描述中乐县文化特色的淡薄。此外，一般情况下笔者的"守门员"会安排一个同事作为向导负责带笔者出去，由于出行的次数较多，再加上平时与他们聊天时有着较多的共同语言，因此在很短的时间内相互间建立了较为深厚的友谊。

第四，到一些学校感悟环境文化建设。虽然这段时间正处开学，学校都比较繁忙，但是笔者还是希望能够尽早地进入学校，去观察当地学校外显的环境文化以及与其他地区学校相比所具有的特色。于是在笔者的要求下，几个朋友带笔者参观了十多所不同类型和层次的学校，这让笔者在正式进入学校与校长和教师访谈之前有了较为充分的思想准备。

2012年10月初是第二个阶段，主要是对研究设计进行再思考。对于笔者而言，除了做好教育局平时安排的基本事务之外，笔者就依据来到中乐县之后所掌握的资料和信息集中精力对以往的研究设计进行修改，并且尽量保持与导师随时的沟通，交流自己的新思考和新问题。民族志研究过程可以说是一位探索者有一个最初的计划，但是对研究的领域不完全了解，因此要根据没有预期到的发现对计划进行修正。在一开始工作时，民族志研究者有一个最初的计划，但是假如必要的话，为了再次拟定问题，发现进一步调查的可能性，对最初的计划做修订，需要在一开始就搜集资料并对资料进行分析（胡森、波斯尔思韦特，2012）。这个过程像经历了一场强烈的蜕变，既隐忍着大刀阔斧修改带来的有时让人发狂的阵痛，又感受着面对真实教育情境进行一系列反思所引发的"山重水复疑无路，柳暗花明又一村"的快感。

2012年10月下旬至2013年1月是第三个阶段。这两个月是笔者在中乐县最为忙碌的一段时间，但是在每一个忙碌的瞬间笔者都能感受到从工作中带来的充实和快乐。总结起来，笔者主要进行了几件相对重要的事宜。

其一，与不同的群体进行座谈。这些人包括县长、主管教育的副县长（前任和现任）、教育局领导、科室人员、学校校长、中层干部、教师以及学生家长等，笔者的足迹几乎踏遍中乐县包括高中和幼儿园在内的所有学校，甚至对那些优质学校、薄弱学校以及特色鲜明的学校而言，笔者早已成为他们的常客，与个别校长和教师也建立起了良好的个人关系。每到一所学校，自己都会用照相机记录比较重要的校园标识、课堂教学、课外活动以及家校共育活动等，以速记的方式在笔记本上留下一些关键词，每天回到住宿地之后第一件事就是对当天所观、所闻、所感进行较为详细的补充和记录。值得一提的是，与最近两届的主管教育的副县长以及教育局主要领导的对话给笔者留下了非常深刻的印象，他们对笔者敞开心扉，解开了很多曾经迷惑自己很久的谜团，让很多实践中看起来略显生硬的地方变得通畅了许多。正所谓"一个好校长就是一所好学校"，在笔者看来，一个好的教育首长也就代表了一个区域高水平的教育，或许只有真正深入基层才会有这么真切的感受和认同。

其二，在一些学校进行指导工作。在教育局领导的安排下，在这段时间里笔者能够尽可能多地到学校指导与特色学校建设、委托管理、联盟发展等方面有关的工作，力图实现各级学校能够在总结以往实践经验的基础上进行理论提升的目标。对于能够与学校校长近距离接触的如此难得的机会，笔者自然不容错过，于是便欣然接受了这样的委托。也正是在与这些学校多次正式和非正式的接触中，笔者才与这些学校的管理者以及教师建立了相互信任的关系，甚至他们早已把笔者当成自己人来看待。"台上咱们是同事，台下你是我兄弟""你需要我们提供什么资料尽管通知我们""我们一定尽力而为"，诸如此类的话语，不仅让自己时常充满感激，庆幸自己遇到了这样坦诚相待的朋友，而且也大大便利了笔者对研究所需资料的收集，让笔者的研究得以按照原定进度顺利进行。

其三，参与各种教育研讨会。在此期间，无论是教育局内部的会议还是在其他地方举行的研讨会，在方便的情况下教育局都会尽量通知笔者参加。笔者清楚地意识到，这既是给笔者提供了一个与他们共享教育资源和共同解决教育困境的机会，又增加了笔者了解中乐县城乡教育一体化实施状况的有效渠道。同时，笔者在与他们一同研讨时发现，几乎每一个人发言的方式和内容都具有非常个性，尤其是不同的价值观和立场总是显得那么意味深长。

其四，向导师请教相关问题并修改研究设计。笔者在中乐县的这段时间里，每天都在接触到新的现象和不一样的思考，那些丰富的、生动的甚至有些无序的场景不断促进自己反思，于是自己以往的研究设计也就始终处于"不断生成"的状态之中，没有定型也无法定型，直到笔者决定抽身离去的时候，脑海中各种思想的碰撞和不同思路的交错还在继续着。至于什么时候能够形成最终完美的答案，还不得而知，笔者只知道自己在不断走向它、靠近它。不过，当形成一些有效的思考之后，笔者会主动联系导师进行交流，但是这样的机会自己把握得还是少了一些。

2013年1月下旬是第四个阶段。历经以上4个多月时间的考察，笔者已经基本收集和掌握了与研究相关的信息，也与不同层次的人士进行了多次座谈。余下的这段时间主要就是查漏补缺，以使研究所需文献资料更加完整和充盈。

（三）田野工作研究伦理

人类学要求研究者必须进入一个地区从事较长时期的田野工作，而这些地区对研究者个人而言多数是一个相对陌生的区域，如何做到既能保证研究的顺利进行而又不会对当地人造成不必要的烦扰，这就不可避免地涉及研究伦理规范的问题。质的研究不是一门"软科学"，只需研究者随机应变；它也有自己"坚硬的"道德原则和伦理规范，要求研究者自觉地遵守这些原则和规范，这些规范的遵守不仅可以使研究者本人"良心安稳"，而且可以提高研究本身的质量（陈向明，2000：425）。还记得在临走之前导师对笔者特别嘱咐："无论和当地的什么人接触，都要坚持与人为善。"在中乐县居住的 4 个多月的时期内，笔者的内心时常承受着"良心"的拷问："研究会对当地政府造成不良影响吗""与校长这样接触合适吗""我应该如何回答他们关于我本身的'真实'困惑"等。也正因如此，笔者自觉承担对研究对象的责任，遵循着信息保密和坦诚相待原则。

首先，信息保密原则。古语有云："路遥知马力，日久见人心。"这句话放在当今的人类学研究中同样适用。研究者在田野工作中通过访谈、参与观察等方法，可以逐渐获得关于当地人生活和工作的非常丰富的资料信息，而这些信息既包括人们喜闻乐见的日常行为，也可能会涉及一些人群或者组织机构的隐私，甚至会发现一些阳光下丝毫感受不到的"潜规则""秘密"。为了满足研究内容的需要，这些资料信息都有可能会成为回答研究问题的重要基石。人类学者在获得当地人充分信任的情况下从事田野活动，并获得了本不为外界所知的敏感资料，他们的研究成果被人利用可能会对当地人带来毁灭性的后果（庄孔韶，2006：152）。著名的人类学者本尼迪克特的关于日本人民族特性的名著《菊与刀》，正是基于当时战争的需要才得以完成的。为了避免人类学研究给当地人民带来不良后果的风险，大多数研究者都会选择对人名、地名进行一定的技术化处理。这样的例子数不胜数，例如费孝通《江村经济》中的江村、林耀华和庄孔韶师徒二人的经典名著《金翼》和《银翅》中的黄村、华人学者阎云翔在《礼物的流动》中的下岬村、杨懋春在《一个中国村庄：山东台头》中的台头以及于建嵘《岳村政治》中的岳村等，他们在研究中为了顾及当地的隐私权而选择了匿名。在本书中也将采用信息保密原则，对研究所涉及的当地人名、地名、学校名等都进行了特别处理，其中田野工作所在的县在文中称为中乐县，具体见附录。

其次，坦诚相待原则。还记得在最初来到中乐县之时的场景，教育局王临湘副局长把笔者带到每个科室，向他们介绍笔者的加入，算是笔者正式完成了从"外来者"向教育局人员转变必经的仪式。很显然，笔者成了他们心中的一个"谜"，几乎所有人都对这个新来的"闯入者"充满了兴趣，既与笔者"亲密"地打招呼，又多少显得不太自然，从他们的眼神中能够感受到种种迷惑、防备。不管怎样，在与任何人交流的过程中笔者始终坚持坦诚相待的原则，尽量拉近与他们之间的距离。或许在刚开始大家对笔者还不够了解的缘故，笔者和教育局人员之间在生活和工作中的交流不多，相互的交往都有些略显生硬的客气和正式。经过半个多月时间的熟悉之后，笔者就基本完成了从"局外人"到"局内人"的转变，教育局人员甚至学校的一些校长和老师都基本消除了对笔者的提防，把笔者当作工作中的同事，而非带有暗访或者检查性质的从大学里来到这里调研的博士了，每次见面打招呼，他们亲切地称笔者为"凡博士"。在相对熟悉之后，他们就会经常问笔者一些他们比较感兴趣的话题，例如"你来这里是干什么的""你问这些问题想做什么""博士是不是啥都知道""你多大了""你怎么还不结婚""你有对象了吗""你家在哪里""你有工资吗？有多少钱""博士生导师和研究生导师有什么区别""你经常去导师家里吃饭吗"，如此等等。对于他们感兴趣的每一个问题笔者一般都不会去回避，而是在保留底线的情况下和他们像自家人一样的聊天，有时候也会说一些家长里短，也可能是因为笔者的坦诚，在很短的时间内笔者就成了他们非常信任的朋友。

引子　一位乡村中学校长的无奈

初到中乐县教育局之时，笔者就结识了一位名叫王司进的乡村中学校长，基于彼此在性格上的相似，我们在初次见面之后就相互之间留下了较好的印象。我们会在很多私人聚会上碰面，他一般有什么重要的会议、活动以及饭局也都会主动邀请笔者参加，很显然彼此之间已经把对方当成了朋友。

他出生于 20 世纪 60 年代初，早年时期的生活比较贫穷，以至于后来每每我们在一起闲聊时候，他都会不厌其烦地忆苦思甜，把儿时常年在家里"捡牛粪""拾柴火"① 的经历与大家分享。在 20 世纪 80 年代，他通过自己的努力获得中师文凭，从而脱离了农民的土地来到了学校做中学教师。凭借自己的聪明和努力，他从一位普通的初中教师逐渐发展到班主任、年级组长、教务处副主任、教务处主任、副校长，并最终在不惑之年实现了当上一名中学校长②的人生理想。更重要的是，如今王校长与教育局的主要负责人关系较好，私下他们之间以师徒相称，从笔者观察到的后者对前者的态度上来看，王校长俨然成了他眼中的忠实朋友。然而，王校长并非从一开始就得到上级领导的青睐，用他的话讲："如果说我今天有点小成就的话，那么它完全靠自己实施的'公车上书'。"从他脸上泛起的笑容不难看出，这句话里有隐情，在一次闲聊的时候他很自然地向我讲述了这段往事。

---

① "柴火"是当地的一个俗语，一般指农村里的家庭在使用地锅时的燃料，包括干燥秸秆、树枝、废弃木材之类的东西。

② 在当地，校长不仅意味着将拥有更多的经济资本，也意味着在与众多社会机构和人员打交道的时候获得让其他人艳羡的政治资源，甚至后者对于他们的重要性远远超过前者。有一次笔者与当地的另一位校长聊天时注意到，他会在自己身上有意无意地贴上"成功人士"的标签，后来发现这并非个案。

一 曾经的 "公车上书"

这里的 "公车上书" 是王校长借用维新变法时康有为的一件史实来对自己行为的戏说和调侃，实际上这是指在过去的十年间他分别向三届教育局负责人提出的关于城乡教育发展方面的建议。王校长是一个平时善于琢磨的人，喜欢思考与教育发展和学校管理相关的问题，并且他多年来养成的阅读《参考消息》《人民日报》等关乎时事新闻的报纸杂志的习惯，培养了他喜欢从宏观视角思考区域教育发展的人格气质，这也是他与其他校长在学校教育思想和教育管理实践中的最大不同。当然，要理解这三次 "公车上书" 的前因后果，还要把时间转回到 21 世纪初他刚担任校长的时候。

基于当时我国城乡发展差距不断加大的严峻现实，在中国共产党第十六次全国代表大会上，时任国家主席胡锦涛提出了统筹发展的战略思想。随后，中乐县所在的省市也积极响应党中央和国务院的这一号召，积极构建城乡统筹发展的路径，形成了一系列省市政府直接管理的相关举措，颁布了诸如《关于统筹城乡经济社会发展推进城乡一体化的指导意见》等重要政策性文件，很显然在未来较长的一段时期内，城乡一体化极有可能成为地方政府新的工作重心。

在城乡统筹发展背景下，王校长敏锐地捕捉到了教育发展即将到来的变革趋势，"我觉得，国家都这么重视城乡统筹、一体化了，那城乡的学校要不要一体化啊，当时县城和农村学校的差距非常大，不整不行啊"，"尽管最初只是涉及经济、环境、政治这些内容，但是我认为教育肯定也跑不远了！中乐县要超前发展，必须要搞城乡教育的一体化，其中教育质量是重中之重"。这样的想法在如今看来的确显示了他的远见，但是在当时教育发展的情境下提出这样的设想，在很多人看来多少显得有些唐突。很多同事听后也多表示不理解："城乡怎么可能一体化？无论在什么时候，城市的学校都要比农村的学校好！" "你就当好你的校长吧，把自己的一亩三分地打理好就行，操那么多心干吗！" 甚至还有其他人的冷嘲热讽，这让他的心理极受折磨。终于，在一次向教育局汇报工作的时候，王校长把自己的这种想法向局长和盘托出，建议局长开展城乡学校交流、特色学校建设等活动，他认为以局长的大局观应该会支持他的建议。结果局长的回答令他极度失望，"别整那些花架子，你要记住一点：无论在什么时候上级政府考核中乐县教育的时候，都是要拿学习成绩说话的，其他搞得再好也没用"。随后的一段时间里，虽然县政府和教育局也相继提出了城乡教育统筹发展战略，推动了一部分中小学校的标准化建设，但是除此之外并没有涉及王校长致力于提高城乡学校教育质量均衡发展的举措。王校长的第一次"公车上书"就这样"出乎意料"地流产了。

虽然第一次"公车上书"没有获得认可，但是王校长并没有死心，而且后来几年我国教育发展的变革趋势越发印证了他观点的正确性，这让他非但没有对自己失去信心，反而有了再次"上书"的想法。王校长不仅在不同场合表达城乡教育一体化的观点，在相关的报纸杂志上发表一些论文，而且也坚持从自己学校做起，决定走"特色学校发展"的强校之路。现在看来，走这条路的确也显现了作为一名基层教育工作者的魄力和睿智。"我始终坚信一点，任何改革总是要走在别人前面，在别人不动时你要先动。""城乡教育的一体化发展不会在短时间内实现，我也看了很多这方面的资料，城乡一体化已提出很多年了，不也没有出现太大的动静。但是现在国家富强了，不搞好公平的问题它怎么搞好稳定啊，我认为国家这次提出一体化不是虚晃一枪，而是要真搞！"2006年前后，县政府对教育局进行了较大的人事调整，从其他部门调来了一位新的负责人。于是，王校长决定寻找一个恰当的机会向新来的领导进行第二次"公车上书"。然而，新任领导甚至比前一位更加保守，"我们可以按照市里的要求搞学校标准化建设，但是搞其他新东西有可能会出乱子的啊"，"我认为教育局最主要的工作就是抓常规，把基本的教学做好就可以了"。局长如此的回应让王校长很是无奈，也失去了据理力争的念头，王校长的汇报仍然没有打动领导。他后来总结这次失败的原因，认为主要是因为这位新来的局长之前一直在县委办公室工作，长期以来"遵循式"的工作方式和生活经历早已抹去了他的创造力和改革的气魄，"稳定""中庸"成为他衡量工作成绩优劣的核心标准，即使来到教育局担任具有改革性质比较强的工作仍是如此。

第二次的碰壁已经让王校长有些心灰意冷了，甚至有些怀疑自己之前的想法。"是不是别人的嘲笑和拒绝都是对的呢？错误是不是在我这一边？"他觉得没有必要再继续操心这些"乱七八糟"的事情了。然而，一件事情的出现让他重新燃起了再次"公车上书"的念头。

2008年夏天，政府在人事调整中决定再次变更教育局领导，来了一位新任的教育局局长。上任伊始，这位局长的人格气质让所有人眼前一亮，他积极开明的思想和雷厉风行的作风让王校长感受到了不一样的气息。更重要的是，这位新来的局长也在不同场合流露出致力于城乡教育协调发展改革的观点，提出了很多新的促进教育发展的设想和措施，其中很多内容与王校长之前的思路不谋而合。面对这样的情况，王校长开始尝试着进行第三次"公车上书"。果然不出王校长的意料，新局长不仅在全县教育工作会议上公开表扬他这种善于思考的精神，赞同他提出的几乎所有相关的建议，而且还给了王校长可以直接参与城乡教育综合改革管理的决策权力，在很多人眼里王校长得到了一份极为难得的"奖励"。从此以后，局长与王校长之间很快建立了一种常态性的双向沟通渠道，甚至成为志同道合的朋友。在新任局长的支持下，王校长摇身一变成为众多校长羡慕的对象，面对这样的荣耀他则表现得比较谦虚，"还是命运比较照顾我吧，让我遇见了这样开明的领导，给了我表达自己意见的机会"，从他讲述这段历史时脸上堆满的笑容来看，他无疑是幸福的、知足的。

二 如今的喜忧参半

事实上，王校长对于领导能够对自己委以重任感到非常高兴，这毕竟保障了自己未来比较顺利的仕途，意味着所在学校能够得到教育局更多的资源和政策支持，更重要的是，他在职业生涯的黄金时期达成了自我实现的目标，让整个人生充满了别样光彩。这样看来，他的确应该有充分的幸福理由，然而事情并没有这么简单，在接手这些具体事务的过程中，他也逐渐感受到了前所未有的压力和烦恼。

提到这点，他脸上的表情出现了较为明显的变化，整张脸扭曲成一团麻花，"城乡教育统筹发展在硬件上容易整，现在各个学校都建得差不多就行了，难就难在软件上"。此处的"软件"主要就是指教师队伍，正如他所言，中乐县城乡各学校在硬件上早在几年前就实现了标准化建设，现如今学校在硬件设施的差距已经不明显，甚至一些乡镇学校的校园建设要优于县城的学校。然而，城乡学校的教师和教育质量差距仍然比较大并有着正在逐步拉大的趋势，这就造成了城乡学校生源单向性流动日趋明显的局面。在一次教育局关于特色学校发展议题的内部会议上，笔者和王校长相邻而坐，其间曾和王校长交流过一个问题："现在各学校的校长对待城乡教育一体化是什么态度？他们在特色发展、教学改革以及师资交流等方面有积极性吗？"听到我的疑问，他的表情变化得令我有些意外，只见他的眼睛迅速环视一下四周的其他人，然后用一种刚吃过苦瓜的表情和我窃窃私语："其实真正要搞的校长没有几个，很多学校的教学常规任务就很多了，校长没有那么多时间，好多是真的没有时间搞。至于教师就更不想搞了，他们本就埋怨教学任务繁重，哪还有意愿去做这些事情啊。"

　　既然如此，为何现在很多学校都在这些方面做得热火朝天？对于笔者抛出的疑问，他拍着我的肩膀笑着说："你刚来到这里，很多基层事情你可能还不太了解，如果你待上两个月就肯定清楚了。就拿这件事情来说吧，即使有一些现在正在搞的学校，他们也大多有着自己的想法。"在王校长眼里，这样的情况大致可以分为以下几种类型。其一，想要获得额外的资助。教育局为了激励学校能够在特色发展、联盟发展等项目上推进，实现城乡教育统筹发展的目标，就采取了一些激励措施，例如奖励那些依靠特色发展获得上级部门奖励的学校。毕竟这也是一笔不小的数目，校长为了获得这种奖励，就会花大力气把这些事情做好。其二，新校长要政绩。那些刚被聘任的新校长在就任之初，就通过做几件"非凡"的事情来让领导和其他人看看，自己是不是完全胜任，"新官上任三把火"也在情理之中。其三，学校迫于行政压力。如果是上级部门下达的任务，明文规定必须要这么做，那么各个学校也就会随之动起来，总不能不完成任务啊！至于如何完成，如何能够顺利地应付上级部门的检查，各个学校都有着自己的办法。

　　"痛并快乐着"，这或许是此时王校长现实遭遇和心境的真实写照。是的，他实现了十多年来的专业理想和抱负，获得了其他人难以企及的成就和荣光，他应该是一个快乐的人。然而，严峻而复杂的现实又让他时常感到彷徨和无助，想要抓住什么东西到头来却像一场虚幻的梦。"有时候我挺理解国家领导人的，比如他们确实希望房价能够回到普通人接受的合理价位，也提出了很好的想法，但是国家的好政策就是不能在地方扎根。城乡教育一体化和这个差不太多，也面临很多阻力啊！"他甚至怀疑了自己曾经三次"公车上书"的合理性："如果什么都不做就不会经历这些烦恼，也不会承担什么责任，那样该多好！"可是转念一想好像这样的消极又不对，改革能有错吗？改革不就是引导教育走向正确的方向吗？可是，为什么会出现这样的困难呢？到底谁在阻挡改革的脚步？……这些问题会时不时地出现在他的脑海里。

三　引发的进一步思考

王校长显然认识到了城乡教育一体化过程中遭遇的问题，甚至是比较深层次的困境都已经在他的语言中流露了出来，并且从他身上也看出了对现实进行思考和反思的自觉，这对于一位普通的中小学校长而言已经是非常难得。然而，由于缺乏专业学习和培训，他并没有能力、意识把它作为一个真正的学术问题进行深入探讨。作为一名教育研究者，笔者自然对田野现场的每一个痕迹都保持着高度的敏感，王校长的自白自然也引起了笔者的思考。为何王校长的前两次"公车上书"基本没有被领导采纳？第三次的成功仅仅用领导的"慧眼识英才"来解释是否过于牵强？中乐县提出并实施城乡教育一体化经历了一个怎样的过程？为何能够取得这些成绩？与此同时，持续推进城乡教育一体化的工作为何这么难？支撑不同群体产生各种观念和行为的逻辑是什么？成功和失败背后的原因是什么？如此等等。这些问题成为长期萦绕在笔者脑海中挥之不去的精灵，不经意间就会跳跃出来，这也促进笔者不断地对之进行探索和思考。对于王校长的故事，笔者不知道是应该庆幸还是悲哀。庆幸是因为教育现场的生动和复杂给笔者展现了充分的思考空间，提供了多元的、丰富的研究素材，"问渠那得清如许，为有源头活水来"，正是在这样的研究现场，问题意识才被彻底地激发出来，才去真正地思考教育中的真问题。悲哀则在于一片浮华的背后竟然还隐藏着一条条不为一般人所知的暗涌，真正促使教育前进、停滞甚至倒退的动力似乎并不能从前者中获得答案，反之后者则往往能够起到更为关键的作用。可惜的是，现实中各种花式的外表遮挡住了众人的双眼，所以基于此辛辛苦苦开出的药方也并非灵丹妙药，更重要的是它并不能真正回应以上城乡教育一体化过程中遭遇的困惑。王校长的自白告诉笔者事情远远没有想象中的那么简单，那么，就让我们进入复杂的教育现场来一起探究其中的奥妙吧！

第一章　中乐县的地理环境与
历史文化

一　地理环境

中乐县，是我国西部某省的一个小县城，行政上隶属于乾口市。总面积 820 平方公里，总人口 32 万人，人口数在乾口市各区县中排名最后（2012 年）。县人民政府驻水寨镇，中乐县辖 8 个镇、4 个乡，分别为水寨镇、老城镇、红花镇、田口镇、黄桥镇、白集镇、克井镇、永兴镇、青山乡、官帽乡、绿水乡、未来乡。

中乐县位于一个盆地中的乾口平原，位于乾口市的南部。县域全境东西长 42 公里，南北宽 38 公里，县城水寨镇距离乾口市近 100 公里。全县领域东西长，南北窄。地势西南高，多山地；西北低，多平原。地貌较为复杂，包括平坝、丘陵和山地，其中丘陵面积占 2/3 以上，县境内主要有三座山和两条河流，其中一条河流的名称就叫中乐河，全县地貌整体看来形状如同卧放的瓮坛，被人形象地称为"三山夹两水"。

中乐县气候属于盆地亚热带季风湿润气候，气候随着境内山地、丘陵、平坝的地势高低差异出现微弱差别。全县由于地理条件、太阳辐射、大气环流之综合影响，全年温和，无酷暑严寒；常年降水丰富，光、热、水集中；春夏日照足，秋冬云雾多。自有记录以来，年平均气温为 21℃，极端最高气温 36.6℃，极端最低气温为零下 2.1℃。在冬季极少遇见雪、冻天气，在夏季温度一般在 35℃以下，因此中乐县是我国典型的具有冬暖夏凉特征的春城，属于典型的雨水充沛湿润地区，年平均降水日 163 天，最多年 220 天，最少年 139 天，而且全年的降水时间分布较为均匀。① 这里极少出现极寒极热的极端气候，也算是一个典型的四季如春的南方小城。

二 社会文化

（一）社会发展

中乐县经济发展一直较为落后，大多数指标的排名均落后于乾口市其他地区。2010 年全县实现地区生产总值 42.33 亿元，低于乾口市平均值 252.47 亿元。农、工、商发展比较协调，三大产业结构调整为 23∶45∶32，其中第一产业完成 13.28 亿元，增长 5.1%；第二产业完成 25.69 亿元，增长 23.5%；第三产业完成 17.99 亿元，增长 13.2%。地方财政收入 8.59 亿元，地方财政一般预算收入 2.43 亿元，低于乾口市平均值 26.40 亿元，人均财政收入 924 元，低于乾口市平均值 4605 元。由上可知，中乐县的地方财政收入、地区生产总值等主要经济指标数据在全市 20 个区市县生产总值排名靠后，远远落后于乾口市的其他地区，经济发展水平比较低。乾口市在整体规划中把区域的所有区县按照经济发展水平高低分为三个发展等级，前两个等级各包括 6 个区市县，第三个等级包括 8 个区市县，中乐县由于相对落后的经济条件处于第三个发展等级，这样的排列也比较符合中乐县的实际。2010 年我国一共有 2856 个区市县，国内生产总值为 401202.0 亿元（国家统计局，2013），由此计算我国平均每个区市县的地区生产总值为 140.48 亿元，远远高于中乐县的地区生产总值。中乐县的经济发展水平不仅在乾口范围内处于落后状态，即使在全国范围内，也低于平均水平。

近年来，我国在经济社会发展过程中凸显的"国富民穷""国进民退"弊端一直为学界诟病，形成一个像西方发达国家"国富民强"的发展状态成为很多人的理想。由上可知，中乐县政府是一个实实在在的"穷政府"，

---

① 本书所有关于中乐县自然环境、经济社会等的统计数据均来源于《中乐县志》（1992 年版、2006 年版）、1986 年以来的《中乐年鉴》以及中乐县政府信息网等，下文不再做说明。

然而这并不能否认中乐县人民的富裕。

调研期间，无论是在官场还是民间，笔者曾多次听到中乐县一直流传着"政府穷，人民富"的说法。从县城到乡村的特色容貌以及与各类人群的接触中，笔者也能感受到这并非虚言，中乐县几乎每个家庭都已成为相对高水平的小康之家。因此，中乐县在当代中国也算是一个"能力政府"的奇葩。中乐县为何能够在政府财政薄弱的情况下实现人民富裕？在笔者看来主要有以下几个因素。

首先，旅游城市开发带动相关产业发展。中乐县先天的自然条件决定了未来发展的方向，早在20世纪末当地政府就把依赖优美的自然资源开发旅游业作为工作的重心，开启了中乐县建立中国西部旅游城市的道路。其域内湖泊众多，数量居乾口市之首，其中一个是乾口市面积最大的湖。全县森林覆盖率达56.56%，空气质量优于国家Ⅱ级标准，环境空气质量优良率常年保持99.5%以上，为乾口市最优。

县内旅游资源非常丰富，目前有"三湖"风景区、田口古镇、未来樱桃观光休闲区、永兴茶文化观光区、水寨书院遗址、建于东汉汉安年间的道观等，这些旅游景点每年吸引着乾口市以及其他省市大批游客前来观光。中乐县历来享有"乾口花园，绿色中乐"之美誉，先后荣获"国家级生态县""中国最佳生态养生地""中国绿茶之乡""全国生态文明先进县"等称号。例如，2006年中乐县顺利通过了国家级生态示范区验收，成为该省第一个获得"国家级生态示范区"命名的单列县。2007年中乐县又在西部地区率先启动国家级生态县创建工作。随后，中乐县委、县政府颁布《关于全力建设生态县的决定》，正式启动了生态县建设规划的实施。2008年中乐县被中国自驾游主流媒体联盟评为"最佳生态休闲自驾游目的地"，同年被省委农村工作领导小组、省旅游产业发展领导小组授予"乡村生活旅游先进县"称号，在一主流媒体举办的"旅游行业大盘点"系列报道的评选版块中，中乐县已经连续多次获得"乾口市民心中最优秀旅游目的地"排行榜第一名。从历年来中乐县获得的一系列旅游城市的荣誉称号上，我们便可以看出其在旅游开发上的辉煌成就。春季赏花品茗、夏季清凉避暑、秋季品尝乡村美食、冬季感受小城年味，中乐县已经成为乾口人近郊游的首选目的地（中乐县史志办公室，2011）。当前中乐县就是一直在为打造"西部第一，国内一流"的乡村旅游度假目的地而努力。

其次，旅游产业的发达为中乐县提供了无限商机，中乐县在餐饮、运输、娱乐等各项事业上都取得了不小成就。以餐饮业为例，在中乐县域内的山间小道，绿树成荫的农村地区分布着数百家农家乐，这些农家乐以当地的特色菜为主每年吸引着很多游客前来，甚至很多县城的居民为了品尝地道的菜系也会驾车前往，无论什么季节，这里的农家乐都呈现一片繁忙景象。

再次，经济作物的迅速发展也为中乐人民带来了源源不断的财富。中乐县有着悠久的种茶历史，早在唐朝时期该地的茶叶就已经远近有名。改革开放以后，在政府的大力支持下，中乐县的种茶业有着突飞猛进的发展。早在 20 世纪 80 年代，中乐县被列为乾口市茶叶基地县，1990 年引进精制茶加工企业，21 世纪初中乐县被列为全国茶叶标准化示范区，这进一步推进了茶叶的标准化生产，随后中乐县被列为全国"三绿工程"（绿色通道、绿色市场、绿色消费）茶叶示范县和出口茶叶生产基地。茶叶加工企业通过与茶农签订协议，设立了"协议茶园质量追溯管理卡"，大力推广黄板诱杀、生物农药、"捕食螨"等物理和生物防治技术，以此来保证茶叶在整个生产时期无污染、无农药、无公害。因此，这里的茶企生产的产品获得了国家农业部无公害农产品认证。刚开始中乐茶农还是以小作坊加工制作茶叶为主，产品一般销往周边的区市县，随着加工技术以及大型茶叶企业的不断加盟，现如今中乐县的茶叶已经远销国外。现在茶企正在走"公司＋基地＋农户"的发展道路，通过与茶农直接签约订单收购，从茶区收购的茶叶直接进入厂家。

最后，中乐县的自然环境也适合各种水果的种植和生产。在这里，一年四季都可以享用新鲜可口的水果，春季有红艳欲滴的樱桃，夏季有大片种植的瓜果，秋季有香甜似蜜的猕猴桃，冬季则是漫山遍野的柑橘。在这些水果中，最受欢迎的当数中乐名贵特产猕猴桃，这里的猕猴桃质量上乘，它令人咋舌的价格能够为当地农民带来丰厚的收益。至 2010 年，中乐县建成猕猴桃基地 6235.87 公顷，其中年内新发展 2012.56 公顷，在田口镇、老城镇、黄桥镇、红花镇建设 2300 公顷猕猴桃标准化生产基地，建立出口示范区 685 公顷（中乐县史志办公室，2011）。目前，全县猕猴桃总产量已经超过万吨，年产值近 3 亿元，大大提高了当地农民的收入水平。为了提高猕猴桃生产技术，中新农业科技有限公司与中科院武汉植物所合作成立了"猕猴桃工程中心"。同时，中乐县也积极组建猕猴桃标准生产技术骨干培训班，为中乐县的猕猴桃基地生产提供可靠的技术支持和智力保障。中乐县并不仅仅是简单的猕猴桃生产和销售，而是在当地企业和政府的支持下建立了生产、储藏、加工、销售一体化的现代农业产业链运作，大大提高了经济作物生产的利润空间（见图1-1）。中乐县的猕猴桃已经获得了中乐猕猴桃国家地理标志保护产品、国家级猕猴桃标准化示范区、全球三大黄肉型猕猴桃种植地之一、黄心猕猴桃"金燕"品种的专属权等荣誉称号。

图1-1 远眺中乐县猕猴桃生产基地
资料来源：本书照片除特殊说明外，均为作者拍摄。

（二）历史文化

中乐县有着悠久的历史。中乐县的历史最早可追溯至西汉宣帝地节三年（公元前67年），当时汉朝在此设立盐铁官。经历东汉、南北朝的地名和隶属多次变换之后，在756年由原来的广定县改为中乐县，这是历史上首次出现该县名，随后虽然历经行政划分的多次变化，但是中乐县的名称一直延续至今。武则天永昌元年（689年），佛教徒在中乐县西南飞仙阁山崖开凿佛像，至今仍然保存完好，每逢春节、中秋等民间重要节日来临之际，慕名而来的民众都会来到这里烧香拜佛。1360年，名儒魏阳天在中乐县北面的水寨山建立水寨书院。历经宋、元、明、清以及近代中国，此地曾出现了很多鸿儒大家，留下了大量的文化遗产。

在中乐历史上，有两位人物被人们反复提及，分别是宋代大儒魏阳天和民国时期抗战英雄李保峰，他们都曾在当时取得了卓越的成就，成为中乐后人所敬仰的风流人物。为了纪念他们的丰功伟绩，2001年在中乐县新建的县城新地标世纪广场上，县政府以高大宏伟的人物雕塑形式留下了二位的身影。值得一提的是，他们是偌大广场上仅有的两尊人物雕像，由此也可以看出他们在中乐县人民心中的崇高形象。在此，本书也将较为详细地将他们的人生轨迹做一介绍。

李保峰（1893～1941），中乐县人，年轻时曾经参与反对袁世凯的护国运动，后来参与军阀混战，再后来进入蒋介石部队，依靠自身的聪明才智很快在部队脱颖而出，得到蒋介石的赏识，被多次提拔，曾任国民党第三十六集团军总司令。然而，他在一次对日作战时不幸身亡，蒋介石为此扼腕叹息，他也成为当时国民党为数不多的以身殉国的高级将领。李保峰也积极地为家乡做贡献。其在担任省边防军总司令时发现，当时自己的家乡中乐县交通落后，这不仅为乡亲父老的出行带来不便，更重要的是家乡的土特产品等物质无法顺利运出。于是，他就筹款修建了中乐县的几条公路，一时也赢得了"不忘家乡父老"的声誉。李保峰还积极地发展中乐教育事业。在20世纪30年代，他曾经捐资先后修建了其相小学①、县立女子小学、红花成平小学、林溪长小学、东北镇中心小学，提供办学的教育基金，修建校舍"文化楼""致远楼"并购置课桌、图书等（雷明亮，2003）。在其以身殉国之后，国民党政府追赠其为陆军上将，同时柳亚子也赋诗一首以示祭奠："万里中原转战来，前师急报将星颓。归元先轸如生面，化碧苌弘动地哀。军令未闻诛马谡，思论空遣重曹丕。灵旗风雨无穷恨，丞相祠堂锦水隈。"（雷明亮，2003），这些都体现了李保峰为国捐躯在当时所产生的重要影响。

魏阳天（1166～1212），字华父，号水寨，南宋中乐人，为当时一代理学宗师。官至工部侍郎、礼部尚书等职，成为当朝名臣。现在的中乐县城所在地就是以魏阳天的号命名的，他当时建立的水寨书院的基本轮廓现在还保留得相当完好，并成为如今的中乐中学。在县内著名的风景游览区也保留着魏阳天驾鹤西去的木质雕像，供后人参观。另外，在宋朝以来的乾口市志和中乐县志上，都会对魏阳天及其生平事迹进行详细的描述，从未间断，由此可见魏阳天自宋代以来在中乐县非同寻常的地位。总体而

---

① 其相小学就是现在黄桥学校的前身，至今在这所学校里还能看到李保峰的雕像，其亲手栽种的两棵大榕树仍然生机勃勃，另外还有其他的一些遗物、遗迹。

言，魏阳天身上有着两点鲜明特征为后人敬仰。首先，刚正不阿。魏阳天在朝为官之时，当时把持朝政的大臣曾尝试拉拢，魏阳天对此非常警觉，意识到该大臣的犯上之心，坚决不与之同流合污。面对魏阳天的刚正不阿，该大臣在慌乱之中对其进行恶意中伤，向当朝皇帝理宗痛诉魏阳天的"欺世盗名，朋邪谤国"之罪名，理宗误信谗言，下诏将魏阳天连降三级，贬出京城到当时的靖州任职。直到奸臣死去，魏阳天才又被召进京城任职，但是他仍然像从前那样针砭时弊，为朝政尽心尽责，最后官至礼部尚书加直学士，后来又兼任吏部尚书，成为一代名臣。魏阳天一生面对强权绝不回避、针对问题敢于直谏的精神品质成为当时的一段佳话。第二，重视教育。1210 年，魏阳天于中年之际在中乐北门水寨山上创办了水寨书院，书院秉承白鹿洞书院"博学、审问、慎思、明辨、笃行"的治学准则，教学内容主要涉及当时较为兴盛的朱熹的理学和陆九渊的心学所构成的"义理之学"，这让处于我国较为偏僻一隅的民众得到了国家主流意识形态的思想教育。同时，魏阳天在书院教育中也积极创新，这从他的文章风格中就可以看出。他曾作文"耻为揣摩剽袭之文"，十五岁即著《韩愈论》，有独到见解（杨晓杰，2003）。魏阳天独特的教学方法和正统的教学内容形成了当地的教育风气，吸引着当地学子前来求教，甚至有其他地区学子远隔千山万水慕名前来就学术问题相互切磋，水寨书院一时呈现车水马龙、门庭若市的繁荣景象。

要讨论中乐县的历史文化，就不得不提到中乐文化的母体——巽文化。巽文化源远流长，有着近五千年的文明发展史，曾经与我国古代时期的齐鲁文化、三晋文化交相辉映。"巽文化"这个概念最早出现在 20 世纪40 年代，在当时以及随后几十年学术界主要用这个概念来概括古代巽文化的特点，直到 20 世纪 70 年代以后一些学者才开始讨论把巽文化引申到从古至今的本地文化整体性的描述。巽文化有两种含义，狭义的是指在秦统一该省之前即还称为巽时期的文化，广义的是指整个省古代及近代的文化（袁庭栋，1995：2），本书是按广义的巽文化来进行论述的。现在学术界对于巽文化的边界已经有了共识，人们在谈论巽文化时一般都是指从古代到现代的区域文化的总体汇总。从古至今，乾口在饮食、宗教、民俗、自然风光等方面的独特风格形成了特色鲜明的区域文化，尤其是经过上千年的发展，巽文化培养的文化巨匠灿若星辰，他们在汉赋、唐诗、宋词、史学、道家和佛家等研究中取得了卓越成就，成为我国华夏文化不可忽视的一股力量。巽文化有以下三大特点。

第一，兼容性。由于地处山区地带，在历史发展的大多数时期里，乾口市与外界的联系非常困难，只是到了近代随着交通条件的逐步发达，乾口与外界的沟通才变得通畅起来。然而，这并不意味着它就保持自我封闭的文化特质，相反，自古以来的乾口人都没有把自己封闭起来，而是经历着一次次艰苦卓绝的开山凿道，用难以想象的精神毅力走出了一条条通往外界的大道。巽文化的基本特质就是有着海纳百川的兼容性，在这里到处可见来自五湖四海的文化因素，无论是闻名全国的菜肴还是让人难以忘怀的美酒，都凸显着多元文化相互交融的痕迹。众所周知，该地区菜肴是最具特色的一方风味，然而这是乾口人借鉴东西南北各地菜谱长时期摸索的成果，也正因如此，才形成了今天的"一菜一格，百菜百味"的享誉全球的著名菜系。同样，在该省生产着好几种国内知名的白酒，但是它们的生产技术、制曲技术以及生产工艺都来自其他地方，也正是吸收了多家之长才最终铸就了今日酒业的辉煌。秦朝时期曾经有一个外来的郡守，为当地的老百姓谋福造利，深得民心，后人为了纪念这位高官就尊称其为"主"，在其死后到处修建纪念他的主庙。主庙是祭祀乾口先民的数量最多、时间最长的祠庙，而所奉所祭之"主"乃是秦国派来的郡守，这一点更是值得重视，这也是文化的兼容性的结果，是文化交融的产物，而这种心理状态，正是这种文化特色的最深层次的反映（袁庭栋，1998：20）。或许，正是对外来文化的兼容吸收，才造就了今日该地丰富多彩灿烂文化的无限可能。

第二，开创性。不同文化之间的交流过程中，如果只是对他者文化进行囫囵吞枣似的生搬硬套是不会有未来的，这样只能造成自身文化的逐渐同化甚至消失。在巽文化的历史长河中，就显露出了巽文化在兼收并蓄的基础上融汇创新的特点。该省虽然偏处西部一隅，但是其战略地位得天独厚，历来为兵家必争之地。历史上每当王朝处于土崩瓦解之时，在这里总是能够迅速揭竿而起，显示与朝廷分庭抗礼之势；当天下大势已定之时，这里仍然还是处于相对失控的动乱状态，往往成为各个朝廷最后安抚和收复之地。因此，明末清初，欧阳直公曾经提出很多话语来形容该地区包含冒险性、超前性和进取性的开创性文化特征。在文化世界里，巽文化创造者一向以善于体认超越自我、贡献新质文化因素著称，虽然从汉以来，该省历史上的人才总量不及其他地方，但是其所产精英都是百科全书式的文化巨人，在他们身上，渊源于古代青铜文明的奇瑰浪漫思维背景的人们求新思维和发散型思维特征最为鲜明（刘茂才，2003）。正是这一特征，让巽地有着一种传统的言说，大意是这里不出人才则已，一旦出现文人武将必定以其独特的个性一鸣惊人。巽文化的开创性特征形成了巽地居民争强好胜的性格特征。

第三，性格二重性。特殊的自然环境造就了独特的巽文化。该地所处的自然环境比较特殊，与其相邻的四面都是高耸入云的山脉或高原，在中间形成了一个我国非常著名的盆地型平原。在古代，由于大山的重重阻隔，这里与外界的通道一向都是"山路十八弯"，一夫当关、万夫莫开，雄山峻岭造成了该地与外界的经济、文化联系非常困难。封闭性的自然环境造就了当地人封闭、边缘、隔离、自卑、悠闲、独立的性格特征。随着近代交通条件的多元化发展，自然条件对交通的限制才得到缓解。与此同时，此处又是一个地大物博的富饶之地，这里几乎囊括了平原、高原、丘陵、山地、草原等所有的地理风光，既有祖国北部一望无际的无限风光，又有着南国鱼米之乡的纵横交错。更重要的是该地大部分位于盆地之中，这里拥有着中国乃至世界上最稠密的人口和丰富的资源。以土壤为例，这里的岩石主要由紫红色砂岩和页岩组成，这两种岩石容易风化为含有丰富的钙、磷、钾等元素的土壤，是全国紫色土分布最为集中的地区，最终形成了我国最肥沃的自然土壤。如此优越的自然环境让当地经济、文化以及社会发展自成一体，无数条奔腾不息的河流和峰峦叠嶂的山川造就了这里极其丰富的物产，无论是稻米、小麦、玉米等农作物还是茶叶和各种水果等经济作物，无论饲养满圈的牛羊家畜还是漫山遍野的野味山珍，都显示了这里一直以来的富饶美丽和安居乐业。

地大物博的富饶景象培育了当地人开放、自豪、豁达、精明、舍我其谁的性格特征，甚至有着学人所指出的自高、自大、自傲的"盆地意识"。正所谓一方山水养一方人，具有区域特色的自然环境给世世代代的人们留下了深刻的文化烙印，在社会风俗和生活观念中，我们可以很容易感受到封闭性的地理环境和地大物博的富饶景象的双重特征。高深的山群将中原封建王朝的正统文化隔离，这使得此处形成了"远离王化"的性质，有利于居民的性格向自由不羁的一面发展，使他们较外地人更有独立性，更不拘一格，造就了当地人封闭中有开放、开放中有封闭的历史个性（余茜，2008）。巴文化就形成了心理结构的二重性：封闭与开放、边缘与中心、自卑与自傲、悠闲与能干、独立与依赖等。在巴文化的长期培育下，有人也把这种独特的人格特征进行了较为通俗的理解，把男人总结为"耿直而鬼马，豪放而狡黠。既精明能干又悠闲散漫，既敢闯敢干又谈玄说幽，固守于盆地之中皆是闲人，冲出山门之外都是好汉"，把女人形容为"伶牙俐齿，妩媚多姿，勾人魂魄，蜀之温婉渝之泼辣皆风情万种，麻辣之间原来最是温柔之乡"，虽然其中稍有自夸之嫌，倒也基本符合现代巴地人的实际情况。

（三）教育发展

中乐县教育局位于县城的南侧，紧靠中乐县的新地标世纪广场，四周与县中医院、县国土局、居民楼以及御龙菜市场相邻，教育局与县政府相隔约300米，出行交通便利。在教育局大门口竖立着两块白色的木质牌匾，分别写着"中乐县人民政府督导室"和"中乐县教育局"。原则上而言，政府部门的督导室与教育行政部门的督导室是两个机构，然而在现实中一些地区并没有做区分，而是统一设置在教育局或者政府部门内部，中乐县政府的督导室与教育局的督导室就属于同一部门，办公室就设在教育局内。绕过中医院大楼走到后面就看到了中乐县教育局的办公大楼，这是一幢白色的五层楼房。

教育局内部设有招生办、基础教育科、人事科、计财科、安全科、资助中心、督导室、党政办公室共八个科室，这些科室分布办公大楼的西侧各个楼层，另外县教育培训中心（一般简称教培中心）和教仪电教站也挂靠在教育局，它们分布在办公大楼的东侧。教育局有局长1名、副局长3名，各科室主要负责人各1名，每个科室人数一般在5人左右，整个教育局人数在50～60人。教育局每天的正常办公时间是上午8：30～12：00，下午14：00～18：00，中间是午餐和午休时间，周末照常休息，无寒假，暑期休息时间一般不超过1周。

截止到2012年8月，中乐县的中小学校一共有24所，其中高完（职）中3所，包括2所普通高中和1所职业中学，单设初中有2所，单设小学有 7 所，九年一贯制学校共有 12 所（见表 1-1）。与周边邻县相比，中乐县的学校数量要少很多，即使与乾口市的区相比也远远少于后者。对于那些首次来访的陌生人而言，他们的第一感觉一般都是"学校怎么这么少"。事实上，在中乐教育发展历史上曾经也有过规模较大的时期，在中乐县刚刚被并入乾口市的 20 世纪 80 年代中期，中乐县境内的各类学校达到 200 所，其中小学近 140 所，中学超过 20 所。随着中间经历的多次中小学校布局调整，如今中乐学校数量已经远远少于当年。从表 1-1 中可以看到，在全县 12 个乡镇中，水寨镇（县城所在地）和红花镇两个乡镇的学校总数为 13 所，这个数值已经超过了其他所有乡镇学校的总和，而其他的乡镇都是 1 所学校，这些学校一般为九年制学校或者小学，另外处于最南端的绿水乡早已经没有学校，所有的学生都就近到邻近乡镇读书。全县小学阶段在校学生 10085 人，专任教师 772 人，初中阶段在校学生 9690 人，专任教师 690 人，高中阶段在校学生数 7561 人，专任教师 332 人。[①]

表 1-1 2012 年中乐县中小学校分布

学校名称	所在地	学校名称	所在地	学校名称	所在地
中乐中学	水寨镇	红花初中	红花镇	东北小学	未来乡
水寨初中	水寨镇	天宝学校	红花镇	官帽小学	官帽乡
实验学校	水寨镇	侨乡学校	红花镇	青山学校	青山乡
职业中学	水寨镇	普华学校	红花镇	田口学校	田口镇
西街小学	水寨镇	雅成学校	红花镇	永兴学校	永兴镇
东街小学	水寨镇	良善学校	青山乡	白集学校	白集镇
红花高中	红花镇	克井学校	克井镇	老城学校	老城镇
红花小学	红花镇	水桥学校	复兴镇	黄桥学校	黄桥镇

---

① 数据来源于教育局基础教育科。

第二章　城乡教育差异

本书在追溯中乐县城乡教育一体化制度变迁时，将该时段分为 1986 ~ 2001 年的城乡教育对立、2001 ~ 2008 年的城乡教育统筹以及 2008 年至今的城乡教育一体化三个阶段。为何要选择 1986 年、2001 年和 2008 年三个时间点？它们在中乐县城乡教育关系发展历程中有着什么样的意义？这是本书必须要详细解释的一个问题。

为什么选择距今约 30 多年的 1986 年？大概有三方面原因。其一是行政建制的变迁。从《中乐县志》的记载来看，中乐县所在地于秦朝之前就已经有居民生活，不过当时它并非一个独立的县郡，地名与今日也相去甚远。后来随着西汉、东汉等历代王朝的更迭，中乐县也不断地变换着地名以及行政建制。大约在隋朝年间，政府以一条长河的称号把该地正式命名为中乐县，并一直沿用至今。改革开放之初，政府出于统筹管理的考虑对该省的一些地区的行政建制进行调整。1983 年，中乐县从之前隶属于一个普通的地级市（那时被称为"地区"）被划入乾口市下辖的一个县，从而中乐县进入省区经济最发达地区的管辖范围。其二是基于《中乐年鉴》记载的统计数据。从笔者在中乐县教育局、档案馆、图书馆等部门搜集到的文献来看，1986 年之前关于教育的记载非常稀少，很多基本的数据和信息都无从查找。其中相对比较有权威性的信息就是从 1986 年的信息开始记载，而 1992 年出版的《中乐县志》有着 2000 多年的时间跨度，大大稀释了作为社会结构中的一个部门的教育方面内容，2006 年新版的《中乐县志》也基本延续了 1992 年的时间节点。其三是研究边界的确定。根据本书对"城乡教育一体化"的概念定义，教育如无特殊说明一般通指义务教育阶段的教育。这就决定了研究要选择与当前义务教育形态一致的时期阶段，而 1986 年我国首次颁布的《中华人民共和国义务教育法》无疑是一个重要分水岭。

2001 年是城乡教育发展的一个转折点。随着中共十六大的召开，统筹城乡协调发展开始成为时代发展的主题，大会报告认为，"现在达到的小康还是低水平的、不全面的、发展很不平衡的小康"，而这种不平衡则体现为诸多方面，"城乡二元经济结构还没有改变，地区差距扩大的趋势尚未扭转，贫困人口还为数不少"则被看成其中非常重要的一个因素。是年国务院颁布《关于基础教育改革与发展的决定》，提出了农村义务教育"实行在国务院领导下，由地方负责、分级管理、以县为主"的管理体制，改变了实施十多年的"以乡为主"的"地方为主，分级管理"农村义务教育管理体制。这意味着农村义务教育管理的责任开始上移到县级政府，有效减轻了乡镇和村级的负担，城乡教育统筹的政策和实践开始出现。中乐县的城乡教育发展与国家的政策基本一致，在 2001 年之后，农村教育经费的困难逐渐得到缓解，在乾口市城乡统筹的社会背景下，城乡教育统筹成为中乐县教育在未来教育发展的指导思想。

2008 年对于中乐城乡教育也有着特别意义。由于 2005 年前后中乐整体教育质量下滑、管理混乱等各种因素的存在，2008 年 7 月，中乐县政府做出了更换教育局局长的决定，新任局长临危受命，承担着政府和全县人民重振中乐教育雄风的期望。从后来中乐教育在城乡教育发展中取得的成绩可以看出，新任局长的领导风格和关注重点与前任有着明显不同，具有承前启后的时代意义。另外，2001～2007 年中乐县虽然在城乡统筹发展上做出了一些成就，例如在短短的几年之内全县所有学校完成了标准化建设工程，学校办学条件有了进一步提升，农村学校全部焕然一新，基本实现了城乡教育在硬件上的均衡发展。然而，城乡教育质量仍然有着较为明显的差距，甚至有越拉越大的趋势，城乡学校在教师资源分配上还有着极大的不均衡，大量的优秀师资和生源流入县城学校。在这样的教育发展形势下，2008 年末中乐县教育局正式提出了县域内义务教育"高质均衡"的发展目标，决定在未来较长一段时期内聚焦于人事制度管理、高效课堂、特色学校建设、联盟发展等改革措施上。这也意味着，2008 年是中乐县从城乡教育统筹走向城乡教育一体化的分界点。

一　回顾教育管理体制改革

1986 年对于我国的义务教育而言是一个具有历史意义的年份，该年我国历史上第一部义务教育法正式颁布，标志着我国历史性地将义务教育的实施上升至国家的高度，意味着我国义务教育各阶段的师生管理、教育教学、教育经费等诸多方面的实践有了法律保障。值得注意的是，它再次确定了"义务教育事业在国务院领导下实行地方负责、分级管理"的教育管理体制，当然这样的规定并非第一次出现在国家政策中，1985年颁布的《中共中央关于教育体制改革的决定》率先提出了"实行九年制义务教育，实行基础教育由地方负责、分级管理的原则"，"基础教育管理权属于地方。除大政方针和宏观规划由中央决定外，具体政策、制度、计划的制定和实施，以及对学校的领导、管理和检查，责任和权力都交给地方"的规定，基础教育阶段新的教育管理制度改革，体现了试图突破之前"统一领导、分级管理"所造成的国家和地方权力失衡以及"一放就乱、一收就死"怪圈的意图。

《中共中央关于教育体制改革的决定》的颁布掀开了我国教育体制改革的帷幕，此后的十多年我国教育改革一直围绕着教育体制主题而进行，"地方负责、分级管理"成为我国基础教育阶段保持正常秩序的体制保障。1993年，《中国教育改革和发展规划纲要》提出了"深化中等以下教育体制改革，继续完善分级办学、分级管理的体制"，对基础教育管理体制又进行了再次强调，要求各地方认真落实基础教育体制改革的相关要求。

在国家提出教育管理体制改革的背景下，中乐县所在的乾口市也开始积极地推动相关的改革。根据《中共中央关于教育体制改革的决定》的相关要求，地方的基础教育由市县部门直接集中统一管理的体制，改革为"分级管理、分级办学"的新体制（乾口市地方志编纂委员会教育志编委会，2000）。1986年初，乾口市颁布了《乾口市基础教育分级管理暂行办法》，具体规定了市、县以及乡镇的权责情况。其中在区县范围内乾口市直接管理区县属高完中、职业高中、单设重点初中、重点小学、示范性幼儿园、教师进修学校，并指导全区县的教育工作；小学校总体比较统一，中心小学、基点小学、镇小、村小的设置、变迁、校产转移，由区县具体规划和审批；区县机动财力和各种附加要按中央和省规定比例用于教育，做到"两个增长"，并根据国家和省市有关规定，确定国拨教育经费包干基数下达乡镇，指导、监督乡镇筹集、使用教育经费（乾口市地方志编纂委员会教育志编委会，2000）。乡镇管理乡镇属初级中学、中心小学、基点小学、乡中心幼儿园；村小学由乡、村共管，以乡为主。根据国务院和省、市人民政府有关规定，保证乡镇财政收入主要用于基础教育，并负责征收教育事业费附加，管好、用好教育经费（乾口市地方志编纂委员会教育志编委会，2000）。

1987年4月，乾口市教育委员会对农村小学管理改革做出规定，建立村设村小、联村设基点小学、乡设中心小学的三级管理网络体制（乾口市地方志编纂委员会教育志编委会，2000）。不过这种"三级管理"与其他地区的县、乡（镇）和村有着明显区别，如果算上县的话，该地义务教育管理应该是四级管理。

同年，中乐县政府颁布《关于进一步改革和加强农村教育的意见》和《关于基础教育分级管理工作暂行规定》等政策，明确提出了农村义务教育管理体制改革的目标。根据省、市关于基础教育分级管理规定，中乐县实行县和乡镇分级管理、分级办学体制。县管理和承办完全中学、职业中学、教师进修学校，指导乡镇初中、中心小学和村小，统管全县教职工；乡镇管理和承办辖区内初中、中心小学和村小、幼儿园，统筹本乡镇教育经费（中乐县县志编纂委员会，1998）。由此来看，中乐县义务教育管理体制形态看起来呈现了"两级管理、两级办学"的特点，"村"这一级并没有出现在办学主体之列。但事实并非如此，从当年农村义务教育经费来源上看，教育集资捐赠和教育费附加都占据着较大的比例，而这些资金多数来自当地农民，因此中乐县农村义务教育管理仍然体现出"两级管理、三级办学"的特点。为了加强乡镇一级对本地区义务教育的管理，1988年，中乐县也进一步健全了乡镇教育机构，成立了乡镇教育委员会，而且要求乡镇党委书记任教委主任，分管教育的乡镇长任教委副主任，乡镇有关部门负责人任教委委员。中乐县的义务教育管理体制基本符合当时国家和省市政府关于教育体制改革的要求，这为当时普及九年义务教育提供了组织基础。

自1985年我国颁布《中共中央关于教育体制改革的决定》之后，各层级政府和教育行政部门都把"教育体制改革"作为重中之重，这从后来出台的一系列政策法规中对"体制改革"的多次强调可以看出。宏观和微观上教育管理体制改革，为改革开放以来我国义务教育学校的秩序恢复和重建提供了政策和法理依据，这对于当时出现的教育管理混乱、权责不一致以及权力重心难以下移等问题的解决有着重要意义。

中乐县依照上级部门关于教育体制改革的要求,积极进行着一些尝试。在国家提出的"地方负责、分级管理"理念指导下,中乐县于1987年构建了县和乡镇分级管理、分级办学的教育新体制,从而确立了此后十多年义务教育管理中新的权力与责任关系。同时,在国家积极提倡"教育为经济建设服务"的时代背景下,我国政府为了能够通过一系列科技成果来带动农村经济的整体发展,让农民真正实现富裕的梦想,相继提出"星火计划"、"燎原计划"以及"丰收计划"等关乎科学技术与农村教育的重要项目,强调"农、科、教协调发展"和"普、职、成三教统筹"的新型制度关系,短时间内在大江南北的广大农村掀起了科技兴农、知识致富的热潮。《中国教育改革和发展纲要》也着重强调了"县、乡两级政府要把教育纳入当地经济、社会发展的整体规划,分级统筹管理基础教育、职业技术教育、成人教育、统筹规划经济、科技、教育的发展,促进'燎原计划'与'星火计划'、'丰收计划'的有机结合,落实科教兴农战略。要积极推进城市教育综合改革,探索城市教育管理的新体制"。中乐县综合本地区农村资源和农业发展状况,有计划、分步骤地开始了构建教育与社会合作机制,推动农业产业化发展和农村产业结构调整,促进科技知识和科技创新应用于农业生产,在短时间内产生了较为明显的经济和社会效益。1990年,中乐县在辖区的两个乡镇开始试行"燎原计划",在积极普及义务教育工作的同时大力开展职业教育和成人教育,培养有知识、懂技术的新时期农村建设者,在取得喜人成绩之后让当地农民认识到了科技兴农带来的积极成效。1992年,中乐县把该项政策扩展到全县所有乡镇,42.7%的村、41.5%的社共有14556户农民将所学的知识和技术运用于生产和经营,并获得经济效益,其中部分拔尖者已脱贫致富(中乐县县志编纂委员会,1998)。1993~1997年,中乐县、乡、镇均大力举办各种农村实用技术培训活动,共举办学习期为50学时以上的培训班1544期,培训农民124675人次,下发省编"活页"教材22万册,市编"三后"教材1.92万册(中乐县县志编纂委员会,2001),让大部分农民学到了实用的农业知识,并将所学运用到实际生产过程中,喜人的经济收益给农民提供了发家致富的机会。

除宏观教育管理体制改革之外,中乐县还进行了义务教育学校内部的管理体制改革，其中最为引人注目的是"校长负责制"的提出和实施。1985 年，我国正式提出了校长负责制，这是一种与以往提出的"校务委员会制"、"党支部领导下的校长负责制"以及"校长分工负责制"等学校管理制度有着较为明显区分的制度，它削弱了党委对学校的领导力度，赋予了校长进行学校管理和学校变革更大的权力。《中共中央关于教育体制改革的决定》中明确了"学校逐步实行校长负责制，有条件的学校要设立由校长主持的、人数不多的、有威信的校务委员会，作为审议机构"的制度。中乐县在试行校长负责制一段时期之后，最终确立了校长负责制。强调校长是学校法人代表，是学校行政主要负责人，在上级党政和教育行政部门领导下，全面负责学校的教学及其日常行政管理工作，对外享有代表学校的权力（中乐县县志编纂委员会，2001）。另外，中乐县还实行了教职工代表大会制度、教职工聘任制、经费定额包干制度等，而这些新制度的提出一并构成了微观视域中的"内部管理体制改革"体系。然而，当时的各类资料中可能并没有叙述得这么完美，这些制度也体现了历史史实与真实之间的割裂。以校长负责制为例，一位在任 20 多年的陈校长对此还颇有感慨："说实话校长负责制是一个好的提法，只有让校长真正地掌握了一些权力才能解放他们的手脚，大力改革。然而，真正实施校长负责制是很困难的，即使是现在，学校都实现了校长负责制了吗？我看不见得。当时也只不过是为了完成上级的工作要求才这么提，如果其他地方都提了校长负责制而我们没有动静，这样总不大好！"虽然我国政策一再提出"权力下放""提高积极性"，然而很多校长始终没有真正在人事、财务等校内关键领域拥有实权，政府与学校之间的关系也成为迄今为止常常被提及的话题。

二　教育经费投入制度改革

（一）农村教育农民办

多项政策表明，"省、市（地）、县、乡分级管理的职责如何划分，由省、自治区、直辖市决定"，从后来的一系列政策法律中可以发现，各层级的一些职责说明还是比较清晰的。中央和省级政府主要负责义务教育

"大政方针和宏观规划",监督地方政府义务教育政策执行状况,对特别贫困地区进行一定的资助等。"分级管理,地方负责"的教育体制,实际上确认了农村义务教育管理的县、乡两级的管理主体以及县、乡、村三级办学主体,即被教育界总结的"三级办学、两级管理"管理体制。其中县级政府的主要职责包括根据省级人民政府设定的规划制定,实施本地区义务教育的具体方案,负责城市地区的学校新建、改建、扩建以及全县义务教育阶段学校的设置,组织和落实全县的义务教育等;乡镇负责中心校的资金投入;村一般负责村小的经费投入。"多渠道筹措教育经费"的规定最终形成了农村义务教育经费的六大来源,即财、税、费、产、社、基。

尽管法律也规定了诸如"县级人民政府对有困难的乡、村可酌情予以补助"的要求,然而现实中各地县级政府的财政收入现状捉襟见肘,县级政府只能把农村义务教育经费责任更多地转移到乡镇和农村。如此一来,虽然"分级管理、地方负责"下放了教育管理的权力,给予了基层组织更多的自由,便于各地农村能够因地制宜地实施义务教育,然而教育经费所带来的沉重经济压力也为后来出现的各种问题埋下了伏笔。

在教育经费方面,1986 年出台的《中华人民共和国义务教育法》提出"实施义务教育所需事业费和基本建设投资,由国务院和地方各级人民政府负责筹措,予以保证""地方各级人民政府按照国务院的规定,在城乡征收教育事业费附加,主要用于实施义务教育""国家鼓励各种社会力量以及个人自愿捐资助学""国家用于义务教育的财政拨款的增长比例,应当高于财政经常性收入的增长比例"等一系列规定,这为各级学校教育经费的收入提供了法律保障。此后,为了促使《中华人民共和国义务教育法》的相关规定得以落实,1992 年,我国又颁布《中华人民共和国义务教育法实施细则》,其中具体提出了"实施义务教育的学校新建、改建、扩建所需资金,在城镇由当地人民政府负责列入基本建设投资计划,或者通过其他渠道筹措;在农村由乡、村负责筹措,县级人民政府对有困难的乡、村可酌情予以补助""依法征收的教育费附加,城市的,纳入预算管理,由教育主管部门统筹安排,提出分配方案,同级财政部门同意后,用于改善中小学办学条件;农村的,由乡级人民政府负责统筹安排,主要用于支付国家补助、集体支付工资的教师的工资,改善办学条件和补充学校公用经费等""实施义务教育的学校可收取杂费。收取杂费的标准和具体办法，由省级教育、物价、财政部门提出方案，报省级人民政府批准。已规定免收杂费的，其规定可以继续执行"。这样，该时段，我国义务教育的管理体制以及教育经费投入制度的基本框架已经逐步形成，其效力一直延续至新世纪之初。

20世纪90年代以来，我国乡镇和农村的财政困难造成的农村义务教育经费无法保障的困境逐渐显露出来。虽然国家采取了一些措施尝试改善，例如把教育费附加从1986年《征收教育费附加的暂行规定》的1%增加到1994年《国务院关于教育费附加征收问题的紧急通知》的3%，但是仍然不能满足现实的需求。1993年我国政府颁布的《中国教育改革和发展纲要》，已经充分认识到了当时教育中普遍存在的"教育投入不足，教师待遇偏低，办学条件较差"问题，认为"教育经费相当紧缺，不仅不能适应加快改革开放和现代化建设对人才的需求，而且也难以满足现有教育事业发展的基本需要"。基于此，党和政府强调"教育优先发展"战略，要求"改革和完善教育投资体制，增加教育经费。要逐步建立以国家财政拨款为主，辅之以征收用于教育的税费、收取非义务教育阶段学生学杂费、校办产业收入、社会捐资集资和设立教育基金等多种渠道筹措教育经费的体制。通过立法，保证教育经费的稳定来源和增长"。

诚然，这些措施能够在一定程度上缓解教育经费的短缺，为各级政府积极投入教育经费提供行政上的压力，然而，这对于财政不足的基层政府而言还不足以解决当时的困难，随后出现的分税制改革致使基层政府的财政困境雪上加霜。在财政陷入困难且教育事业责无旁贷的情况下，地方政府难以筹措满足农村义务教育正常运行所需要的资源。政府名义上规定乡级财政主要用于教育，但是乡级财政的相当一部分来自农民缴纳的农业税，而且即使将大部分乡级财政用于农村义务教育，也无法满足农村义务教育发展的需要（邬志辉、马青，2008）。于是，在各地出现了农村义务教育中逐渐涌现的教育集资办学、乱收费、拖欠教师工资等现象，甚至很多地方不得不以"举债办教育"来应付困难局面。

中乐县通过各种途径积极筹措农村教育经费。1986年，我国颁布《征收教育费附加的暂行规定》之后不久，5月19日中乐县政府就出台了《关于征收教育费附加的通知》，要求按照一定原则和标准征收教育费附加用于义务教育。1988年，中乐县也在国家政策的引导下，颁布了《关于多渠道筹集资金消除中小学危房、改善办学条件的通知》，尝试通过构建多渠道教育经费筹措制度来解决政府资金短缺的问题，除了政府财政拨款之外，还包括教育集资捐赠、教育费附加以及勤工俭学等形式。例如在1989年，中乐县仅集资捐款一项就收到102.6万元，占到当年教育经费总量937.3万元的10%以上（见表2-1），有效缓解了县乡政府财政压力。依照国家"三个增长"[①]的相关要求，政府财政拨款逐渐增长，其他教育经费也有着不同程度的增加，然而这也无法满足中乐县义务教育阶段学校在各方面的基本需求，20世纪90年代，我国各地普遍出现的义务教育经费短缺的情况也在这里未能幸免。同时，乡村还积极地向农民征收乡统筹[②]和村提留[③]，抽取一定比例用于农村教育。然而，由于农村教育经费需求较大，教育费附加、集资捐资以及各种农业税加在一起仍然不能满足教育的需求。

表2-1　历年来中乐县教育经费投入基本情况统计

单位：万元

年度	县财政拨款	预算外拨款		集资捐款	勤工俭学创收收入	总计
		总金额	其中教育费附加			
1986	290.9	189.0	90.2	58.8	6.6	545.3
1987	315.7	113.0	69.0	-	6.6	435.3
1988	359.8	178.7	73.8	5.1	17.4	561
1989	396.4	407.5	149.4	102.6	30.8	937.3
1990	446.9	332.8	146.4	49.4	38.8	867.9
1991	507.4	328.0	159.1	23.4	48.8	907.6
1992	650.6	480.9	276.3	39.5	58.1	1229.1

① 刚开始我国提出"两个增长"，要求国家用于义务教育的财政拨款的增长比例应当高于财政经常性收入的增长比例，并使按在校学生人数平均的教育费用逐步增长。后来又加上了"教师工资和学生人均共用经费逐步增长"，成为延续至今的"三个增长"。
② 乡统筹是指乡镇合作经济组织依法向所属单位（包括乡镇、村办企业、联户企业）和农户收取的，用于本乡镇范围内的村两级办学（即农村教育事业费附加）、计划生育、优抚、民兵训练、修建乡村道路等民办公助事业的款项。通常讲的"五统筹"是指乡村两级办学、计划生育、优抚、民兵训练、修建乡村道路。
③ 村提留又称村级三项提留，一般与乡统筹费统称"三提五统"。村提留是村级集体经济组织按规定从农民生产收入中提取的用于村一级维持或扩大再生产、兴办公益事业和日常管理开支费用的总称，包括公积金、公益金和管理费三项。

续表

年度	县财政拨款	预算外拨款		集资捐款	勤工俭学创收收入	总计
		总金额	其中教育费附加			
1993	745.2	442.6	253.1	92.1	87.9	1367.8
1994	1107.5	529.2	285.0	140.3	64.1	1841.1
1995	1384.1	902.2	312.5	607.4	158.5	3054.2
1996	1566.3	1219.7	335.6	966.9	161.8	3914.7
1997	1495.5	1406.2	371.3	136.9	133.1	3172.2
1998	1810	1474.8	384.1	51.5	142.9	3479.2
1999	2126	1965.9	302.1	11.1	175.0	4278.0
2000	2442.7	2081.9	265.0	4.9	114.2	4643.7
2001	2849.8	2300.7	314.5	20.0	156.0	5326.5

资料来源：主要来自中乐县历年来的年鉴、县志等，以及教育局统计资料。

　　20世纪初主管教育的中乐县副县长对那段往事记忆犹新："2000年之前我还是一所农村学校的校长，当时的农村学校的确很破旧，但是没有办法，乡镇政府很穷，根本拿不出那么多钱来投入学校，我们也理解他们。县政府也拨不下来钱，都是吃财政饭，除了发教师工资剩下的就微乎其微了。"当时在任、如今早已退休的教育局杨局长对此颇有感慨："没有办法啊，用钱的地方太多了，而钱又少得可怜，县城的学校基本还稍微好一些，农村的学校就不行了，很多硬件设施就很差，我们尽量做到消除有安全隐患的危房这些事情就很不错了。"杨局长所言与年鉴上的记载颇为一致。在1986～1992年，每年教育经费数额虽然较多，但其中80%以上用于支付教职工工资，而用于改善办学条件的费用很少，基础教育发展的形势严峻（中乐县县志编纂委员会，1998）。当时的陈副局长也有很多话要说："小伙子，你不了解那时候的情况，（笔者提示他自己曾经查阅读了包括年鉴在内的一些资料）年鉴上很多东西都不太准确。那时候农村比较穷，乡镇财政也少得可怜，上面也不拨钱，连教师工资都不够怎么可能会给学校钱呢，很多农村学校连基本的办学经费都十分困难。不过我们那一届的干部还是比较有责任心的，大家齐心协力克服了重重困难硬是提前完成了'普九'，还获得了市教委的表扬。"

　　究竟他们克服了哪些困难呢？他们并没有直接回应，不过从教育经费投入上我们可以看出一些端倪。在 20 世纪 90 年代初期，在县乡财政投入不足的情况下，中乐县进行了范围较大、数额较多的集资捐款，1993 ~ 1997 年的数值达到了 92.1 万元、140.3 万元、607.4 万元、966.9 万元、136.9 万元，分别占到当年教育经费投入总额的 6.7%、7.6%、19.8%、24.7%、4.3%。从《中国教育统计年鉴》上的数据统计可以发现，这一时期我国总体教育集资捐款占教育经费总量的比例分别为 6.6%、6.5%、8.7%、8.3%、6.7%（教育部发展规划司，1999），1995 年和 1996 年的数据远远超过平均水平，其他年份的比例则基本相当。尤其是 1996 年的集资捐款几乎占据了当年教育经费的 1/5，说明当时中乐县农民面临的经济压力比较大。

对于省、市、县、乡各级政府对于义务教育的职责划分，国家的各项政策法律并没有做出明确的规定，然而《中共中央关于教育体制改革的决定》中的"省、市（地）、县、乡分级管理的职责如何划分，由省、自治区、直辖市决定"的规定体现了政策执行的灵活性，这也决定了各级政府能够根据当地经济发展进行因地制宜的决策。不过，在义务教育经费对政府财政的重压之下，农村义务教育经费的筹措被层层下放，最终形成了"村办小学、乡办初中、县办高中"三级办学、二级管理的格局。表面上看，这样的教育经费投入体制没有什么问题，实质上却隐藏着一种不公平，即农村和乡镇的学校办学经费较大程度上是来自农民，而县镇义务教育阶段学校的办学经费则来自政府投入，因此，学界才一度有着"农村教育农民办"和"城市的教育政府办"的说法。

（二）无声者的声音

对于普通民众而言，无论是出生在城市还是农村，他们几乎都与教育有着切身的利益关系，每一个家庭的孩子都曾经或者正在某一所学校读书，他们构成了中国教育改革和发展的受益者和承担者。然而，由于自身职业、社会地位等因素的限制，他们往往又是教育决策、教育政策制定与实施过程中"沉默的大多数"，在正式的教育政策设计、教育目标制定以及教育活动项目的开展过程中，他们是被有意或者无意区隔的。对于农民而言，他们不仅要遭受城乡二元结构造成的社会流动障碍，而且也有可能在子女学校教育中承受着比城市市民更大的经济压力。布迪厄在其著作

《困难的力量》中告诉读者，个体遭遇的困难，看似是主观层面的紧张或冲突，但反映的往往是社会世界深层的结构性矛盾（郭于华，2008）。显然，在城乡教育一体化的分析语境下，这个结构性矛盾来自我国长期形成的城乡二元关系的对立，来自教育发展过程中的"城本主义"价值取向。改革开放之初，国家为了实现高效率的现代化发展，有意将资源向城市倾斜，走了一条"先城市后农村"的发展道路，教育作为现代化建设的一部分，同样奉行了"先城市后农村"的"城本主义"发展道路（邬志辉、马青，2008）。这就造成了农村教育在整个教育体系中的边缘化以及城乡教育发展的失衡，更为关键的是，"农村教育农民办"的教育经费投入体制加重了原本就不富裕的农民的经济压力。显然，从制度设计和实践实施层面上看，农民比市民普遍遭遇了不公平待遇。

调研期间，笔者曾访谈了来自中乐县县城和农村不同地方的多位居民，分别倾听了他们对那段历史的回忆和感受。如果孩子在 1986～2001 年在义务教育阶段，那么现在的父母基本上已经超过 50 岁，为了能够得到更为真实的信息，笔者主要选择 50～60 岁的父母作为访谈对象。在访谈农民过程中笔者发现一个共同的现象，即所有农民都称曾经有过集资建校、缴纳乡统筹和村提留的经历，对"农村教育农民办"的历史比较清楚。综合而言，他们的观点大致有着三种类型：无所谓、宿命论和埋怨。

首先，无所谓。在所有访谈对象中，大部分家长对于当时的农村教育状况持"无所谓"的态度："当时都没有想过这个事，反正孩子回家说要交学费了，那我们就交，从来不赖账的，交学费也都是为了孩子嘛。城市和农村怎么能谈论公平呢，没法谈。时间早就过去那么久了，再说这些也没用了，现在我的孙子都已经上学了，学校都是免费。""我当时从来不在乎孩子上学用钱的事，当时我在做生意，也不缺钱，只要孩子学校需要交钱了，我从来不说二话的。乡统筹钱、集资建校款只要上面说要交，我就交了，从来不问它们用到啥上，我也不去想那事，无所谓！"

其次，宿命论。有一部分家长秉持"宿命论"的观点，他们把"农村教育农民办"的现象归结为"命运"："你要是不说，我们也不知道城里和乡里的学校有这样的不一样，我们平时没有了解过这些东西，也不懂。""那时候比较困难，有很多提留统筹款要交，还要上缴公粮，娃上学就更不用提了。现在好多了，（政府）啥都不要还要补贴钱。那时候娃儿上学除了要交学费和书本费，还要交建校款，每个人 200 多块吧，感觉压力很大！"

最后，埋怨。也有一些人对此有着强烈的埋怨心理，一直生活在县城的市民尤甚。一市民这样说道：

> 农民的学生交钱我们也要交钱啊，我不觉得农村家庭负担重，哪像我们住在城里的，不仅吃穿住行都要付钱，连喝口水都要自己买，万一哪天下岗了连基本的生活都保障不了，压力大着呢！说实话，在城（中乐县城）里也就是能让孩子去个好学校，让孩子能够打好基础将来以后能考上一所好大学，其他的也没有什么好处。

另一位市民这样说道：

> 那时候国家没有钱，不能和现在的情况比，没有那么多力气既管城市又管农村。城里人虽然不交集资建学校的款，与农民相比看起来像是占了便宜，其实不是这样的，城里人日常开销多大啊，要买油盐米面这些生活用品，尤其是米面之类的开销对于农民来说就轻松很多，他们不用管这么多，只要种好地就什么都有了。

同时，一些农民对此也颇有微词。"我听说过只是城市里不交建校款，非常气愤，都是同一个天下，他们城市里的人就要宠着嘛！（笔者提示："你会通过一些渠道向教育局或者县政府表达你的观点吗？"）怎么可能啊？最多就是和别人聊天的时候随便说说，因为你说了也没用！"

教育是关乎千千万万个家庭的民生问题，几乎每一个家庭都会受到教育政策的影响。然而当他们处于这一制度环境之中时，常常会不知不觉地把它作为一个既定的、不变的存在，较少去思考它存在的合理性。即使教育发展思路和过程为自己带来了麻烦和压力，他们也会绕过它，或者逐渐去适应它。不过在这些市民和农民身上至少有一点是共同的，即与现在的农村免费教育和无农业税相比，他们都不愿意再回到那个让人产生"无所谓""宿命论""埋怨"的从前。回忆往事是人类的快乐之一，但是如果记忆真正照本宣科什么都重新来过的话，很少有人会愿意去再经历一次他们所津津乐道的疲倦与痛苦，记忆是生命本身，却是另外一种性质的生命（列维-斯特劳斯，2000：66）。因此，与往日的"疲倦与痛苦"相比，无论是市民还是农民都希望有一个家庭承担少一些"义务教育"的代价。

三　历史的回响：重点校

在城乡教育对立阶段，有一个现象在学校发展史上注定会留下浓重的一笔，那就是重点校政策。重点校政策在我国已经有着较长的历史，早在1952年教育部就发布《关于有重点地办好一些中学和师范学校的意见》，随后又颁发了《关于有重点地办好一批全日制中小学校的通知》，拉开了新中国重点校政策的大幕。改革开放初期，我国基于"快出人才"的考虑，仍然决定沿用重点校政策，1978年，教育部颁发《关于办好一批重点中小学试行方案》，提出"切实办好一批重点中小学，以提高中小学的质量，总结经验，推动整个中小学教育革命的发展"。1980年，教育部颁布《关于分期分批办好重点中学的决定》，对重点中学之于我国现代化建设的重要意义给予了强调，"办好重点中学是迅速提高中学教育质量的一项战略措施。这对于更快更好地培养人才，总结、积累经验起示范作用，带动一般学校前进，以适应社会主义现代化的迫切需要，具有重要意义"。1983年，教育部出台了《关于进一步提高普通中学教育质量的几点意见》，提出"当前的一个重要任务是，进一步加强和改革普通中学教育，继续办好重点中学"，使得重点校政策得到延续。

在20世纪90年代初期，人们看到了重点校政策产生的种种弊端，于是就在政策中明确禁止重点校和非重点校的区分，而且也在多种场合三令五申。1993年，国家教委在《关于减轻义务教育阶段学生过重课业负担，全面提高教育质量的规定》中就明确指出，"义务教育阶段不应分重点学校（班）与非重点学校（班）"。1997年，国家教委《关于义务教育阶段办学行为的若干原则意见》做出规定，"义务教育阶段不设重点校、重点班、快慢班"。2006年，新修订的《中华人民共和国义务教育法》中明确规定了"县级以上人民政府及其教育行政部门应当促进学校均衡发展，缩小学校之间办学条件的差距，不得将学校分为重点学校和非重点学校。学校不得分设重点班和非重点班"，至此，我国实行长达半个多世纪的重点校政策在法律意义上寿终正寝。然而，重点校政策蕴含着复杂的利益结构和权力关系，在地方政府、教育行政部门和家长的暗中支持下，重点学校"野火烧不尽，春风吹又生"，至今仍然以各种形式广泛出现在各个地区。2000年之前，中乐县一共有三所重点学校，分别为如今的中乐中学、中乐中学实验学校以及中乐县西街小学的前身。这些学校无论在硬件设施还是教师队伍上，无论在经费投入还是上级领导重视程度上，无论在县域内的学校声誉还是教师质量上，都令中乐县其他中小学校难以望其项背。

重点校政策导致了教育的不公平。在一个地区，教育主管部门把优质教育资源集中于少数几所学校，确实能够促进这些学校进入发展的快速通道，实现"多出人才、快出人才、出好人才"的目的。然而，重点学校快速培养人才的背后则是教育公平的缺失。重点校政策在推动部分学校教育质量提高的同时，也不可避免地拉大了城乡间、校际间在资源配置和教育质量上的差距，导致了教育公平的缺失（王善迈，2007）。为了满足当时的人才战略需要，政府特别设计出这样的政策规定，将本就十分稀缺的公共教育资源投到一部分重点学校，在教师配置、教育经费、硬件设施以及学校管理等诸多方面都给予了特别的照顾和倾斜，从而形成了无论是办学条件还是教育质量都远远超过其他学校的"示范校""重点校""实验校"。另外，重点校几乎毫无例外地都位于县城或者县级以上的城市，农村地区的学校极少能够获得重点校的称号以及相关的政策倾斜。这样的结果就导致了一个地区的校与校之间、城乡之间的教育差距逐渐拉大，加剧了各个学校之间在教育投入、硬件设施以及教育质量上的失衡。一位县城学校的校长对于重点校政策有着自己的看法："现在和当时情况不太一样，当时没有听到过'教育公平'这个说法，只要你能把教育质量搞上去，你学校的学生能够考出好成绩，你就完成了任务。因此，即使上面没有政策建立重点校，也会产生隐形的重点校，这不仅是基于中乐县对教育质量整体上的要求，而且家长也会助长重点校的发展，（因为）我们必须要向学生要成绩啊！"由此可见，重点校政策在当时的政策环境下，尚具有一定的合法性和合理性。只是到了2000年以后，"实现教育公平"逐渐成为教育改革的共识，重点校的弊端才被充分地暴露在人们面前。

重点校政策助长了择校之风。在一个地区如果有重点学校存在，那么周边很多学校的家长就会慕名而来，他们会通过各种方式与学校管理者接触，克服在金钱、户籍以及考试成绩上的种种难关，希望能够来到远近闻名的名校，择校之风随起。诚然，当时的择校现象与现在相比在规模上还相对较小，这主要是源于当时乡镇学校和村小的教育质量与县城重点校的差距不如现在明显，一位乡镇中学的教师认为："那时候我们学校的教育质量还不错，每年都能有十几个学生考上重点高中，甚至有时候升学比例比县城中学还要高，我们教师都很骄傲。可惜的是现在不行了，虽然我们现在的学校是好几所学校合并的，但是整体升学率却远不如以前。"然而，随着一部分优质生源流入重点校，乡镇学校的情况每况愈下，甚至有一些学校几乎很多年都没有考生进入重点中学，这就更加助长了家长择校的意愿。很多农村的家长无论家庭条件如何，都愿意尽量选择让孩子去县城重点校读书，"教得好，老师管得严，周末的时候还会安排很多作业，写都写不完，有时候周末的时候还让孩子留到学校里补课。只有这样才能有好成绩啊"。同时，重点校引发的择校之风也会导致严重的社会后果。有钱的社会阶层靠金钱依次进入质量较高的小学、中学和大学，享受优质教育服务，一般阶层大多只能进入一般的学校，享受一般甚至质量较低的教育服务，难以改善和提升其社会经济地位（王善迈，2007）。这就导致了教育促进社会阶层流动功能的丧失，一般阶级的子女大多只能留在质量较差的学校，未来等待他们的也是相似的命运。

四　工作的重心："两基"

在这一段时期，中乐县基础教育工作的重心集中在"两基"——基本普及九年义务教育、基本扫除青壮年文盲。从以往中乐年鉴资料中可以看出，几乎所有关于"九年义务教育"的记载都与此相关。中乐县教育局盛广才主任对此也基本认同："那时候乾口市教育局领导每次下来调研和考察，基本都是针对'两基'工作，没有像现在这么多的内容，要考察特色发展、教育均衡什么的，所以我们也就只考虑这些项目。不过这也相当困难，当时政府和学校都太穷了，学校办学条件都很差，不仅没有像如今这么华丽的教学楼，还有很多危房等着我们去修，教育局只能尽可能把这些搞好。"在1986~2001年，中乐县以及各地乡镇教委都在义务教育阶段中做出了很多工作，"两基"工作以及教育布局调整等都是曾经一代教育人为之努力的目标。

（一）基本普及九年义务教育

1985 年，《中共中央关于教育体制改革的决定》提出"有步骤地实行九年制义务教育"的要求，意味着新中国成立之后我国首次提出实行九年义务教育，随后颁布的《中华人民共和国义务教育法》让义务教育的普及有了法律保障。事实上，1986 年，乾口市就通过了初等教育的验收，基本完成了普及初等教育的任务。然而初中教育还有待进一步加强，升学率一直处于较低水平，在国家提出实行九年义务教育的目标之后，乾口市加紧了义务教育的普及工作。1988 年，乾口市颁布《乾口市九年义务教育规划》，提出了在今后一段时间内实现九年义务教育的目标，从而也掀起了全市各县市开展九年义务教育学校建设的新篇章。

中乐县依照国家和省市的相关要求，同年颁布了《中乐县九年义务教育规划》，提出了"在巩固、提高普及初等教育成果的同时，按计划、分步骤实施九年制义务教育，控制小学生和初中生的流失"的要求，为后来的义务教育发展提供了较为清晰的发展方向。此后在《关于认真做好普及初等教育复查工作的通知》《关于加快实施九年制义务教育的意见》等政策相继出台的情况下，九年义务教育成为教育发展和改革的中心工作，在各级学校的努力下也取得了较好成绩。当然，普及九年义务教育的开始阶段主要以学校硬件设施建设为工作重点，努力改善各级学校的办学条件，积极消除中小学危房，满足学校进行教育教学的基本物质要求。1991 年，中乐县的一个乡镇率先实现了"普九"任务，引来上级教育行政部门的大力表扬，引来其他地方大批人士慕名前来参观学习。乾口市人民政府"普九"检查团到该乡检查，认定该乡小学和初中办学条件及办学质量均达到国家规定的"普九"标准，验收合格，县教委评价该县在经济发展相对滞后的情况下，却舍得花钱办学，率先实现"普九"，确有远见卓识，引得不少兄弟区县和县内其他乡镇派人前去参观学习（中乐县县志编纂委员会，1998）。随后也有其他乡镇跟随先进地区的脚步，把义务教育的普及作为工作的重中之重。1995 年，《S 省普及义务教育基本要求及检查验收办法》的颁布把普及九年义务教育的具体指标进行进一步细化，在领导管理、普及程度、办学条件等方面提出了较高要求。为了确保验收成绩达标，1996 年，中乐县政府制定了《关于 1996 年全面完成普及九年义务教

育的实施意见》，希冀圆满完成既定目标。经过不懈努力，在 1993～1996
年，中乐县 17 个乡镇先后经县人民政府普及九年义务教育检查验收合格
（中乐县县志编纂委员会，2001），较好地完成了教育发展任务。随后，中乐
县也获得了省人民政府授予的"普及九年义务教育先进县"的荣誉称号。

面对过往获得的成就，中乐县并没有因此止步不前，为了巩固"普九"
成果，1997 年县政府又制定了《中乐县高质量"普九"工程实施方案》，立
足于高标准来实现巩固、充实和提高工作。基本实现"普九"之后，为了提
高有限教育资源的利用效率，中乐县重点调整了学校布局，新建、改建和扩
建了中小学校，对有限的资源进行了整合利用（见表 2-2）。从表 2-2 可以
看出在 1986～2001 年的初中学校数量相对稳定，一直保持 20 所左右学校的
规模，与此相比，全县小学数量在前半阶段时总体数量略有下降，在后半阶
段尤其是 20 世纪 90 年代中期以后，由于村小的大量撤并，小学数量出现了
大幅下降的局面，在 2001 年全县小学的数量已不足 1986 年学校数量的一半。

表 2-2　1986～2001 年中乐县义务教育阶段学校数量统计

单位：所

年度	小学	初中	年度	小学	初中
1986	137	20	1994	116	22
1987	138	20	1995	113	22
1988	133	21	1996	101	22
1989	128	21	1997	96	22
1990	119	21	1998	88	19
1991	119	22	1999	82	19
1992	118	22	2000	78	19
1993	120	22	2001	68	19

资料来源：中乐县教育局内部资料。

（二）基本扫除青壮年文盲

扫除青壮年文盲一直是新中国成立以来我国教育部门常抓不懈的工
作，从 1956 年《关于扫除文盲的决定》到 1964 年《关于进一步开展农村
业余教育工作的意见》，从 1966 年的《关于农村教育工作意见的报告》到

改革开放初期的《关于扫除文盲的指示》，一直表达着党和政府对扫除青壮年文盲的决心。改革开放以来，我国进入新的历史时期，扫除文盲工作进入规范化、法制化的轨道，扫盲与普及义务教育一同被列为教育工作的"重中之重"（翟博等，2012）。1988 年，国务院颁发《扫除文盲工作条例》，提出了"扫除文盲与普及初等义务教育应当统筹规划，同步实施。已经实现基本普及初等义务教育，尚未完成扫除文盲任务的地方，应在五年以内实现基本扫除文盲的目标"。1993 年，国务院又发布了《关于修改〈扫除文盲工作条例〉的决定》，重点强调了"对在规定期限内具备学习条件而不参加扫除文盲学习的适龄文盲、半文盲公民，当地人民政府应当进行批评教育，并采取切实有效的措施组织入学，使其达到脱盲标准"。同年的《中国教育改革和发展纲要》则着重提到了"90 年代在保证必要的教育投入和办学条件的前提下，各级各类教育发展的目标之一是全国基本扫除青壮年文盲，使青壮年中的文盲率降到百分之五以下"。

在这样的教育背景下，乾口市和中乐县也积极推进基本扫除青壮年文盲的进程。1989 年，乾口市制定了《关于贯彻国务院扫除文盲工作条例，在农村扫除剩余文盲的意见》，提出了"用三年时间使全市各区（市）县及所属的乡镇、村青壮年非文盲达到 97% 以上，少数山区乡镇、村至少达到 95% 以上的高标准扫盲规划"。同年，中乐县也推出《关于扫除文盲工作的通知》，提出了全县在扫除文盲的具体目标和阶段，尝试通过各种方式降低文盲比例。其中，进行成人教育基地建设是非常重要的一环。至1997 年底，全县有成人教育中心 1 个，城镇职工学校 7 所；乡镇成人学校由 16 所增至 19 所；村成人培训校点由 85 所增至 194 所；所有职工学校、乡镇、村成人学校点均有教学用房和课桌凳，部分学校建有一定的生活用房以及必需的仪器和挂图（中乐县县志编纂委员会，2001）。这些成人教育基地的建设为中乐县扫除文盲工作提供了必要的物质保障和组织依靠，到 21 世纪初，中乐县已经完成基本扫除青壮年文盲的任务并受到上级行政部门的嘉奖。在 1996 年的中乐县政府工作报告关于教育的陈述中，明确提出了"实施以'普九'为重点的各类教育事业蓬勃发展""保障全县'普九'达标""扫盲成果继续巩固"的教育发展目标。1998 年，中乐县政府工作报告中明确表示了已经"胜利完成了基本'普九'的历史性任务"。这些都体现了该时期中乐县对"两基"工作的重视。

第三章　城乡教育统筹

21 世纪初，城乡教育统筹发展显得尤为必要。2001 年，《关于基础教育改革与发展的决定》认为，改革开放以来，虽然我国的"两基"工作已经初步实现了目标，但是也出现了"发展不平衡，一些地方对基础教育重视不够"的弊端，据此提出了我国农村义务教育将实施"在国务院领导下，由地方政府负责、分级管理、以县为主"的管理体制，这标志着我国实行长达十余年的"以乡为主"农村义务教育管理体制的终结，同时也意味着我国城乡教育的对立关系开始解冻。2002 年，党的十六大报告《全面建设小康社会，开创中国特色社会主义事业新局面》对于当时的形势有着清晰的认识："现在达到的小康还是低水平的、不全面的、发展很不平衡的小康。"而这种不平衡则体现在诸多方面，其中"城乡二元经济结构还没有改变，地区差距扩大的趋势尚未扭转，贫困人口还为数不少"则被看成其中非常重要的一个因素。2003 年 10 月，中共十六届三中全会提出了科学发展观，要求"坚持以人为本，树立全面、协调、可持续的发展观，促进经济社会和人的全面发展"。随后，《中共中央关于完善社会主义市场经济体制若干问题的决定》明确提出了"统筹城乡发展、统筹区域发展、统筹经济社会发展、统筹人与自然和谐发展、统筹国内发展和对外开放"五大统筹战略的发展理念，认为我国要改变城乡二元经济结构的体制，统筹城乡经济社会发展是关键。统筹城乡发展战略的提出对于城乡教育发展有着深刻的影响，教育作为社会系统中的一个子系统，与经济、文化、生态、政治等系统一起成为城乡统筹的内容。

一 社会转型期的城乡教育统筹

（一）社会转型背景下的城乡统筹

社会转型是当前我国教育改革和发展非常重要的时代背景，而教育不仅与生态系统和物质生产系统相互关联，而且也受到政治系统和文化系统的重要影响，只有深入考察近代中国社会转型的过程和特征，理解当前不同的社会结构变化机制，才有可能对教育变革有更为深刻的认识。由于我国社会发展进程与西方国家有着时间上的错位，西方国家在现代化过程的不同发展阶段出现的矛盾和冲突，在中国社会可能会集中爆发出来，在社会转型为社会整体推进带来机遇的同时，我国社会的各个领域和层级也充满着挑战。改革开放以后，以往我国的总体性社会发生了全方位的分化，社会碎片化使国家和社会的关系面临困境，国家在农村和城市两个方面都遭遇到前所未有的危机。今后的五年到十年是中国改革历史上至为关键的一个时期，长期继续的矛盾、危机随时都可能找到突破点而爆发出来，把整个社会推向"高风险社会"（孙立平，1998）。我国政府对此也有着深刻的体会，在社会转型期间一直都把社会稳定置于极其重要的战略位置。总体而言，当前我国处于社会转型的关键时期，其面临的挑战主要体现在城乡社会发展的失衡。

新中国成立之初的前 30 年中，尽管当时社会存在着生产能力不足、效率低下、人民生活贫穷等落后的情况，不同社会群体之间也存在阶层的差别和身份的不同，但是显现于生活各个领域的平均主义倾向一直是当时我国社会的基本特征，这也是当时一般民众尽管生活条件很差但是生活公平感仍然较强的主要原因。然而，在改革开放中"让一部分人先富起来"思路的影响下，人民的贫富差距逐渐拉大，一部分所谓的社会精英在收入上已经远远地超过了一般民众。21 世纪以来，"公平"成为我国党和政府文件中常用的一个政治话语，并且逐渐蔓延到其他各个部门和领域，现如今公平俨然已变为我国社会稳定和进步的关键要素。区域和城乡经济社会发展的不均衡状态已经成为阻碍整体社会进步的障碍，尤其是"三农"问题作为一个公共话题提出之后一直是社会各界热议的焦点。从这一点看，党的十六大报告把主题命名为"全面建设小康社会"也就不难理解了。

在中央提出"统筹城乡发展"要求之后，乾口市作为我国西部一个较大的城市，是所在省最先提出并实施城乡统筹发展的地方。2003 年，乾口市下属的 10 个区市县相继成为改革的试点，拉开了乾口市统筹城乡发展、推进城乡一体化实践的帷幕。2004 年，乾口市委、市政府出台《关于统筹城乡经济社会发展推进城乡一体化的意见》，在统筹城乡规划、产业布局、基础设施建设和社会事业发展方面提出了一系列要求，这是乾口市首次在正式的政策文件中对城乡一体化进行规定，意味着城乡一体化由试点探索进入了规范化运作阶段。随后，乾口市相继提出了"三大重点工程"（农业产业化经营、农村发展环境建设、农村扶贫开发）、"三个集中"（工业向园区集中、土地向业主集中、农民向城镇集中）、"六句话"（以县城和有条件的区域中心镇为重点，以科学规划为龙头和基础，以产业发展为支撑，以建立市场化配置资源的机制为关键，以制定和完善相关配套政策为保证，以农民的生产、生活和居住方式转变为出发点和落脚点），这些措施和建议成为乾口市各区县市推进城乡一体化的指导性纲领。2005 年，乾口市创造性地提出"城乡统筹、'四位一体'科学发展总体战略"，坚持整体推进城乡经济、政治、文化、社会建设，把经济社会发展转入"四位一体"科学发展的道路。2007 年对于乾口市是一个特殊的年份，该年乾口市获批统筹城乡综合配套改革实验区，这对于乾口市而言有着非凡的意义，这项荣誉既是对乾口市以往城乡一体化工作取得的成绩的肯定，也为今后继续推动城乡统筹协调发展提供了智力和政策支持。随后，乾口市委、市政府出台了《关于推进统筹城乡综合配套改革实验区建设的意见》。同年11 月，乾口市政府出台了《关于深化城乡统筹进一步提高村级公共服务和社会管理水平的意见（试行）》。至此，乾口市形成了"以推进城乡一体化为核心、以规范化服务型政府建设和基层民主建设为保障的城乡统筹、'四位一体化'（经济、政治、文化、社会建设）科学发展总体战略"。2007 年，乾口市全国统筹城乡综合配套改革试验区正式获得国务院批准，这使乾口市成为我国继上海市浦东新区和天津市滨海新区之后出现的为数不多的统筹城乡综合配套改革试验区的地区。2009 年，乾口市提出了建立"世界现代田园城市"的口号，包含"一个核心思想、四个基本要素、六个具体特征"。一个核心：体现"自然之美、社会公正、城乡一体"核心思想的新型城市。四个基本要素：包含世界级、现代化、超大型和田园城市四个基本要素。六个具体特征：田园式的城市形态，国际性的城市功能，以现代服务业和总部经济为核心、以高新技术产业为先导、以强大的现代制造业和现代农业为基础的市域现代产业体系，社会和谐，人与自然和谐，基础设施现代化、智能化。

中乐县是乾口市南部的一个县，它并不在乾口市前期推进城乡一体化的 10 个试点范围之内，由此也可以看到中乐县的经济社会发展在乾口市所处的位置。2004 年，乾口市提出《关于统筹城乡经济社会发展推进城乡一体化的意见》之后，中乐县政府文件中也出现"城乡统筹""城乡一体化"等概念，各机构部门开始围绕"城乡统筹"主题开展具体工作。2005年 12 月，在中共中乐县十一届五次全委会上的《全面落实科学发展观加快建设社会主义新农村》的报告中，县长主要在"三个集中"、"三大重点工程"、"社会事业协调发展"以及"瑞中互动"① 四个方面重点介绍了当年城乡一体化的情况，同时把"坚持统筹发展，推进城乡一体化"作为"十一五"经济社会发展的基本原则，要求"切实按照建设社会主义新农村的要求，创造性地落实'三个集中'，大力推进农业产业化经营，高标准做好农村规划和建设，加强村镇环境整治和农村基础设施建设，推进农民集中居住，转变农民的生产生活和居住方式，促进农民向市民转变。继续抓好扶贫开发工程，促进共同富裕。加快构建城乡统筹的信息服务体系，积极发展教育、文化、卫生等各项事业，不断提高农村社会保障能力"。随后的一年内，中乐县开始把城乡教育协调发展作为工作的重心，这一点从 2006 年 12 月中乐县第十二次代表大会上报告《全面落实科学发展观 深入推进城乡一体化 为建设更加富裕民主文明和谐的新中乐而努力奋斗》的题目中就可以感受到。在以后五年主要工作的部署中，强调"全面落实科学发展观，统筹'三个集中'，加快实现城乡一体化，建设社会主义新农村，是未来五年中乐发展的主旋律"，具体包括四个方面：健全体制机制，为加快推进城乡一体化注入持续活力；发展生态经济，为加快推进城乡一体化做强产业支撑；注重协调发展，为加快推进城乡一体化

---

① 瑞中互动是指居于乾口市中心城区的瑞联区和郊区的中乐县之间进行的跨区域互动，在下文的"强弱合作"一章中将对此进行详细的论述。

营造和谐环境；加强党的建设，为加快推进城乡一体化提供组织保障。

（二）从城乡统筹到城乡教育统筹

中国当前社会正在经历着社会转型的变革，教育作为社会结构中非常重要的一个环节，时时刻刻承载和感受着社会转型带来的阵痛和冲击，也在随着社会的变革而发生着变化。假如你想正确估价一项教育事业的优缺点，合理规划教育的未来，那么你就必须认真考虑一下世界范围内影响教育并且正在形成未来教育的主要力量（菲利普·库姆斯，1988），这些力量包括经济变化、政治动荡和稳定、人们的价值观念以及人口增长与减少等诸多因素。在一定程度上可以说，教育变革的程度、高度、主题以及方式取决于社会转型自身凸显的气质。

在各种因素的影响下，2004 年，中乐县提出了城乡统筹理念和一系列政策措施，这些措施主要分布在城乡政治、经济、社会交往、环境保护以及教育等方面。随后，在很短的时间内，中乐县教育局的政策和工作计划中就出现了"城乡教育一体化""城乡教育统筹"的表述，这表明城乡教育统筹作为一项新的教育理念和措施开始走进中乐县教育系统。

与乾口市最先开始的 10 个城乡统筹试点区市县相比，中乐县教育局提出城乡教育统筹的时间要相对晚一些。2004 年 4 月 30 日，中乐县召开"2004 年中乐县教育工作会"，时任教育局局长的夏盛开做了《统筹城乡教育 促进基础教育再上新台阶》的讲话，明确提出了要把实施"农村中小学校标准化建设工程"和"农村中小学现代远程教育工程"（中乐县教育局，2004d）作为今后工作的目标。同时，这也是笔者在调研期间能够搜集到的关于中乐县城乡教育统筹的最早文献记载。2004 年 5 月 21 日，中乐县教育局发布《关于推进城乡一体化进程中统筹城乡教育改革和发展的意见》，这是笔者能够搜集到的关于中乐县提出城乡教育统筹最早的政策文件。从内容上看，该文件最大的特点就是提出了实施农村中小学标准化建设工程的任务，"根据城乡统筹的要求，按照建寄宿制学校，村小向中心校集中，初中向县城和区域中心镇集中，大乡镇建九年一贯制学校，小乡镇建单设小学的思路重新规划学校布局"（中乐县教育局，2004b）。总而言之，该政策的颁布标志着中乐县正式提出推进城乡教育一体化的计划，促成了以教育局局长为首的、包括三位教育局副局长和各科室负责人在内的城乡教育一体化工作领导小组的组建，预示着未来较长一段时期内城乡教育改革将成为教育工作的重心。

随后，中乐县教育局制定了《中乐县农村中小学标准化建设工程实施方案》，提出"用3~4年的时间完成农村中小学标准化建设，从根本上改变我县农村办学条件，促进城乡教育的协调、健康发展"。显然，"城乡教育一体化"对于当时的人们而言完全是一个新的概念，为了让学校管理者、教师、学生和家长对此进行正确、深入的理解，2004年5月，教育局还特意向各中小学校下发《关于在全县师生中开展"推进城乡一体化"专题教育的通知》，其中附带了《统筹城乡经济社会发展、推进城乡一体化宣传资料》，对"什么是城乡一体化""推进城乡一体化的目的是什么""为何要推行城乡一体化""农民将得到哪些实惠""什么是城市化""我县推进城乡一体化的具体配套措施主要有哪些"（中乐县教育局，2004c）等内容进行了较为详细的解读。

在统筹城乡教育提出的开始阶段，中乐县教育局的主要措施集中在农村中小学校标准化建设的硬件建设上，至于城乡教师的专业发展则几乎没有提及，直到中小学标准化建设基本完成的2005年，教育局的政策中才开始出现"人"的影子。2005年初，教育局出台了《中乐县人才工作领导小组关于开展"双争双创"活动为推进城乡一体化提供人才保证的通知》，提出了在全县教育系统开展以"争创人才开发先进单位，创造一流人才环境；争当优秀人才，创造一流业绩"为载体的人才工作"双争双创"（中乐县教育局，2005）活动，开始在城乡教育一体化概念中涉及教师人才的协调发展问题。同年12月28日，县政府时任副县长李仙霞做了《抓住农村中小学标准化建设契机　加快城乡教育一体化进程　促进城乡教育均衡发展》的报告，这时中乐县已经完成了17所学校的标准化建设，农村基础设施已经丝毫不落后于县城学校，农村学校破败的现象已经一去不复返。她认为要把工作重心转移到"农村中小学、幼儿园的教育教学质量接近城市同类学校"（中乐县教育局，2005）上来，很显然，城乡教育质量差距的不断拉大已经成为中乐县教育的又一道亟待破解的难题。2005年12月，在中共中乐县十一届五次全委会上的《全面落实科学发展观加快建设社会主义新农村》的报告中，县长把"推进城乡社会事业一体化"作为未来一段时期城乡统筹发展目标，其中在教育中着重强调了"加快完善农村中小学教育配套设施，巩固'普九''普高'成果，深化教育改革，整合职教资源，建立职教中心，大力发展特色职教，继续实施教育强乡（镇）工程，努力构建城乡一体的教育体系"（中乐县人民政府办公室，2005）。

为了提高农村教师的专业水平、待遇水平，中乐县在后来的工作中也进行了一系列的改革。2006年的《中乐县关于审定中乐县促进教育均衡发展保障教育公平意见的请示》中对农村办学条件改善、合理配置城乡教师资源、提高教师待遇等方面进行了尝试性的改革。例如，其中提到"山区、村小教师的工作、生活条件艰苦，应安排资金对在职教师给予补贴"（中乐县教育局，2006b），显示了教育局和当地政府在提高农村教育质量上的努力，这一点在随后的《关于进一步促进教育均衡发展实施方案的报告》等文件中也可以看出。

同时，在教育发展观念上也有着一些改变。中乐县的教育政策逐渐趋向于"教育均衡、优质发展"的改革理念，期望通过城乡统筹发展不仅缩小城乡学校在硬件上的差距，也要在城乡教育质量上实现均衡的目标。2006年，中乐县教育局的《关于进一步推进教育事业均衡优质发展急需解决的问题的请示》就明确提出了"教育均衡优质发展"的主题，强调"常规立校，质量兴校，狠抓学校干部教师队伍建设，强化学校管理，全面提高教育质量，促进全县教育均衡、优质、协调发展"（中乐县教育局，2006a）。2008年的《关于扎实开展"三个一"活动推进城乡教育均衡协调发展的意见》也体现了教育局对这一主题的强调和重申。

（三）为什么提出城乡教育统筹

为什么中乐县会在2004年提出城乡教育统筹？从对当时情况的调查上看，这并不是一个"随意"的决策行为，而是在多方面因素综合影响之下的结果。为此，笔者特意走访了中乐县政府原主管教育的副县长李仙霞，希望通过对当时决策者的访谈来透视城乡教育发展制度变迁的逻辑。

李仙霞是一位看起来和蔼可亲的女领导，1958年出生于中乐县的一个靠近山区的农村，曾经在中乐县的红花学校做过普通教师、班主任、中小学副校长和校长，1995～2000年担任中乐县教育局副局长，2000～2008年为中乐县政府副县长，2008年初至笔者调查时为中乐县政协副主席。

深谙人类学田野工作的人应有所了解，研究者主动约见非常重要的县级领导是一件不太容易的事情，即使经过熟人引荐也往往会花费一番周折，而且基于他们对来访者的高度警惕性，言谈举止具有较高的"政治艺术"，整个访谈也非常容易演变为一场由对方强势主导的"政绩秀"。值得庆幸的是，笔者与李仙霞的访谈并没有遭遇以上这些障碍，反而是在一个相对轻松的氛围下进行了多次正式和非正式的交谈，涉及的主题除了城乡教育统筹原因之外，还包括了教师队伍管理、特色学校建设、宏观教育决策、如何处理人际关系等。为什么会有这么多的接触呢？说来也巧，中乐县教育局在每个工作日会供应早餐和午餐，除非有其他特殊安排，否则一般情况下教育局全体人员都会在教育局餐厅就餐。这位刚刚卸任的副县长仍关心局里的情况，于是我们经常遇到这位领导在此用工作餐，在很短的时间里我和她之间就已经基本没有了生疏感，她会很亲切地称呼笔者为"小凡"。笔者对李副县长的正式访谈发生在 2012 年 10 月 25 日下午的一个茶楼，在茶香四溢的氛围里笔者与她进行了大约 3 个小时的聊天。对于"当时我们中乐县提出城乡统筹的原因是什么"的问题，她认为提出城乡教育统筹并非中乐县政府一时的心血来潮，而是在以下几个影响因素综合作用的结果。

1. 当时城乡面临的社会环境

在李仙霞看来，21 世纪初我国社会面临的整体社会环境是中乐县形成城乡教育统筹的一个重要因素。10 年过去了，她还对当时的情形有着清晰的记忆：

> 那几年在报纸和电视上突然出现了大量关于落后农村地区的报道，特别是中西部地区的农村特别穷，经济水平与东部差距太大。"三农"好像就是那个时候才有的，在我的印象里之前从来没有听说过这个词。那时候农民也要交农业税，交公粮、乡统筹和村提留，农民的经济负担普遍显得过重，农村地区也没有多少工厂，怎么能跟城市相比呢。如果一直这样发展的话，经济发展肯定会不稳定，"社会和谐"也就是一句空话，这不是国家想要看到的结果，于是国家在 2003 年才提出城乡统筹的发展思路，西部大开发也是这么来的啊。

从李仙霞谈话中多次提及的"农村""差距"等话语中，笔者能够感受到城乡发展的失衡所形成的社会背景对中乐县政策选择的重要影响。改革开放之初，加快农业和农村的发展成为时代的需要，1982～1986 年我国连续五年的中央一号文件聚焦农业和农村工作，为农村改革和农业发展增添了活力，开创了改革开放以后农村发展的新局面。然而，1984 年《中共中央关于经济体制改革的决定》提出要加快以城市为重点的全面经济体制改革，国家开始将改革重心转向城市，财政资金和其他各种资源又开始大幅向城市倾斜。由于我国在改革开放以来的很长一段时期内坚持"城本主义"的发展道路，重点发展经济水平较高的城市地区，在资源的投入上对城市地区进行特别的政策倾斜，造成了我国城乡之间的发展差距逐渐增大。区域和城乡经济社会发展的不均衡状态已经成为阻碍整体社会进步的障碍，尤其是"三农"问题作为一个公共话题提出之后一直是社会各界热议的焦点，从这一点看，党的十六大报告的主题命名为"全面"建设小康社会也就不难理解了。在全面建设小康社会过程中，"城镇人口的比重较大幅度提高，工农差别、城乡差别和地区差别扩大的趋势逐步扭转"成为其中的目标之一，提出了"统筹城乡经济社会发展，建设现代农业，发展农村经济，增加农民收入"的重大任务。这次报告与以往最为明显的区别就是对"公平""城乡""统筹""平衡"等词语的强调。很快，我国政府就提出了"统筹城乡发展、统筹区域发展、统筹经济社会发展、统筹人与自然和谐发展、统筹国内发展和对外开放"五大统筹战略的发展理念，城乡统筹得以正式确立。

最后，李仙霞再次强调：

既然国家提出了这样的政策，我们中乐县也不会逆潮流而动，不会无视当时城乡发展过程中出现的越来越大的差距。在乾口市 2003 年提出城乡统筹协调发展之后，县政府就已经积极转变发展思路，顺应时代发展的社会条件大步走向城乡教育一体化。总而言之，我觉得只有在农村和城市发展出现严重不平衡的时候才会出现这样的政策，如果将来有一天城乡发展之间没有了差距，农民都和城市的人那样过上小康生活，那么这个城乡统筹也就没有市场了。

2. 农村学校条件落后的事实

农村学校落后的面貌也是非常重要的原因。回想起 20 世纪 90 年代的学校教育情况，李仙霞颇有感慨："经费是当时最大的困难。你看现在的学校都非常漂亮，但是在那个时候是非常苦的，农村中小学校都很破旧，还存在着大量的危房，政府整天都在担心学校的房子会不会哪一天突然倒掉。"图 3–1 是中小学校标准化建设之前的一农民地区学校的照片，然而在她看来，当时这已经算是基础设施相对较好的学校了。

图 3–1 中小学校标准化建设之前的田口镇小学
资料来源：中乐县教育局内部资料。

的确，在当时"以乡为主"的农村教育经费投入体制之下，中乐县的农村学校教育经费得不到有效保障，县级政府财政相对困难，这造成了农村教育举步维艰。2002 年，中乐县国内生产总值 168032 万元，财政收入 12843 万元，农民人均可支配收入 3014 元（中乐县史志办公室，2007），这些经济发展水平的数据在整个乾口市众多区市县中均排名倒数第一。这一点在历年来的政府工作报告中就可以体现出来，几乎每次的报告中都会提及财政困难的现实，在 1998 年的政府工作报告中就曾出现这样的表述："经济规模较小，整体效益水平不高，产业结构和区域经济布局不合理的状况尚未得到根本改变，农业产业化和农民增收进程缓慢，财政十分困难。"（中乐县县志编纂委员会，2001）尽管关于经济发展落后方面的介绍并不多，或许这也源于官方文件对自身弱势之处的避讳惯例，但政府这样的自评恰恰也说明了中乐县经济水平的落后程度。

对于农村学校经费困难问题，李仙霞还讲述了自己担任教育局副局长时的一件事：

> 有一次我和现在教仪站站长莫国庆一起去市里开会，会议的主题是关于农村学校危房改造的讨论。等到我发言的时候，我话还没有开口，就忍不住一下子就哭了出来，鼻涕一把泪一把的，边哭边说我们县农村学校的情况。当时我并不是故意这么做的，而是对农村学校条件差情况的有感而发，有很多学校房子都有很大的裂缝，一些学校或者只有一半墙头，或者在用木棍顶着年久失修的墙头。我不仅为学生感到心酸，也整天为安全担惊受怕。

笔者曾经在教育局浏览过 20 世纪 90 年代一些农村学校的校容校貌资料，无论是学校建筑还是图书桌椅都非常陈旧和落后，这与李仙霞的叙述基本一致。

3. 领导和教师坚守"不放弃"

通过与李仙霞的多次谈话，笔者能够感受到她身上流露出来的一种教育理念，那就是"不放弃每一个学生"。无论是在学校做任课教师和学校管理者，还是在教育局担任负责人，抑或成为全县教育发展的掌舵者，她都始终如一地坚持这样的观点："教育的目的是培养人才，教育是面对广大学生，我们有义务为全体学生提供最优质的教育，这是我们教育主管部门应尽的责任。教育没有那么复杂，其实很简单，主要就是考虑好'培养什么样的人、怎么培养所有人'的问题。"在她的思想中为何会产生并坚持这样的一种观点？她坦言受到三个人的影响。其中父母对她的影响是不言而喻的："我为什么有着这样的思维，应该与我从小的家庭氛围有关。我出生在一个书香世家，妈妈是中学校长，爸爸是中学教师，出生以后耳濡目染的影响让我逐渐形成了当时的教育观念。"另外，则是她在农村学校做教师时的老领导："我是教书出身，中师毕业之后我就来到了红花学校教书，刚开始是小学五年级的语文教师，后来就教初中，当时学校校长名叫刘仁，那是一位非常值得尊重的老校长，现在已经退休了。至今我仍然记得他说过的一句话，'在这个世界上，天才和蠢人都是凤毛麟角，普通人才是最大多数，我们大家都是普通人，所以我们拉小学生之间的差距是完全有可能的'，这句话更加坚定了我在教学中的这种信念。"

谈到这里的时候，她明显兴奋了起来，在她的眼中闪耀着难以抑制的激动的光芒，很显然这个话题点燃了她心中久违的激情。其中，她也特别与笔者分享了一个当年发生在自己身上的管理"特殊学生"的真实故事。

刚来到红花学校的时候，她接手的是全校最差的一个班，当时学校条件远远没有现在好，窗户都没有。这些学生的思想很混乱，调皮得很，不知道他们在想什么，反正有一条是确定无疑的，那就是与年轻教师作对，一旦得逞他们会觉得非常有意思。有一次是劳动课，她要带这个班所有的学生去学校的一块地施肥，来到目的地之后发现全班总共50多名学生只来了十几人，而且全部是女生，男生一个都没有到。她清楚地知道，这是男生联合策划故意难为她的一场演出，面对这样的情况一般老师的做法就是对那些缺席的男孩子给予严厉的处罚。但是她没这么做，第二天上课的时候，她首先在教室里当着所有学生表扬了那十多位来到田地的学生，对于剩余的那些孩子，并没有批评他们，反而对他们说，都是自己不好，自己没有教育好大家，希望你们能够原谅她这位新教师。随后，她又对他们讲了这次劳动课的重要性，每个学生都不应该拖大家的后腿，都有参与班级活动的责任。于是，她又把这30多位学生带到了劳动场地，并把他们分成7个小组。

最后的结果可能你也想到了，学生都满怀歉意地劳动。以后每个学生都不再与我作对了，学习成绩也都进步很快，我和他们都成了好朋友。我从来不骂人，这样反而会有更好的效果。无论怎样，当他们出现什么错误的时候，我都会告诉他们这是我的错误，然后我会与他们一起做。我在农村教学，那里的生源质量不如县城，基础比较差，但是我教的班级成绩都非常好，每年只要中乐县期中和期末考试的时候，我的班级都是第一名，甚至有一年高出第二名10多分。因此，我一直坚定一个信念，只要我们用心，给学生们足够的关怀，在情感上与他们进行充分的交流和沟通，就不会产生一个差生。

这是李仙霞在长期的教学和教育管理工作中形成的个人经验，这种体会也逐渐内化为她工作中的行动指南，在后来中乐县的很多决策中都可以看出她的"不放弃"痕迹。也正因为如此,她自己对待城乡统筹政策秉持着非常积极的态度:"现在国家提倡的教育均衡,其实早在二十多年前我们就已经开始做了,只不过当时没有这个理论罢了。所以,2003年我一听说要搞教育统筹的时候,就表了很大决心,坚决拥护这个政策。"

另外,李仙霞还特别谈到了学校教师的态度:"你来到我们县也有一段时间了,不知道在你的心里面对我们这地方的人有什么样的印象。在我看来,中乐县的人都非常朴实,他们心里面有着一种责任感,不会因为孩子学习成绩不好就把他们抛弃,如果这样的话,他们心里会感到非常愧疚。"值得注意的是,在中乐县笔者曾多次听到不同人群使用"朴实"两个字来形容当地人,对于教师也是如此。也许,正是教育系统中管理者和教师对于学生"不放弃"理念的坚守,使得人们在城乡教育发展上达成了共识,并且构成了中乐县提出和实施城乡教育统筹的群众基础。

4. 乾口市对城乡教育统筹的规定

2003年,乾口市提出城乡统筹发展战略,颁布了一系列政策措施,并且在其下辖的部分区市县进行试点。2004年,乾口市决定在所有区市县全面推行城乡统筹发展的举措,而中乐县政府就在这样的背景下正式提出和实施城乡统筹的政策。在一定程度上而言,教育行政部门的行政手段是城乡教育政策在各级部门得到执行的关键。

当时中乐县为什么提出中小学校标准化建设任务?这主要源于当时的乾口市市委书记的直接指令。对此市教育局原局长吴社达这样回忆:"来中乐县进行教育考察的时候,发现很多学校基础设施和设备条件非常差,甚至很多校舍已经成为危房,严重影响了乾口市教育整体发展水平的提高。于是在我的提议下,乾口市政府在全市实施了中小学校标准化建设,同时也对中乐县进行了特别的经费倾斜。"事实上,在中央提出这样政策之后,我国并非所有地区都马上执行,一些地区只是在表面上转发、提出城乡统筹政策,但是并没有转化为实际的行动。为什么中乐县对上级的指令会迅速执行?对于这个问题,李仙霞坦言:"中央提出什么政策我们可能不考虑,但是乾口市每年的政府工作重心我们是必须要看的,它要求我们怎么做就必须要这么做,每年各项工作都是要考核的,这个事情不能乱来的。"假如说乾口市没有提出城乡统筹,中乐县会开展这项改革吗?对于这个问题她连连摇头,否定得非常坚决:

　　绝对不可能！现在政府每年年初都会向每个区市县下达不同的工作目标，为了保障这些任务保质、保量地完成，乾口市和我们要签订目标完成责任书，如果完成不了那就不是简单的挨批评的事情了，很可能会问责主要负责人。再说，如果你自己主动去进行改革，那么你就要承担失败的风险，改革并不一定都会成功，万一改得不好了呢。

　　从李仙霞的回答中不难看出，中乐县之所以会在 2004 年提出城乡统筹政策，完全是在乾口市政府和教育行政部门规定的制约下进行的。同时，这一点也可以从一些教育局领导、学校校长和教师的回答中得到验证，对于中乐县学校"为什么进行标准化建设""为什么进行特色学校改革""为什么要建立学校发展联盟"等问题，几乎所有人的回答都显示了惊人的一致性，那就是"乾口市让我们做的"。甚至一些人会感到笔者的这个问题有些莫名其妙，"肯定是乾口市命令我们做我们才这样做的啊，不然也不大可能做这么多事情，这可要费很多精力的啊"。

　　值得一提的是，这些人每次提到的所谓"上级"都是指"乾口市委、市政府"或"乾口市教育局"，而非省委、省政府、省教育厅、教育部乃至党中央、国务院。从国家、省、市、县提出城乡统筹的时间点上也可以看出，中乐县是继乾口市提出这项政策之后才接着提出相同的政策的，而非继国家、省提出城乡统筹之后。如果只是在国家或者省的层面提出一些政策，而市一级没有什么反应，那么县一级也会没反应；如果在国家或者省的层面没有提出相关政策的情况下，市一级通过自主创新制定出某项政策，那么县级政府必定很快跟随。以学校联盟发展为例，这项政策并非国家统一要求，也非省级政府的特别规定，而是乾口市在学习借鉴其他地区经验的基础上提出的一项改革举措，在乾口市提出《乾口市关于推进学校联盟发展的实施意见》以及相关的考核细则之后，中乐县很快就出台了内容与前者几乎一致的《中乐县关于推进学校联盟发展的实施意见》和考核评价指标。据笔者了解，该省除乾口市以外的其他地区，教育发展中就鲜有这种改革措施。总之，在教育政策的提出上，县级教育行政部门紧跟着市级政府和教育行政部门的脚步。

　　可以看出，中乐县之所以能够提出城乡教育统筹的政策，是当时城乡所面临的社会背景、中乐县农村学校落后的事实、教育管理者和教师"不放弃"的教育理念以及乾口市对城乡教育统筹做出的种种规定等多种因素综合影响的结果，这是来自不同方面相互竞争、相互作用的"合力"显现。在新制度主义学派的迪马吉奥和鲍威尔看来，导致组织制度变迁的原因主要包括强制（coercive）、模仿（mimetic）和规范（normative）三种机制（Dimaggio & Powell，1983），强制机制主要源于政府或者法律等具有强制权力的正式或者非正式压力，模仿机制则是组织为了应对环境的不确定性而根据其他组织的运行模式来塑造自身，规范机制是指专业化的社会规范对于组织有着重要的影响。在此，强制、模仿和规范机制都包括在了众多因素之中。

　　然而，我们可以试想一下，当时几乎所有的落后农村地区都面临着相同的社会背景，城乡学校教育发展的失衡也由来已久，教育管理者和教师"不放弃"的教育理念也并非只出现在中乐县的特有现象时，为何是中乐县而非省内所有的县市都能够顺利提出城乡教育统筹呢？笔者认为根本在于上级政府的权力控制，也就是"强制"机制起到了决定性的作用。对于中乐县而言，最根本、最直接的原因就是乾口市政府和教育行政部门对中乐县的强制性约束，其中会议、规章制度、具体政策以及口头指令都是传达这种权力信息的重要形式。当把以上因素进行排序时，几乎所有的人都将上级的"强制"排在了第一位。县政府或者教育局在这种权力面前显得较为温顺，他们不会与这种权力进行直接的对抗。这时，自身是否满足条件来完成这项任务，抑或在实施的过程中履行的程度如何？这与对权力的顺从相比都已经显得不是那么重要了。

二　城乡教育统筹的"动"与"静"

　　由上可知，中乐县在各种因素尤其是乾口市政府和教育行政部门权力的规约下提出了城乡教育统筹政策。在2004~2008年，中乐县大力实施了中小学校特别是农村基础教育阶段学校的标准化建设工程，在很短的时间内顺利完成了乾口市中小学校标准化建设的验收工作，获得了省市的"义务教育先进县""义务教育示范县"等荣誉称号。与如火如荼的标准化建设相比，中乐县在教育统筹发展中提出并实施的教师交流和培训、特色学校发展、教学改革、学校结对等其他措施就显得步调相对较慢，大多数项目只停留在政策宣传的层面，很少转化为教育局和学校教育教学工作的实际行动。很显然，这段时期内中乐县城乡教育统筹呈现冰火两重天的"动"和"静"现象。

（一）如火如荼的标准化建设

一直以来，农村地区尤其是贫困落后山区的危房和衰败的景象都是政府关注的对象。20世纪90年代"两基"工作实施以来，如何提高中小学校硬件设施建设水平，让学生们能够在一个安全和充足的教学空间学习，是各地区持续努力的目标。为此，1996年，国家教委起草了《农村普通中小学校建设标准（试行）》，这成为指导各地农村中小学校规划和建设的指导文件，正如总则第二条所言："本建设标准是为建设项目决策服务的，是控制建设水平的全国统一标准，是编制、评估和审批农村中小学校建设项目的可行性研究报告、校园规划设计和建设用地计划的重要依据，也是有关部门审查项目设计和监督检查工程项目建设全过程的建设标准的尺度。"该文件全文共五章，分别为总则、建设规模与项目构成、学校布局选址与校园规划、校舍建筑面积指标、校园规划建设用地指标，较为全面地对农村中小学建设和整体规划进行了定量化的安排。2002年，教育部颁布的《城市普通中小学校舍建设标准》，包括总则、学校建设规划与校舍用房的组成、学校网点布局选址与规划设计、校舍建筑面积指标、校舍主要建筑标准五个部分。2008年，教育部联合住建部和国家发改委联合颁布了《农村普通中小学校建设标准》（建标2008-159号），这是基于1996年《农村普通中小学校建设标准（试行）》再修订的结果。新标准共分六章，包括总则、建设规模与项目构成、学校布局选址与校园规划、建设用地指标、校舍建筑面积指标、校舍主要建筑标准。这些标准的出台，为各地区中小学的规划和布局提供了政策和专业技术依据。普通中小学校建设标准的出台和完善，构成了中乐县在城乡教育统筹中实施中小学标准化建设的政策背景。

然而，中乐县中小学标准化建设并没有如以前想象的那样顺利，它没有在1997年颁布《农村普通中小学校建设标准（试行）》之后开始实施，也没有在2001年国务院出台《关于基础教育改革与发展的决定》之时准时开展。在"以乡为主"的管理体制下，很多人都承认当时的政府难以提供足够的教育经费，很多地方政府还属于典型的"吃饭财政"，并没有能力按照此标准来建设农村中小学校，甚至对很多学校尚存在着的不同程度的危房也束手无策。中乐县原副县长李仙霞对此也有着清晰的记忆：

> 经费是最大的困难。即使是城区的中小学校也很破旧，当时是"吃饭财政"和"分级财政"，政府的钱只能发工资了，剩余的就根本拿不出修建学校的钱了，县政府和各个乡镇府都没有太多的办法。现在回想起来，当时如果谁手里有十几万块钱就是天文数字了，哪能像现在这样，教育经费投入一下就是上百万元啊，当时根本不敢想。直到 2003 年中乐县在乾口市的领导下逐步开展城乡教育统筹之后，这一情况才得以渐渐好转，而且城乡（教育）统筹较大的举措是从中小学标准化开始的。

李仙霞说到此处，脸上的笑容忽然多了起来，仿佛刚刚唤回了当时的兴奋之情。在中小学标准化建设的过程中，乾口市根据各区市县经济发展状况设计出一个补偿标准，其中处于第一等级的区市县将不予补偿，完全由地方政府筹措；处于第二等级的区市县将补偿 30%，剩余的大部分由地方政府筹措；处于第三等级的市区县将补偿 70%，地方政府只需拿出一小部分钱即可。中乐县处于第三等级，乾口市可以补助 70%，再加上中乐县是乾口市经济最落后的县，所以到最后这笔钱基本上全部由乾口市负责。中乐县各中小学完成标准化建设之后，情况与以前相比完全不同了，学校的基础设施已经完全焕然一新，特别是乡镇学校，"无论到哪个乡镇，最好的房子是学校"成为当时人们的基本共识。除了标准化建设工程外，后来的办学条件提升工程所需经费基本都来自乾口市政府，中乐县政府在此次中小学校标准化中并没有成为经费的投入者，这一点也得到教学仪器设备管理站站长莫国庆以及教育局几位主要领导的证实。通过对不同人群的走访以及中乐县教育局现有文献资料的整理发现，中乐县标准化建设上经历了三个发展阶段。

第一阶段是 2004～2006 年的初级标准化。2004 年 6 月 8 日，乾口市颁布《乾口市农村中小学标准化建设标准（试行）》，从内容上看基本上沿袭了 1996 年原国家教委制定的《农村普通中小学校建设标准（试行）》，中乐县各学校的标准化建设就是在此标准的指导下进行的。同年8月，中乐县包括县委书记和县长在内的主要党政领导，在县委办、政府办、教育局、财政局、建管局、国土局等主要负责人的陪同下，深入老城镇、田口镇，就中小学标准化工作进展情况进行调研。从当天《关于全县农村中小学标准化建设工作的书记办公会议纪要》中可以看出，县委、县政府领导提出了全县农村中小学标准化建设的要求，着重强调了其对县域内教育发展的重要意义，把农村中小学标准化建设工作提到了新的高度，"农村中小学标准化工作是统筹城乡经济社会发展、加快推进城乡一体化建设进程，保证我县争创西部百强县和丘陵强县的重要举措，是促进城乡基础教育协调健康发展的必由之路，是我县'普九'和普及高中阶段教育后，农村中小学教育发展的有一个重要机遇"（中乐县教育局，2004a）。

同时，会议要求全县农村中小学布局调整要切实做到"五个结合"：

> 结合乡镇人口减少和学生流动走向以及交通便利（村村通），调整规划学校布点；结合乡镇行政区划调整和区域中心镇建设，调整规划学校布点；以县城为中心，结合国道、省道等交通主干线，调整规划学校布点；结合坝、丘、山的地理特点，调整规划学校布点；结合乡镇经济文化发展现状和潜力，调整规划学校布点。（中乐县教育局，2004a）

教育局内部也经常在主要领导的主持下就此事项开展多次商议，着重落实县政府以及上级行政部门的指示和精神。

中乐县作为乾口市农村中小学标准化建设试点县，自2004年11月起全县正式开始实施农村中小学标准化建设工程。按照"彻底排危、完善功能、合理布局、美化校园"的工作思路，经市批准建设项目达20个，覆盖全县农村原28所中小学的27所学校。其中，新建初中2所，就地改、扩建15所，旧房改造3所，新建校舍建筑总面积42863平方米，进行旧房改造面积达43031平方米，征地156亩，校园环境整治和绿化10多万平方米，总投入近亿元（中乐县史志办公室，2007）。老城镇九年制学校是第一所验收的标准化建设学校，其集教学办公综合楼、实验楼、学生公寓、体育场地于一体的建筑规模，以及具有的典型的当地传统民居风格，成为乾口市农村中小学标准化建设首个样板工程。所有学校的标准化建设工程于

2006 年 5 月全面竣工，自此，中乐的中小学校整体面貌焕然一新。图 3 - 2、图 3 - 3 就是笔者随机挑选的乡镇东北小学和县城实验外国语学校的教学楼一隅。

图 3 - 2 东北小学教学楼

图 3 - 3 实验外国语学校教学楼

教育局一名吴姓局长认为：

> 我县在 2004 年就开始了农村学校标准化建设工程，对学校的校舍、设备设施、器材等进行了比较全面的整修。建成之初，焕然一新的校容校貌的确让学校师生和当地老百姓高兴了一把，也算是政府为农村学校办了一件实事，随后中小学标准化建设工程在全县迅速展开。

中小学校标准化建设工程对于中乐县具有重要意义，中乐县借此获得了省首批、乾口市第一个"义务教育示范县"的荣誉称号，同时，当年的全国教育均衡发展现场会也特别安排在中乐县召开，标准化建设取得的成就受到教育部领导的高度评价，"中乐的标准化建设学校堪称全国一流，令人耳目一新，城乡教育差距明显缩小，县委县政府实施的教育优先发展战略成效非常显著"。直到今日，每次提及标准化建设中取得的荣誉时，教育局人员还是满怀着抑制不住的激动和兴奋。

第二阶段是 2006～2007 年的满覆盖工程。虽然前期的标准化工程对学校校舍新建、扩建以及修建已经基本完成，学校的面貌也焕然一新，但是体音美等学校教育教学的器材等还欠缺严重，所以在以后的两年时间内，乾口市在所有地区启动了义务教育阶段学校技术装备满覆盖工程。全市义务教育阶段的学校按照《乾口市义务教育阶段学校教育技术装备必备标准》及《乾口市教育信息化发展规划（2007－2009年）（试行）》等文件的规定，经过一系列的经费投入和建设，全县已经基本完成了教育技术装备的更新和新建。尤其是进入2007年，乾口市开始的校园网建设，让中乐县所有的中小学校都联通了信息网络。2006年，乾口市投入1300万元进行城域网的建设，计划在全市范围内全面展开，通过与中国电信的合作实现了网络"铺到校门"的目标。而且，中乐县在与中国电信的网络合作过程中也创新了合作模式，采用"服务费＋年费"的支付方式，不仅节省了大量的教育资金，也让这种合作方式更加灵活。2007年末，中乐县各中小学校的网络建设就基本实现了学校技术装备满覆盖的目标。"一分的投入大于一分的收获"，这是人们对满覆盖工程带来的惊喜的共同感受，新的教育技术为教师们提供了方便，教育效果比较明显。

第三阶段是2007年以后的标准化建设提升工程。之前乾口市在中小学校标准化建设上投入了很大的努力，学校外貌与十年前相比有着翻天覆地的变化。然而，包括中乐县在内的乾口市各区县的中小学的硬件设施并非没有改进的空间，与北京、上海等经济发达地区相比仍然存在着差距。为了改善乾口市与发达地区相比的落后状况，2007年，乾口市又提出了中小学校标准化建设提升工程，计划在以后的3年内划拨40亿元用于中小学校硬件设施的提升。当然，经过这次提升工程，中乐县各学校在硬件上又有了一个质的提升。以课堂教学中经常使用的电子白板为例，2007年之前，即使在县城学校也极为少见这样的"高科技"教学仪器，这让很多教师很为难，因为很多新课改需要的多元内容及其呈现方式根本无法得到满足。在实施标准化建设提升工程之后，农村学校几乎每个教室里都配备有这样的电子白板，大大方便了教师进行正常的教育教学活动。

中小学校标准化建设完成之后，城乡学校在硬件上已经实现了均衡，与县城学校相比，农村学校新建和改建学校数量较多，有一些农村学校的基础设施建设水平甚至已经超过县城学校。因此，中乐县教育局领导都非常自豪地介绍说，"城乡学校在硬件上基本实现了均衡"。这也基本描述了当时中乐县标准化建设的基本情况。

（二）城乡教育质量艰难前行

与中乐县如火如荼实施的中小学校标准化建设不同，中乐县城乡学校在教育质量上的差距是明显的，城乡教育质量的差距正在逐渐被拉大。从2005 年中乐县各初中升学情况可以看出（见表 3 - 1），县城里的中乐中学、水寨中学、水寨初中以及成元初中四所学校无论是在学生人数、升入普高和职高人数还是在升学率上与乡镇学校相比都有着明显的优势。尤其是水寨中学和中乐中学，作为老牌的重点校，它们的教育质量一直被人们认可。反观乡镇和农村初中，只有官帽学校的升学率超过 70%，其他的基本都在 60% 以下，与县城四所学校都有着较大差距。至于其他年份，中乐县各学校中考成绩与此分布基本相当，城乡学校差距依旧明显，并在学生人数、升入普高人数以及在升学率三项指标上有着差距逐年拉大的趋势。

表 3 - 1　2005 年中乐县初中升学情况统计

学校	毕业	升入县内两类高中情况			
	总数（人）	普高（人）	职高（人）	总数（人）	百分比（%）
中乐中学	327	253	9	262	80.1
水寨中学	450	322	77	399	88.7
水寨初中	278	119	61	180	64.7
成元初中	273	128	34	162	59.3
东北初中	145	42	50	92	63.4
红花中学	281	132	20	152	54.1
白集初中	203	67	32	99	48.8
天宝初中	308	93	47	140	45.5
克井学校	205	92	37	129	62.9
黄桥初中	260	83	45	128	49.2
永兴初中	190	56	44	100	52.6
高桥初中	185	52	40	92	49.7
官帽学校	48	27	8	35	72.9
未来学校	102	27	19	46	45.1
老城初中	301	63	63	126	41.9
青山初中	201	60	35	95	47.3
田口初中	288	67	24	91	31.6
侨民学校	102	34	7	41	40.2
侨乡初中	325	110	26	136	41.8

续表

学校	毕业	升入县内两类高中情况			
	总数（人）	普高（人）	职高（人）	总数（人）	百分比（%）
普华初中	123	54	12	66	53.7
良善学校	104	42	17	59	56.7
绿水学校	60	23	12	35	58.3
合计	4759	1946	719	2665	56.0

资料来源：中乐县教育局。

在农村教育质量日益下滑之时，农村学校的生源呈现快速流失的趋势，择校现象日益严重，很多农村家长都把孩子送到了县城以及其他城市学校里读书，这加大了农村学校逐渐走向衰败和萎缩的速度。在农村中小学的标准化建设与 21 世纪初以来开始实施的布局调整政策的双重影响下，中乐县的学校数量大致呈现逐步下降的趋势。按照"村小向中心小学集中，初中向县城和区域中心镇集中，大乡镇九年一贯制学校，小乡镇建单设小学"（中乐县史志办公室，2007）的思路，中乐县积极优化教育资源的配置，进行农村中小学的布局调整。短短几年的时间内，中乐县中小学数量从 2002 年的 83 所下降到 2008 年的 45 所，而学校的撤并主要集中在山区的农村学校。其中村小从原来的 50 余所缩减到不足 10 所，老城镇、红花镇、田口镇、黄桥镇、白集镇、克井镇、永兴镇、青山乡所有的初中和小学合并为九年一贯制学校，有一些乡镇已经没有一所学校。

统筹城乡教育发展以来，乾口市非常重视教师专业素质的提升，相继提出了《农村教师专业发展行动计划》《农村教师学历提升计划》等文件，用以指导下属的各区市县提高教师整体素质。事实上，中乐县在进行中小学校标准化建设的过程中也曾多次提及城乡教育质量的一体化，在城乡教师交流、农村教师专业发展、学校结对等方面出台了一些相关的规定，先后颁布了积极促进城乡教育一体化的政策和措施。2004 年，中乐县教育局颁布的《关于推进城乡一体化进程中统筹城乡教育改革和发展的意见》提出，"加强干部教师队伍建设，实施名师工程，推进城乡教师交流，实施素质教育"（中乐县教育局，2004b）。2005 年，中乐县主管教育的副县长李仙霞做了《抓住农村中小学标准化建设契机，加快城乡教育一体化进程，促进城乡教育均衡发展》的政务通报，提出了今后中乐教育发展的六大目标，其中就特别提到"城乡中小学、幼儿园同类学校教师的文化、业务水平大致相当，教师待遇基本相同；农村中小学、幼儿园的教育教学质量接近城市同类水平"（中乐县人民政府办公室，2005）。2006 年，中乐县委发布了《关于促进教育均衡保障教育公平的意见》，认为要"加强师资队伍建设，合理配置城乡教师资源，加强农村教师培训，不断提升专业素质，完善城乡互动机制，促进教育资源共享"（中乐县委，2006）。这些政策都强调了实现城乡教育质量均衡的重要性。同时，中乐县也提出了关于校长和教师流动、教师培训等方面的措施，开展了农村教师素质提升工程以及城乡学校之间开展的"手拉手"和帮扶活动。2002 年以来，中乐县一共有 417 名教师取得专科学历，346 名教师取得本科学历，农村 74% 的小学教师和 43% 的初中教师分别达到专科和本科学历（中乐县史志办公室，2007）。同时，2004~2006 年，中乐县城区 4 所学校先后派出名师、骨干教师 69 人次，对口支援了 16 所农村中小学校；确定了 20 所学校与瑞联区等中心市区学校结对子，其余学校按照"城镇拉乡镇"原则在县内结成对子；选派 3 名小学领导到乾口市瑞联区学校挂职锻炼，实行全县中小学校长定期交流制度，4 年来交流人数近 30 人（中乐县史志办公室，2007）。同时，中乐县教育局也相继出台了诸如特色发展和素质教育的相关政策和规定，提出以实施高质量"普九"为重点的"素质教育""高素质教师队伍建设"等八大工程。

然而，在这一时期，中乐县教育的工作重心并不在于此，虽然建立诸如特色学校建设、学校结对、城乡校长和教师定期交流制度、农村教师专业提升工程、城乡学校教师结对和帮扶等制度，但大多数项目并没有得到真正的实施，基本上只是停留在教育行政部门和学校宣传层面上。红花学校的校长卢鸿飞认为：

> 那时候教育局也会要求我们学校教师到乾口市交流，有的时候也会让我们派教师去县城啊，但是我们的积极性有限。当然不只是我们学校这样，其他学校都和我们一样，反正上面也不会来检查这些东西。即使上面来检查，我们只要把表格填好就行了，其他也不需要做什么。还有，刚才你提到的学校结对，我记得当时好像也和一些学校结成对子了，但是平时几乎没有什么来往。

除卢校长之外，笔者还陆续走访了其他学校的校长和教师，大多数人的观点与卢校长基本一致。这也证实了一个事实，除中小学校标准化建设之外，这段时期中乐县其他关于教育质量的一些措施实施状况不是很好，大多还处于计划或者政策设计之中。

(三) 如何理解城乡教育一体化

在国家、省、市以及中乐县的各项政策中都能看到关于缩小城乡教育质量差距的举措，如教师交流、特色学校发展、教学改革等。2006 年，中乐县委发布的《关于促进教育均衡保障教育公平的意见》中就提到了"按照省、市的相关要求，进一步完善中小学教师、校长定期交流轮换制度，制定教师人才流动的合理办法。在同一学校、任职满 9 年以上的中小学校长原则上进行交流"。然而，与如火如荼的中小学校标准化建设相比，城乡在教育质量上却仍然存在着较大的差距。

为此，笔者走访了教育局一位当时在任的吴姓领导，想通过当事人深入了解当时城乡教育一体化实施的情况。吴主任现年 55 岁，曾任中乐县黄桥高中（已被撤并）教师、校长，中乐县教育局副局长，并在 2006 年担任中乐县教育局督导室主任。由于年龄的限制，2008 年以后他就不再担任重要的领导职位，虽然名义上还是中乐县教育巡视员，实际上早就退居二线，在教育局基础教育科帮忙。由于办公室相距不远，平时经常相互到对方办公室聊天，因此笔者与他之间很快就没有了隔阂，对于笔者的访谈请求他也毫不犹豫地答应了。在一个星期二的下午，我们在他的办公室开始了一个小时的访谈。值得一提的是，由于平时的非正式沟通较多，谈论的话题也自然少不了城乡教育发展的主题，因此下面呈现的内容并不仅限于单次正式的访谈，而是结合了平时通过他获得的诸多信息。综合而言，吴主任的观点主要包括以下三个方面。

首先，作为空中楼阁的"一体化"。作为前任县教育局的负责人，吴主任对城乡教育一体化的体会让笔者有些诧异。"你为何要研究（城乡）教育一体化呢？我对你研究的这个东西表示担忧！"然后，他递给笔者一份文件，是 2005 年中乐县主管教育的副县长李仙霞做的《抓住农村中小学标准化建设契机，加快城乡教育一体化进程，促进城乡教育均衡发展》的政务通报，其中对"什么是城乡教育一体化"做了较为详细的解读，认为"城乡教育一体化不仅是学校房舍楼宇建设、仪器设备配套的标准化，更是师资队伍、学校管理等运行机制的一体化、科学化，应该打破学校围墙，打破各类教育自我封闭的办学格局，建立高中、初中、小学和幼儿园沟通的平台和机制，实现各类教育的默契配合和有效对接，实现教育资源共享、优势互补、共同发展，变封闭办学为开放办学，变独立办学为联合办学。本着合作、交流、共享、发展的原则，在高中、初中、小学和幼儿园之间，在学校社会之间架起立交桥，建立起纵向衔接、横向沟通的新型教育办学模式，形成合力，共同培养具有创新精神和实践能力的高素质人才"（中乐县人民政府办公室，2005）。通过平时对他的了解，在他眼里的城乡教育一体化与政策中的定义基本一致，这说明他对于城乡教育一体化的要求、措施和目标还是熟悉的。然而，他认为城乡教育一体化的前景并不明朗：

> 当前城乡教育能够实现一体化吗？我看会遇到很多困难，我在任的时候更难！城乡教育均衡政策的提出，不仅有利于提升农村教育发展水平，也有利于和谐社会的建设。另外，提出这么一个新颖的词儿，也是民意所向，就如同今天的"办人民满意的教育"一样，教育得让人民大众满意。然而，城乡教育一体化真正做到什么程度、如何做的、怎么才算是一体化？这就很难说了。

在吴主任看来，城乡教育一体化可能只是一个永远实现不了的"空中楼阁"。

其次，一种"整体观"意义上的教育质量。在吴主任看来，中乐县一向都关心教育质量：

> 我们自始至终都十分重视教育质量，我相信这是任何地方都很难忽视的一块，如果你教育质量上不去，搞得一塌糊涂，就很难从上级领导那里获得足够的支持。中乐县在 2000 年前后曾经有过几次考试成绩排在乾口市前列，顿时让其他地区对我们刮目相看，这是非常难得的。

而且，对于自己参与创造的这段光荣的历史，吴主任相当自豪且对于当时的细节有着清晰的记忆："2003 年我们县实现普及高中教育，2004 年高中入学率为 93.4%，2005 年是 94.1%，当年排到全省第二名，在 2006 年的时候这个比率已经全省第一。"由此看来，做出"教育质量不是重心"的论断是需要附加解释说明的。历年来中乐县不是不关心教育质量，历届教育局领导和各学校校长都把它作为工作的重心来对待，直到现在仍是如此。只是彼时的教育质量只是一种单纯关注学习成绩、升学率的传统质量观，在今日看来这种观念还与学生的道德品质、身体健康、价值观念、行为能力等综合素质有关。更为重要的是，教育局需求的是一种总数意义上的教育质量，即只要每年学生成绩在市级排名中取得较好的名次，哪怕所有的优秀学生都集中在一所学校也无所谓。因此，在当时，城乡学校教育质量的均衡与否，与整个乾口市的排名关系不大。

最后，"动"与"静"的原因解释。对于标准化建设与其他制度的"动"与"静"，吴主任有着如下的解释：

> 在乾口市刚刚提出城乡统筹目标的时候，我们县学校的基本硬件设施都很差，很多学校还有危房，我们几个（教育局领导）整天都在想方设法地向上面要钱，希望多拨付点经费，能够把学校房子建得好一些。果然，在 2004 年的时候乾口市就开始标准化了，由于我们是经济发展水平比较穷的第三等级县，因此学校标准化建设需要的经费都是市上拨付的。至于特色发展、素质教育、教师交流这些东西在当时看起来更像是一种奢侈品，当时就是听到乾口市和其他地区提出这些名词，比较有新意。而且上级领导召开会议或者下来检查的时候也会经常提及这些东西，所以我们就提出来了，不管做还是不做、搞懂没搞懂，先提出来再说。如果要真正踏实去做这些事情，就必须耗费学校太多的精力，这就势必会对学校教育质量造成不好的影响，学校会有抵触。而且学校当时也没有这个条件，现在都有特色学校这些内容的培训，网上百度里这些内容也多，但当时学校电脑少，老师都很少接触到这个东西，根本不熟悉。

在吴主任看来，该时期之所以出现"动"与"静"的现象并非偶然，它是在经费、难易程度、利益、各方关系等诸多方面共同影响下的结果，如果不是身在其中，一般人很难察觉其中的奥妙。

第四章　城乡教育一体化

2005 年，作为一项新制度，城乡教育统筹发展在中乐县已经走过了8 年的路程，其间既经历了如火如荼的中小学校标准化建设，城乡学校的基础设施焕然一新，又有着相对安静的、促进城乡教育质量均衡的各项举措，"动中有静"也基本上成了该阶段中乐县城乡教育发展的独特图景。

2008 年 7 月，在中乐县政府的委派下，教育局迎来了一位新的教育局局长——余志。经过一段时期的调研和思考，他提出了中乐县教育"高质均衡"的发展目标，确定了未来较长一段时期内中乐教育发展的价值取向。高质均衡不仅关注城乡教育在硬件上的均衡（2008 年之后继续开展"中小学校标准化建设提升工程"就是一个例证），更重要的是他提出了城乡学校在教育质量上的均衡，与前一阶段相比，高质均衡意味着城乡教育一体化开始走向深化发展。依照笔者调研时中乐教育的发展情形而言，余局长的出现成了后来中乐县城乡教育发展的重要转折，开启了中乐县城乡教育一个新的发展阶段。

一　高质均衡

事实上，农村教育城镇化（胡俊生、司晓宏，2009）有着较为广泛的市场，很多地方和一些学者也支持这样的行为。对于选择高质均衡的原因，余局长曾有过一段这样的解释：

> 在 2008 年的时候，中乐县在硬件设施建设上已经很好地满足了正常的教育教学需要，我们已经实现了县域内硬件上的均衡发展。然而，当时中乐县城乡学校在教育质量上仍然存在着明显的差距，择校

现象十分突出，面对新的教育形势所展现出来的机遇和挑战，我们提出了高质均衡的发展战略，希望通过几年的努力，实现中乐县域内各学校在软件和硬件上整体的教育均衡。

那么，此处余局长提出的"教育形势"究竟是什么呢？中国的"教育均衡"具体又包括哪些？本书将依据现场观察和相关文献资料在下面介绍。

（一）中乐教育路在何方

余局长在来到教育局之后，他就着力思考中乐县"区域教育发展和改革应该向何处走"的问题，经过几年的不断探索和积极思考，中乐教育确立了高质均衡的发展目标，先后树立了"自然、绿色、开放"和"现代乡村教育"的发展理念。在余局长看来，硬件均衡只是一个初始的阶段，仅有一部分孩子享受优质资源不是真正的均衡，只有实现城乡教育高质均衡的发展目标才是教育发展的意义所在。这让笔者想起了柏拉图在《理想国》中的一段话：我们的立法不是为城邦任何一个阶级的特殊幸福，而是为了造成全国作为一个整体的幸福。它运用说服或强制，使全体公民彼此协调和谐，让大家分享各自能向集体提供的利益。而它在城邦里造就这样的人，其目的就在于让他们不致各行其是，把他们团结成一个不可分的城邦公民集体（柏拉图，2011：520）。余局长的优质均衡理念，也像在追求建立一个这样的理想国。回顾对中乐县教育发展方向定位的各种探索，余局长坦言："比较艰难，经历了很多次的修正、再修正，这是一次耗费心力的艰难苦旅。"

最开始的时候，人们从中乐县悠久的历史文化中去寻找资源。在中乐县漫长的历史长河中，曾经出现过很多值得称道的历史文化遗产，无论是名人贤哲还是宗教文化，无论是特色饮食还是民俗民风，都给如今的中乐留下了丰厚的精神和文化遗产。中乐的教育人士深深地了解它们对于教育的重要意义，很多学校校园仍然能够轻易找到这些历史的痕迹。在历代人物中，最为当地人津津乐道的当数宋代的一代鸿儒魏阳天和抗日名将李保峰，前者在当时创办了延续几百年的水寨书院，汇集了一代代学人前来拜师求学；后者作为国民党将领，在国家民族危急存亡之秋，成为奋勇杀敌最终以身殉国的英雄。这两位是中乐历史上两颗最为璀璨的明珠，为了纪念他们在各自领域做出的突出贡献，政府已经把他们的雕像竖立在位于中乐县城繁华地带的世纪广场上，以供后人瞻仰。同样，他们给中乐教育提供了可资借鉴的思想资源。如今的中乐中学所在地就是水寨书院的遗址，迄今还保留着水寨书院的基本格局，当年书院提倡的"博学、审问、慎思、明辨、笃行"的治学准则早已经成为中乐中学的校训，一直在影响如今的教师和学生。在黄桥学校里，李保峰的雕塑赫然而立，旁边是一块石碑，仿佛一直在向每一位学生诉说着当年硝烟战场上奋勇杀敌的豪迈。前文曾提到巽文化具有兼容性强的特征，在此就集中反映在本地区对历史文化传统的吸收和借鉴。无论是从后来在县域范围提出的建立"现代乡村教育"目标，还是从诸如中乐中学特色学校建设中对魏阳天著述的接纳和吸收，都可以看出中乐县文化传统对于教育发展决策者的影响。

当然，如今中乐县的社会资源也是人们思考的一个起点。中乐县特殊的地理环境和气候资源，促成了当地社会物质生产的大力开发，包括茶叶、竹子、郁金香、樱桃、猕猴桃等在内的很多种经济作物，在市场经济的引导下都已经形成了不小的规模。可以这么说，教育的每一步发展都与物质生产有关，社会物质生产的发展为教育的发展提供了基础性条件，又对教育不断提出新的要求，成为推动教育发展的根本性动力（叶澜，1999：121）。就茶业而言，中乐县有着悠久的种茶历史，早在宋元时期该地的茶叶就已经远近闻名。改革开放以后，在政府的大力支持下，中乐的种茶业有着突飞猛进的发展。刚开始，中乐茶农还是以小作坊加工制作茶叶为主，产品一般销往周边的区市县，随着加工技术改进以及大型茶叶企业的不断加盟，现如今中乐县的茶叶已经远销国外。现在茶企正在走"公司＋基地＋农户"的发展道路，公司通过与茶农直接签约订单收购，从茶区收购的茶叶直接进入厂家。中乐县的茶叶主要集中于永兴镇，茶叶的种植和销售给学校教育也带来了特色发展依靠的资源，同时学校教育"四位一体"的管理模式也为当地茶农和企业提供了智力支持。在永兴学校"茶教育"的引领下，其他学校"竹子教育""樱桃教育"等也逐渐形成一定的规模，特色学校发展正在成为中乐教育发展的共识。

此外，上级政府和教育行政部门是思考的着力点。在与余局长接触的时候，发现他对近几年的教育政策比较熟悉，尤其是对于乾口市的教育政策和相关规定了如指掌。乾口市早在 2007 年就提出了高质量均衡的要求，在《乾口市人民政府关于印发乾口市教育事业发展第十一个五年规划的通知》中，重点强调了推进城乡教育一体化的重要性，坚持高质量均衡的发展目标："推进城乡教育一体化，坚持以人为本，优化教育结构，促进城乡教育高质量均衡发展，满足人民群众不断增长的对高质量教育的需求，促进人的全面发展，推动和谐乾口建设。"（乾口市政府，2007）与此同时，乾口市还相继出台了《乾口市城乡学校（幼儿园）互动发展联盟工作方案》《乾口市教育局关于推进名校集团发展的意见》等文件，其中都有对城乡教育一体化以及高质量教育均衡的强调，这些内容无疑对局长的影响非常大，也给中乐县教育未来的发展方向确定了思路。另外，乾口市政府领导的讲话、报告、指示对余局长也产生了重要影响，例如中乐县教育局一份非常重要的文件中就记述着乾口市副市长关于城乡教育一体化发展所说的一段话：

> 中乐县在上个世纪初叶所开的课程以及学校的管理有诸多是值得我们今天学习、借鉴的，我们从来不是一无是处，我们有丰富的财富，关键在于我们有没有眼光、能力去学习。当然还有诸多其他方面的东西，所以我一直说一定要小心呵护我们的乡村教育，特别像中乐这种地方有很多元素是乾口正在失去或已经失去的东西，关键是要冷静、睿智地思考，包括教育这样的很多东西需要我们学习。①

在与余局长接触的过程中，也多次听到他对这些讲话的复述和强调。

现实中，中乐县的教育历史发展也往往并不是线性的，而是呈现非线性、突变性的特征，除以上提及的三种因素之外，当然还有着其他影响因素的存在，例如不同的社会发展特征和教育发展形势、不同的教育局局长具有的相异的管理风格和思路。一个地方的发展往往不是线性的，原因包括：发展阶段不同，任务也不同；上级领导发展思路一旦变化，县里发展思路也要跟着变；现任领导对前任的中心任务的各种弊端洞若观火，一旦接任往往另起蓝图；发展思路不同才能彰显政绩（冯军旗，2010）。然而，

---

① 来自乾口市副市长发言。

与上面的历史文化以及本地当前的资源相比，乾口市的教育政策以及相关的制度决定了中乐县教育制度的产生，中乐县提出高质均衡发展目标，主要来自上级政府和教育行政部门，它们对中乐教育的发展定位有着决定性的作用。而且，对教育局工作思路影响最大的政府并非教育部和省级政府，而是市级政府、教育行政部门以及县级政府，其中又以市级教育行政部门为主，这个从余志局长每次开会时经常提及市教育局局长的思路可以看出。

（二）到底什么是高质均衡

毋庸置疑，中乐人已经认识到历史和现实资源以及国家教育政策对于本地教育的影响，然而这些资源都是比较散的，没有一定的逻辑，如何用一套话语把它们串联为一个具有一定理论水平的体系，成为教育局领导者新的思考点。

余局长认为："有了很多珍珠，但是没有体系，我们需要的就是把它们串成一串美丽的项链。我深知依靠自己的力量是解决不了这些东西的，于是我主动邀请了省教科院的相关教育专家作为我们县的发展顾问，他们的到来为我们解决了很多理论和理念性的问题。"经过与这些教育专家多次交流和研讨，中乐县最终形成了未来较长一段时期内高质均衡发展的目标。对于"什么是高质均衡"的问题，他们在相互分享不同意见的基础上也基本达成了共识，认为教育均衡发展既是一种发展目标，又是一种教育发展过程；既是教育发展的目的，又是一种促进教育发展的途径。这一目标，既有发展水平目标含义，即在经历普及义务教育的低水平均衡和追求以教育资源合理均衡配置为目的的初级均衡的两个阶段基础上，实现以深化学校教育改革、加强学校教育内部建设、追求教育质量均等、办出学校特色、让每个学生最大限度地发挥自己的特长和学习潜能为特征的高级均衡阶段，又包含发展技术目标，即探索建立立体式发展与多维度开放的中乐现代乡村教育工作体系和发展模式，整体提升"现代乡村教育"发展品质和区位影响力，创建中乐现代乡村教育品牌，为促进西部农村教育又好又快发展提供典型经验与借鉴模式。

为了实现高质均衡的发展目标，需要设计出符合中乐教育实际的顶层设计，余局长对当时的思考还记忆犹新：

我之前是读工商管理专业的，我坚定地认为要把企业管理思想作为教育工作的指导。我们在具体实施的过程中发现了顶层设计不够的弊端，因此要在教育理念上进行再提升，值得一提的是，"现代乡村教育"的理念提出不久，乾口市就提出了"现代城市"的建设。在提出"现代乡村教育"之后，发现包括的内容比较空，于是就提出了自然绿色开放的理念、特色发展、发展校长论坛。

2009年前后，中乐教育提出了"自然、绿色、开放"的教育发展理念。在他们看来，自然就是尊重孩子的天性，尊重成长的规律，以学生为本，就近取材，因势利导；绿色就是倡导高效课堂，减负增效，要求各校尊重教育规律和学生身心发展规律，关注学生身心健康发展，促进学生全面而有个性地发展，从而实现学生健康成长；开放则要求学校教育要搭建多种互动平台，建立"学校－家庭－社区－企业"四位一体的育人模式、独具特色的家校互动形态、与乾口市瑞联区的区域间教育互动以及与境外学校建立国际合作关系。后来，中乐教育又在多方研讨的背景下提出"现代乡村教育"，包括自然品质、书院传统、开放情怀、创新精神等内容，体现着实现培养现代人以及区域教育高质均衡发展的目标。尽管在发展理念上，中乐教育还在以上两种教育理念左右摇摆，系统而精确的教育理念仍然有些模糊不清，然而可以确定的是，基于自然、绿色、开放、现代以及创新等特质的高质均衡早已成为中乐教育毫不动摇的发展目标。

二　靠什么实现高质均衡

基于确定的发展目标和理念，中乐教育开启了教师专业发展、教学改革、特色学校发展以及校际互动等多项行动。然而，在余局长看来，坚持采用"头羊工程"（也被他们形象地称为"牛鼻子工程"）才是盘活全局的关键：

2009年是我来到中乐教育局的第一年，我决定所有的工作问题我都不在公共场合讲，我在校长和教师面前只说亮点。这样做不仅能够激励他们，而且只要把亮点做好了，常规自然就好了；如果只做常规，那么亮点也就自然没有希望，一言以概之，亮点和常规是纲与目的关系，所以，我们在工作中就要抓重点。

2009 年，在建立中乐教育高质均衡的目标指引下，教育局立足全县教育实际提出了"555"行动计划①，具体包括 5 大举措、5 项工程和 5 个保障。

（一）"555"行动计划

1.5 大举措

（1）科学整合资源，优化校点布局，促进区域均衡。按照"幼儿园就近、初中进镇、高中进城"的原则，全面统筹规划、合理调整、科学布局城乡中小学、幼儿园。不断缩小学校间在硬件建设中的差距，加快农村寄宿制学校建设，统筹改善特殊教育学校办学条件。

（2）加强基础建设，建立信息网络，实现资源共享。实施中小学校舍安全工程，完成中小学校舍重建，扎实推进一流普通高中硬件建设，进一步改善学校办学条件。用两年的时间完成教育信息化工程，健全现代化基础网络和数据系统，实现市县网络的畅通连接。积极启动幼儿园标准化建设，全面提升农村幼儿园办园水平和质量，实现优质学前教育资源"全覆盖"。加强早期教育中心建设，建立面向 0~5 岁儿童的早期教育指导站。

（3）创新评估机制，深化教学改革，推动质量提升。坚持德育为先，重点实施青少年道德素质提升、教学质量提升、健康素质提升、科学素质提升、审美素质提升和特色办学六大工程。逐步推进中小学小班化教学试点，建立适应教育现代化的教师班级配备标准，建立小班化课堂教学模式、教学评价和质量监测三大体系，大面积促进"高效课堂"。大力开展"主题研讨月"活动，围绕内涵发展、质量管理、教育教学研究等方面进行深入探讨和碰撞，引领学校聚焦课堂、聚焦质量、聚焦发展。

（4）实施联盟发展，打造特色办学，树立学校品牌。以优质学校

---

① 以下关于"555"工程的信息主要源于中乐县教育局内部资料《中乐县积极实施"555"行动计划，全面推进教育现代化》。

（园）为龙头，在幼儿教育、义务教育、高中教育段组建八大教育联盟，并在联盟之间构建"中乐中学－中乐中学实验学校－实验外国语小学－西街幼儿园"和"红花中学－红花初中－东街小学－东街幼儿园"两大对接体系，实现县域内从幼儿到高中的流畅衔接，构建新型教育发展格局。积极深化中联教育互动，将县内部分学校分别并入乾口名校集团，成就高品位、高品质的学校教育。按照"优势项目—学校特色—特色学校—品牌学校"的发展轨迹，围绕"魂、形、神"三个主题，对部分具有一定基础的学校进行全方位打造，整体化构建，发挥其"头羊效应"，带动全县学校特色发展。

（5）推进职教攻坚，健全社区教育，服务经济社会。大力推进职教攻坚行动，重点打造机电、服装和印务等专业，完善服装专业公共实习实训基地建设。力争用两年的时间，建成省级示范性县级职教中心和国家级示范性职业学校。加强民族团结教育，做好藏区"9＋3"学生教育管理工作。依托学校资源，建成社区教育学校和社区教育工作站，健全社区教育网络，实现社区教育资源辐射"满覆盖"。

2.5 项工程

（1）品牌学校建设工程。采用"导师制"跟踪服务指导，对首选 5 所学校在教育理念、内部管理、办学模式、教学手段、校本课程、师资培训、校园环境等方面进行全方位打造，大力开展多形式、多角度的系列宣传和学术活动，将学校打造成为在全市乃至全省具有一定影响和美誉度的学校，引领全县学校办学品质的整体提升。

（2）知名校长工程。对全县中小学校长及园长进行全面评估，选出有远见、有胆识、有高效执行力的校长，分批次、一对一地培养10位知名校长，进而发挥"领头羊"效应，逐步带动区域其他学校的发展，促进区域教育资源的优化配置。

（3）骨干教师工程。广泛开展教学观摩、案例研究、互动交流、论文写作等多种形式的活动，提高教师现代教育教学理论水平和实践能力，不断丰富教学艺术，逐步形成个性化教学风格。建设省、市、县、校四级骨干教师梯队，定期举办骨干教师专业发展论坛和骨干教师讲学活动，建立骨干教师工作室，引领全县教师素质整体提升，力争培养出 120 名骨干教师。

（4）骨干班主任工程。积极创新培训形式，广泛开展多角度、多层次的实地考察、现场观摩、经验交流、案例展示、心得体会、论文写作等多种形式的活动，用先进的思想和理念培养骨干班主任的工作艺术，定期开展骨干班主任工作论坛，建立骨干班主任工作联盟，促进全县班主任素质整体提升，力争培养出120名骨干班主任。

（5）特长学生工程。结合学生个性特点，制订学生个人成长计划，开展学生个性化教育。进一步丰富学生课外文化生活，积极搭建多种成长活动平台，挖掘学生个人兴趣和爱好，充分展示学生的特长和优势，促进每个学生健康、活泼、个性化成长。

3.5 个保障

（1）组织保障。成立县教育现代化发展规划实施领导小组，负责规划组织的领导工作。领导小组下设办公室，办公室设在督导室，负责具体的督查视导和评估工作。

（2）宣传保障。创新宣传思路，抓住宣传时机，增强新闻策划意识，建立多渠道的宣传平台，适时接受国家、部、省、市领导的视察、调研，以及国家省市主流媒体采访、报道中乐教育，全面展现全县教育在推进城乡统筹、推进教育现代化建设、服务社会等方面的重要举措和显著成效，努力以工作的亮点、特色和成效赢得多方支持。

（3）技术保障。邀请省教育学会教育发展中心加盟，联合成立专门的教育发展指导委员会，为校长、教师培训和学校发展提供定人、定时、定点指导。聘请教育专家团队，实施蹲点、追踪指导或一对一定点指导，为学校发展提供学术和智力资源。

（4）评价保障。认真研究制订县域条件下涵盖学校特色发展、教育均衡和资源共享、校长队伍和骨干教师素质提升、校长工作评价改革、教育现代化等项目的评估方案，对规划内容进行专项考核，重视过程性评价，扎实推进各项工作取得实效。

（5）经费保障。建立教育现代化发展后勤保障机制，将教育现代化建设列入每年年初预算。加大对上争取力度，多渠道筹集专项资金，根据各项工作开展进度及完成情况，确保资金到位力度并合理、有效使用，充分发挥资金使用效益。

在整个过程中，中乐县非常重视不同层次和类型的互动和交流，并称之为"高端对接"。实施高端对接,对办学行为进行先进理念引领,是县教育局班子在推进统筹城乡教育发展中的一项重要举措,为此,他们开发了很多种途径。刚开始的时候,县教育局邀请省教育学会专家组多次深入中乐县各学校进行调研,开展教育专题讲座,参加中乐教育发展研讨会。同时中乐县还相继组织全县各学校中层以上干部、部分班主任教师参加省市高端培训和各类教育发展研讨会,组织部分校长到北京师范大学、华东师范大学等高校进行有针对性的专业培训。另外,中乐县教育局班子还经常深入全县各学校调研,与各学校中层以上干部、教师、学生及家长代表进行座谈,开展问卷调查和"我为中乐教育发展建言献策"活动,致力于摸清中小学的实际状况。

(二) 农村基础教育改革试验区

基于中乐教育在过往几年内已经取得的成就,经过多方协调,教育部教育发展研究中心与中乐县政府筹措建立全国首个"农村基础教育改革试验区"。2012年4月,双方在中乐县举办正式的签约仪式,签订《教育部教育发展研究中心与乾口市中乐县教育局共建农村基础教育发展改革试验区合作协议》,这意味着中乐教育开启了一个新的发展阶段。

随后,中乐县教育局相继出台了《关于农村基础教育改革试验区建设的实施方案》《关于推进农村基础教育改革试验区建设工作的指导意见》等相关规章制度,以保障试验区建设的顺利进行。在合作协议中,双方计划在8个领域中进行合作建设(中乐县教育局,2012)。

第一,科学鉴定评价。多维度、多视角地对"中乐乡村教育"成长道路进行客观分析,从宏观与微观两方面揭示"中乐现象"的典型特征,系统地总结区域教育协调发展和学校教育特色发展经验,提炼概括"三圈区域、一圈教育"的理论内涵和推广价值,努力实现中乐教育的科学判断、理性思考和发展提升。

第二,创新素质教育发展机制。按照"整体推进、分步实施、重点突破、全面提升"的工作思路,在规范和创新的基础上,进一步深化高效课堂的研究与实践,形成具有中乐特色的高效课堂教学和管理模式。同时,大力实施素质教育提升5大工程,促进学生全面发展,提高育人品质。

第三,建立特色课程体系。建立优秀课程文化指标体系和优秀课程文化评审制度，指导学校立足学生个性发展和学校特色发展目标，建设特色校本课程，构建多样化的文化活动载体，创建优质的育人环境，树立区域特色课程文化品牌。

第四，优化师资队伍建设。开展学校教师发展水平调研，以提升教师学历、骨干教师和名优教师比例为中心，明确量化学校教师素质提升目标，制订教师队伍建设规划，逐步提升城乡学校骨干教师、名优教师比例。

第五，创建特色办学品牌。按照"错位发展、差异取胜"的工作思路，探索办学理念和人文精神和谐统一、学生成长与教师发展相得益彰、质量提升与社会发展互促共进的特色办学路径，围绕"魂、形、神"三个主题，创建主题突出、内容丰富、特色鲜明的校园文化，打造一批办学特色学校，形成"一校一景、一校一品"、百花齐放的办学格局。

第六，形成丰富的教育资源。完善"学校＋家庭＋企业＋社区"四位一体办学模式，全面梳理、充分挖掘符合现代教育发展需求，有利于现代教育发展的传统文化资源、自然资源、产业资源、家庭资源等，以促进学生全面发展、学校特色发展、教育品质提升为目标，进行科学整合与创建提升，构建内涵丰富、结构完善的现代乡村教育资源体系。

第七，完善现代办学制度。围绕"构建政府主导、校本管理、社区参与的现代学校教育治理体制和机制"总目标，优化学校管理结构，不断提升办学水平。通过引导、督导、监测与评估等，推进学校管理体制改革，优化学校内部治理结构，初步建立起民主科学、公开透明的学校治理机制。

第八，健全教育评价体系。一是以"学生发展""减负增效""知行合一"为重点，建立健全学校、学生、教师评价体系；以"核心竞争力"为重点，建立特色学校评价体系；以"优质均衡"为重点，逐步探索建立科学的区域教育评价体系，推进城乡教育优质均衡发展。

为了保障以上8项内容能够得到执行，中乐县教育局还构建了一系列保障制度（中乐县教育局，2012），成立了专门的项目实施机构。要求教育局各科室、中小学幼儿园及直属教育机构，把项目建设工作作为专项课题研究，设立总课题和子课题，分别成立相应的课题研究领导小组和子课题研究小组，把学校德育、教学及队伍建设等中心工作作为核心内容纳入课题研究范畴。同时，还明确了学校各职能部门的职责，相关职能部门的负责人要作为子课题研究的第一责任人，把课题研究作为推动部门工作的载体，实现部门工作与研训工作的一体化开展。另外，还建立和完善了灵活规范的工作机制。教育局各科室、中小学幼儿园及直属教育机构根据试验区建设工作的性质和总体要求，建立和完善项目推进的工作例会、专题研究、成果提炼、情况简报等工作机制。同时，建立和健全项目实施督导考核机制。各牵头科室建立项目实施督导考核机制，按照"过程考核与结果考核"相结合的原则，定期与不定期加强对项目试点学校的指导、评估与考核工作，并把考核结果纳入学校年终考核体系中；各中小学幼儿园建立和完善学校项目建设激励机制，加强对各子课题研究工作的引领、指导、评价和考核，最大限度地体现广大干部教师参与试验区建设的主人翁地位，充分发挥广大干部教师参与试验区建设和学校建设的积极性和主动性。

这种被称为"积极过程主义"（邬志辉，2015）的改革试验也取得了一些喜人的成就，在农村教育现代化方面探索出了新的发展方向，并逐渐引起人们的关注。当然，建立"农村基础教育改革试验区"并非当局者的一时兴起，而是与其他地区教育发展方式的辐射、上级教育行政部门的压力、当前我国教育改革发展的形势以及中乐城乡教育的实际状况都有着较为密切的关系。据笔者观察，其中起着决定作用的是其他地区教育发展方式的辐射。

事实上，早在十多年前我国的政策中就有着关于建设试验区的倡议，例如，在 2003 年国务院颁布的《关于进一步加强农村教育工作的决定》中明确提出了农村地区可以尝试进行农村教育改革试验的建议：

> 推进农村教育改革试验，努力探索农村教育改革新路子。各地要在总结改革经验的基础上，进一步解放思想、实事求是、与时俱进，大胆破除束缚农村教育发展的思想观念和体制障碍，在农村办学体制、运行机制、教育结构和教学内容与方法等方面进行改革探索。各省（自治区、直辖市）人民政府都要选择若干个县作为改革试验区；各地（市）、县都要选择 1~2 个乡镇和若干所学校作为改革试验点。

2010 年颁布的《国家中长期教育改革和发展规划纲要（2010—2020

年)》也提出了关于组织实施改革试点的倡议:

> 义务教育均衡发展改革试点。建立城乡一体化义务教育发展机制;实行县(区)域内教师、校长交流制度;实行优质普通高中和优质中等职业学校招生名额合理分配到区域内初中的办法;切实解决区域内义务教育阶段择校问题等。

然而,中乐教育界对这些政策并没有想象中的那么熟悉,很多国家宏观政策在进入县级层面时并没有那么顺利,这些关于"改革试验区"的政策并没有成为影响他们积极筹建"农村基础教育改革试验区"的原因。

2012年之前,我国的一些区市基于各种因素的影响,先后获得了"城乡教育综合改革试验区""教育均衡发展试验区""教育体制改革试点县"等称号,这既凸显着这些地方在以前城乡教育工作取得的突出成就,又意味着在以后的发展中将享受着各级政府在政策、资金以及智力支持上的倾斜。在2009年前后,乾口市曾经获得了"统筹城乡教育综合改革试验区"的称号,这对于包括中乐县在内的乾口市其他区县教育都起着重要的引导意义。正是在这样的背景下,中乐教育才有了成立试验区的动力和决心。

三　如何做好教育局局长

作为一个县的教育局局长,余志对整个县的城乡教育发展方向的把握和制度实施有着重要的影响,基于此,笔者对余局长进行了一次较为正式的访谈,期待获得他在中乐县城乡教育一体化实施过程中的心路历程。

余局长1964年出生于中乐县下辖的一个小乡镇。不足50岁的他看起来没有一丝中年人通常都有的疲惫,反而透露出少见的意气风发,眉宇之间透露出一股英气。余局长早年得志,有着较长时期在多个不同部门从政的经历。1994年刚满30岁的他已经开始担任中乐县克井镇镇长,1995~1997年担任克井镇党委书记,1997~2004年任中乐县精神文明办公室主任,2004~2006年任中乐县目标管理督察办主任,2006~2008年转任县卫生局局长,2008年7月至今任教育局局长。丰富的工作经历给了余局长一般人所不具备的政治智慧和经验,这对他在教育局开展工作的思路和实践有着重要影响。

2012 年 10 月 16 日下午，笔者与办公室主任就与余局长访谈事宜进行了沟通，由于之前已经有过预约，很快余局长就给了肯定的答复。由于平时局长的工作非常繁忙，要与不同层次和不同部门的人打交道，这也是在笔者来之初他嘱咐笔者有工作需要就直接与办公室联系的主要原因。尽管如此，在进入局长办公室之时，还是发现他在会见客人，当笔者第三次进入办公室的时候，局长才把所有的人安排完，笔者看了一下表，此时已经接近下午四点钟。余局长的办公室较为宽敞，正对门口摆放着一张长长的办公桌，旁边是一个高大的书柜，紧挨着门口放着几个宽大的黑色皮沙发和一张茶几，在沙发的对面墙壁上挂着一幅毛笔字画，望眼过去字里行间苍劲有力，后来才知道这些字画为局长亲笔所作。尽管平时和局长在一起的机会也不少，但是大多是在工作餐的时候，从来没有这样单独面对面并针对具体问题进行交流的机会。

一开始，笔者把自己这次谈话的目的简要叙述了一下，并对余局接受访谈表示了感谢，随后迅速地进入了谈话的主题。当时笔者把自己的访谈提纲递交给他，他简单看过之后说："我是否可以按照自己的思路来讲，同时也应该都能回答你的问题？"笔者欣然同意，于是，他基本按照自己从来教育局的时间点开始，把自己在教育局五年间的全部历程进行了一个完整回顾，这里主要呈现的是他在城乡教育一体化制度实施过程中在"权力"和"仪式"上的认识和行动。

（一）权力的非正式运作

有一句话经常被余局长在各个场合多次重复，那就是"一流的规划和三流的执行力"不如"三流的规划和一流的执行力"，由此可见规划制订之后的行动在他心中的重要性。为了保障"555"行动计划以及农村基础教育改革试验区建设的顺利实施，教育局局长可以凭借在教育经费、人事管理、基础设施建设等方面的权力制定相关的奖惩制度和考评制度，迫使学校按章办事。然而，这并不能说明人手中有了权力就有了一切，有很多时候权力并不一定能带来成功，当遇到阻碍的时候更不能滥用权力。领导者一旦滥用权力，不但会阻碍组织目标的实现，还会导致人际关系恶化、组织凝聚力下降，最终导致领导者权力的丧失（芮明杰，2005：273）。说到底，领导者掌握手中权力的唯一目的就是建立所期望的行为模式，因此在权力正式运作的基础上，在坚守底线的前提下，整个权力行使过程也存在着变通和非正式运作的空间。

我国学者孙立平和郭于华曾经以华北地区一个镇定购粮的征收为例，指出国家正式权力在实施过程中采取的"软硬兼施"方式。那些乡镇地方官员在行使正式权力之时，不仅仅依靠行政力量的介入，也大量使用了诸如人情、面子、常理等日常生活原则和民间观念，"正式权力的正式和非正式运作"的合作才最终完成了定购粮的征收（孙立平、郭于华，2000）。笔者发现，在中乐县教育局局长身上也反映着正式权力非正式运作的现象，在与教育局工作人员、学校校长和教师以及其他社会部门人员交往过程中，他极少"硬性"地正式使用手中政府赋予的权力，而是往往选择"软性"的方式来解决问题。这正如他所总结的："管理"包括"管"与"理"，我们在工作中既不放弃硬性的"管"，更要重视软性的"理"，从根本上讲，"理"才是"管理"的核心所在。

1. 留给教师的"家庭作业"

来到教育局之初，余局长为中乐县所有教育系统的人员布置了一篇"作业"，那就是要求每位教师和学校管理者都要给余局长写封信，主要是陈述当前中乐教育存在的主要问题以及对其进行建言献策，然后以匿名的方式送到余局长办公室。当时收集上来了大概有一千封，余局长是一封一封地都仔细看过的，看过之后感慨万千，余局长和笔者分享了他的几点感受。首先，通过这次"作业"，余局长对当时教育中存在的各种问题有了一定程度的了解。很多教师虽然写得不多，一般也就几百个字，但是由于是匿名的形式，很多信件都是针砭时弊，直指教育问题的症结所在，余局长相信那里面的文字是他们内心真实想法的表达。对于这类信件，余局长感到十分欣慰和感动，这代表他们对中乐教育还抱着极大的希望，也意味着他们渴望余局长能够在任期内有所作为，一改当时教育系统内外存在的颓废。其次，也有些人对余局长的能力提出了质疑。中乐教育曾经取得过瞩目的成就，然而这些过往的辉煌成为余局长工作的最大压力，很多人都认为余局长的工作将很难超过前任。另外，余局长并没有在教育部门工作的经历，这也引起一部分人的不信任，很多人并不看好，"从来没有从事过教育，连讲台都没有登过，他懂什么""看他怎么扑腾吧，能够坚持多久"，如此等等，各种各样的攻击性语言让余局长感受到了前所未有的压力，同时也让自己暗下决心：一定要带领中乐教育走出泥潭。

有些时候他为了激励学校教师积极思考问题，也会给他们布置"家庭作业"。有一次在中乐中学实验学校的全体教师会议上，余局长和教师们一起进行了工作谈话，当谈到该学校幸福教育特色建设的时候，余局长就抛给了全体教师几个问题让他们思考：幸福教育是什么？幸福教育的成果有哪些？幸福教育需要怎么完善和提升？余局长深知这三个问题从课程到管理、文化等方面，体现着幸福教育的系统性、完整性和深刻性。当然，余局长也知道他们回答不上来，但是只要促使他们不断地想问题，不断地为学校教育的变革发散思维，这样就达到了提这些问题的目的了。

2. 突访红花中学

来到教育局不久，在一天早上五点钟，余局长带领教育局中层以上的所有干部突访红花中学。由于之前没有任何通知，红花中学所有师生对于领导的到访甚为惊奇，不知来意为何，一度手足无措。余局长告诉他们，就按照平时的正常教学秩序来安排，该怎么做就怎么做，该做什么就做什么。教育局领导在校长的陪同下相继参与了学生早操、早自习、打扫卫生、早餐、早读，与一些师生进行了随机性的交流，询问他们学习、生活中的基本情况，尤其是与所有师生在一起用餐交谈的情景迄今让很多人记忆犹新。

余局长认为这件事情至少能够实现两个目的。其一，真正体现了教育局重视教育、与师生共同促进教育发展的雄心和良苦用心。在此之前，一个县的教育局领导极少能够来到农村学校，因此也造成了行政部门的领导看不到学校的真实情况和现实困境。现在教育局就是要让这些学校明白，教育局不仅不会放弃他们，还会在资金投入、教师配置等方面对他们倾斜。其二，常规管理常态化。从当时红花中学校长的眼神中余局长读到了惊讶和慌张，这是为什么？因为之前所有的上级检查学校都是可以提前准备的，有时间把平时没有做好的常规工作在检查当日做好，等领导离开之后，他们就长舒一口气，有些工作也就懒得做了。这并非现代教育所需要的正常现象，教育局的目的就是引导所有学校实现"有无领导来都是一个样"的目标。

3. "舍身"救教师

2009 年夏天的一个下午，一场厄运与克井学校的一位姓李的普通教师不期而遇，李老师骑着摩托车载着妻子和孩子在回家的途中，在一个拐弯处与一辆小型客车发生了严重碰撞，整个现场惨不忍睹，妻子当场死亡，李老师和儿子也受了重伤。最后，李老师在医院躺了将近半年才逐渐康复，看着病床上有可能终身残疾的儿子，想起自己心爱的妻子，李老师感觉整个天都塌了下来，自己被这样的惨剧打击得心灰意冷，再也无力来扛起生活的重担。

福无双至，祸不单行，更令人难以想象的是，按照当时交警的勘测结果判断，该教师对交通事故应该承担主要责任，依照相关法律还被送到中乐县司法部门依法进行了判决。结果很快就下来了，这名教师不仅要偿付数额不菲的罚款和医疗费，而且还被处以一定时间的刑事拘留。按照教育法律的规定，这样的教师也将被学校开除，一系列的重创和打击让这位尚在伤病中的父亲感受到了被全世界抛弃的孤独。用余局长的话来说："这样的判罚就是把这位教师从悬崖边上推了一把！这样判罚虽然合法，但是不合情啊！如果这个李老师被关押在监狱的话，他的儿子怎么办？他的家庭怎么办？这个家不是就彻底零散了吗？"

余局长觉得自己必须要做一些事情。于是，他动用自己的各种私人关系，尝试在法律允许前提下减轻对这位教师的惩罚。经过将近一个多月的多次沟通，最终发现这名教师的责任并没有之前那么大，对方也应该承担一部分责任。因此，这个案件得以重新审判，并且法院根据新的证据和这位教师存在的客观困难启动了改判程序，这名教师受到了应有的处罚，却也最终留在了教师岗位上。余局长很高兴，他认为这样的行动能换来了一个家庭的新生，是一件非常值得去做的事情。

当然，也有些人对于余局长的"拼命"感到不解："他又不是你的亲人，你干吗这么费劲做这件事啊！你即使对这事置之不理，也没有任何人埋怨你啊！"余局长则不以为然，他认为："教育最根本的就是人，包括教师和学生，要处处为他们着想，为他们的根本利益着想，这是教育与其他部门最大的区别。我这样做虽然费了些工夫，欠了一些人情，也得罪了一些人，但是挽救了一个家庭，还所有学校教师一个希望，我不后悔。"

在与余局长谈话时发现，他之所以能够做出这样的行为，也与他个人的生活经历不无关系。他在不足一岁的时候父母就离婚了，从小跟着母亲一起生活的清苦至今还让他唏嘘不已，无依无靠的日子在他心里留下了深深的印记。那时候，为了维持生计，他的母亲会加工松花蛋来贴补家用，然而当时的社会是不允许这种"资产阶级"活动的，因此在经营的过程中经历了很多的血泪和痛苦，很多时候母子连基本的生活都难以保障。他和母亲的关系非常好，经常母子二人一起做松花蛋，直到自己高考前夜母子还在加班，结果导致他第二天在考场上发挥失常，以2分之差与大学失之交臂，这也成为余局长这一生中最大的遗憾。正是这样的人生经历，让余局长的人性中多了一些怜悯之心，帮助别人不图回报，只是为了抚慰早年无依无靠、艰苦生活的记忆。

经过这次事件之后，余局长让所有教师看到了自己的为人，赢得了所有教师的尊重。尽管没有去刻意地宣传，但是全县几乎所有的教师都把这件事情牢记于心，每当在他们面前提及余局长，教师们几乎毫不例外地都会向笔者讲述这件事情，表达着他们的感激，仿佛那位被"营救"的教师就是自己。

4. 故事会

在工作之后，余局长有了进入大学进修的机会，他选择的专业是工商管理，因此熟知管理学中的经典故事和案例并尝试着在工作中合理运用，与那些枯燥的管理学理论知识相比，鲜活易懂的案例往往能够起到意想不到的激励效果。以下故事是余局长曾经在不同的场合中多次提及的。

（1）"鹰之重生"的故事。鹰是世界上寿命最长的鸟类，它的年龄可达70岁。然而要活那么长的寿命，它在40岁时必须做出一个困难却不得不做的重要决定。处于这个年龄段的鹰的喙会变得又长又弯，几乎碰到胸脯，丧失了往日的锋利；它的爪子也开始逐渐老化，无法有效地捕捉猎物；它的羽毛长得又浓又厚，增加了体重；翅膀也因为老化而变得沉重了很多，在飞翔的时候显得十分吃力。此时的鹰面临着两种选择：要么就这样等死，要么经过一个十分痛苦的更新过程。而后一种选择必须经历150天漫长的痛苦蜕变。为了躲避蜕变过程中其他动物的危害，它必须努力地飞到山顶，在悬崖峭壁上筑巢，并一直停留在那里，不得飞翔。首先，鹰使用它的喙击打周边的岩石，尽管常常是满嘴鲜血，但是仍然咬牙坚持，直到其完全脱落，静静地等待新的喙长出来。其次，鹰会用新长出的喙把爪子上老化的趾甲一根一根拔掉，鲜血一滴滴洒落，这种痛彻心扉的疼痛常常让这些鹰哀鸣不已。然后，它静静地等待新的趾甲长出来，鹰便用新的趾甲把身上老化的羽毛一根一根拔掉，此时的鹰已经用尽了所有的气力，毫无反抗力，剩下的只是漫长的等待。5个月以后，新的羽毛长出来了，鹰重新开始飞翔，重新再度过30年的岁月！教育改革正是如此。如果想要获得新生，那么就必须忍受改革所带来的阵痛，咬牙坚持下去。老鹰重生的故事抛给大家之后，就引起了所有人思考：我们的教育是否需要改革？是苟延残喘还是获得新生？这样就将所有的教育人的积极性调动了起来。而一旦他们真正接受了教育改革的选择，就会保持一种持续的动力和进取心，这个机制的形成所产生的效果要远远超过那些无休止的说教和冰冷的硬制度。

（2）衣柜与衣服的故事。在教育改革和发展中，要有不断否定自己进而提升自己的能力和魄力。这就如同我们的衣柜一样，在衣柜中一般会有很多衣服，里面有经常穿的衣服，也有一些衣服从来不穿，但是衣柜已经非常满了，也不能再装下新买的衣服了，在这个情况下应该怎么办？最好的办法就是先把所有的衣服都拿出去，把衣柜腾空，但是这并不是把它们都扔掉，而是要在这些衣服中挑选出最好的几件衣服拿回到衣柜，剩余的才被扔到垃圾箱里去。这时候，我们的衣柜就有多余的空间了，甚至显得有些空荡荡。众所周知，在生活中人们会在不同的场合、不同的季节穿上得体的衣服，这个需求量是非常大的，而衣柜里的衣服还不满足自己的需求，怎么办？这就需要我们去商店购买一些称心如意的新衣服，然后把它们挂在衣柜里，与之前挑选回去的衣服挂在一起，形成衣柜新的格局。如此这般的话，在生活里就会始终有衣服不够的感觉，也会不断地提高自己的品位和形象。

（3）1℃原理。众所周知，我们在日常烧开水的时候一定要让水达到沸点100℃，如果我们把水从1℃烧到了99℃时放弃了，尽管这期间我们耗用了大量的能量，但是水是不会开的。要让水达到沸点处于沸腾状态，坚持完成最后的1℃是关键。但我们在做事情的时候，往往前面做了大量的工作，耗费了大量的精力，就在最后一步前止步，从而无法达成工作的最佳成效。这就是执行力的"1℃原理"。执行力的深度化，就是要将常规工作做到实处，做出实效，并形成习惯，积淀成文化；执行力的深度化就是创新工作早走一步、多走一步、再走一步，创出特色，创出成果，形成品牌。

5. 无声胜有声

刚来到教育局之时，余局长发现教育局有些部门工作不认真，如果按照正常的思维，教育局局长应该对这些人进行一顿批评，让他们以后不敢再犯此类错误。然而，余局长并没有这么做，对于下属工作的不负责任、疏忽等情况并没有严加斥责，也没有进行罚款等其他形式的惩罚，而是通过在一些事情上的态度表现就达到了无为而治的效果，其中"修改文稿"是笔者印象较为深刻的一次。

有一次，教育局办公室上交了一篇向县政府汇报工作的材料，余局长大致一看发现还是像以前那样的粗糙，材料中错别字、标点符号乱用甚至逻辑顺序非常混乱的问题非常严重，他心里知道这肯定是一篇要挨骂的稿件。然而，这次他没有提出再让科室修改的意见，而是直接签字让人送交给了县政府，并故意让这个科室的负责人来到办公室。正如他所料，县政府办公室人员很快就打过电话来，局长直接让这位负责人接电话，只听到里面的人非常生气地说："你们教育局怎么搞的，写的稿件这么乱，想糊弄谁啊?！该怎样你们看着办吧！"电话还没有挂掉的时候，这位负责人就已经紧张得大汗淋漓，非常惭愧地对余局长保证以后绝对不会再这么做了。

这件事情很快被传到了各个科室和学校，大家面面相觑，暗自佩服这次的"无声胜有声"。此后，无论是教育局各科室还是学校，很多人都了解了余局长不露声色的严厉，因此无论什么事情都不敢蒙骗过关，几乎再也没有出现过类似糊弄过关的现象，很多人改变了之前不严谨的工作态度，做事情都非常踏实和认真。

6. 同事是朋友

充分尊重他人也是局长在教育管理中的处世之道。在与下属打交道的过程中，余局长并没有像有些领导那样特意去表现出领导应有的"派头"，而是充分体现了尊重对方的人格魅力，他经常说的一句话就是"做人要像人，做官不像官"，事实上他确实也是这么做的。无论是教育局人员还是学校管理者，无论是县政府领导还是他之前的同事，大家每当谈到余局长时都会有一个共同的评价，那就是"为人地道"。

这里可以从余局长的司机王师傅身上感受一二。王师傅在教育局是个多年的老司机，与局长的接触自然也非常多。提及局长，这位师傅不由自主地伸出了大拇指：

> 余局长是我遇到的最好的一个领导，局长和任何人在车上谈话的时候，无论说什么事情，都不特别避讳我的在场，甚至有时候说到比较敏感的话题，我自己都觉得在车里不合适了，提出要回避一下，但是局长会说"没关系，你是自己人，你就坐在那里"。虽然说这只是一些小事情，但是他对我一个开车的师傅都这么信得过，我没话说。他把我们这些人都看成自己人，我们还有什么可说的呢，无论多么辛苦，我们都心甘情愿，这是我说的实话。

虽然司机并非教育局的重要人物，但是余局长并没有因对方地位不高而颐指气使，反而会非常照顾他们。王师傅还提到一件事，在周末或者放假的时候，余局长一般不会麻烦师傅，有时候余局长也会自己开车回家，这与之前的领导以及其他部门的领导有着太多的不同。以往的领导如果要去什么地方，不管是放假还是半夜，总是会随时给司机打电话，要求随叫随到，甚至有很多时候在假期里或者局长办私事也是要把司机找来，司机一天24个小时要随时候命。然而余局长不同，他并没有随意地麻烦司机，只要是自己的私事一般都是自己开车去办，现在司机师傅有时候工作很累，但是高兴。

余局长还积极利用自己的社会关系网络为下属搭建发展平台。余局长不到30岁就做到了乡镇一把手的位置，十几年来一直在中乐县政府不同的机关和部门担任领导职位，这样长时期的工作经历为他积攒了丰富的人脉。这些社会资本不仅能够有利于处理本部门与社会其他各界的复杂关系和事务，而且也为教育领域的人提供了更多的发展平台和机会。余局长深谙此道，这几年已经通过正当程序为一些人调整了更加合适的岗位。无论是教育局人员还是教师，余局长都会在政策允许范围内，尽可能为他们争取最好的发展机会，为他们打造更好的发展平台。当然，当这些下属获得这样的机会后，也为局长的人格魅力所折服，在以后的工作中尽心尽力、尽职尽责。还有很多教师评职称，局长也特别关心，争取了较多的名额。调研期间，笔者随着局长参与了很多会议，认识了很多从教育部门走出去在其他部门任职的领导，其中很多都是在余局长任职期间经过引荐从教育局走到其他部门领导岗位的。他们基于自身本就比较高的文化水平优势，很快在各自岗位上干出了相对不错的业绩，得到各级领导的赞赏。当然，这些走出去的人对余局长都充满感激之情，如果不是余局长为他们提供了这样一个很好的机会，他们可能永远实现不了这个目标。同时，余局长的这种行为也被教育系统其他人看在眼里、记在心里，教育局各科室人员以及学校管理者在局长的领导下工作积极性非常高，因为他们能够看得到希望，只要自己工作足够出色，圆满完成领导交给的任务，就一定会得到局长的青睐并得到提拔。

7. 面子很重要

余局长深深地知道，对于校长和教育局科室领导而言，他们最在乎的可能不是工资待遇，不是工作业绩，也不是职位，而是面子。其中，如何处理即将从校长职位退下的人员，对于教育局人员而言就是一件非常具有"艺术性"的工作。无论他们是基于年龄原因不再适合承担校长职务，还是由于学校内部管理混乱而造成的被迫下台，这些校长都不愿意再待在原来的学校，因为这会损伤他们的面子。为此，余局长想出了既不违反校长任命制度又让所有校长保存面子的办法，为这些校长找到了合理的去处。第一种办法是校长流动制度，也就是让校长从 A 学校流向 B 学校；第二种办法是让校长担任另外一所学校的书记；第三种办法是让校长来到教育局、教育学院、社区教育学院等部门任职。如此，既能够顺利调整各级学校的领导班子，又能够给那些不太成功的校长足够的颜面，否则让他们仍然待在原学校里做普通教师，对于他们而言是非常残酷的事情。

另外，余局长在公开场合从来不会批评任何一位教育局科室人员、校长或教师。如果一些人在工作上做得不够好，或者在生活中出现不恰当之处，余局长都会在私下与这些人进行沟通，告诉他们这样做的危害之处以及应该怎么做，以保留他们在众人前的面子。

当然，这样的案例还有很多，笔者没有把它们全部记述下来，但是从中已经看到了余局长在管理教育中使用硬性"权力"的方式和软性"文化"在他身上的烙印。在一般人看来，作为一个县教育局的领导，他的权力很大，使用起来也会让校长和教师们感到害怕。然而，事实情况并非如此，甚至在余局长眼里权力是一把永远不会亮出来的"剑"，反之，文化的无声渗透占据了管理经验中的大部分空间，如非正式权力、拯救触犯法律的教师、尊重别人、以故事激励人性、注重人际关系等以不同表现形态出现的文化元素。

列维－斯特劳斯曾经提出了动态文化和静态文化的概念。对于物理世界的观察者来说，就如火车内的乘客的例子所说明的那样，与他处在同一方向上的系统，在他看来是静止的；而与他处在不同方向上的系统，则是运动得最快的。但是在阅读文化时则是另一种方式，因为与我们在同一方向上发展的文化对我们来说是十分活跃的，当与其分道扬镳时便是静止的（列维－斯特劳斯，1999：374）。余局长这种别样的管理之道，虽然表面上让人感到比较另类，但是在同样的一个文化情景中，笔者还是能够感受到它的运行逻辑和强大力量。在与当地教育同行接触中，笔者也能强烈感受到他们对于教育管理者的这种"文化"的气息，或许想起来没有那么清晰，表达起来不那么确定，但是，它确实就在那里。

（二）"共餐"的象征和意义

人们的生活离不开"衣食住行"，日常生活中也有着"仓廪实而知礼节""民以食为天"等各种关于饮食的说法，吃成了人类生存、生产和生活的最大公约数。而多个人因不同缘由聚集在一起的"共餐"现象，则早已经出现在人类社会中，作为一种影响群体或个体行为规范和价值观念的仪式（ritual），"共餐"具有丰富和生动的结构过程和文化象征意义。在一定社会情景规约下，共餐仪式的整个过程会凸显着约定俗成的一套规定。基督徒在吃饭前要向上帝祷告，饮食过程中要注意刀叉的使用方法、咀嚼的声音、相互碰杯时的姿态、讨论的话题等，正餐后还要有咖啡、水果以及客人的谢意表达。每个人在吃饭的时候都要遵守一些被社会广泛认同的约定，否则在别人眼里就成了行为乖张甚至不可理喻的越轨者。在基层教育领域，无论点头之交的同事还是志同道合的朋友，相互之间只要有或公或私关系上的接触，就可能会参与一些共餐活动。笔者认为，"共餐"作为一种仪式体现了一种隐秘的文化逻辑，如何对待共餐以及其间的言行，不仅意味着个人修养和生活情趣的高低，而且也体现了所处的社会地位和政治意义，现场的每个人的实践行为都在诉说着各自的心理和风格。

1. 共餐仪式是怎么发生的

教育中的仪式随处可见，例如中小学的升旗、开始上课的师生问候、大型运动会等，然而以仪式的视角来解读的研究并不多。事实上，仪式作为一种行为结果会产生一定功效或者满足人们某种期待的可重复性的实践行为，早已经进入社会科学研究者的视野。法国人类学家莫斯（M. Mauss）早在《礼物》一书中就通过特林吉特人和海达人交换礼物看到了其对于整个部族的政治和文化意义。很久以前，仪式主要与宗教、迷信行为相关，在很多宗教学、民族学领域中，宗教活动的仪式往往成为研究者了解固定时期、区域以及人群的社会行为和观念态度。仪式绝对不是原始社会、前现代社会的专利。现在它已经超越了宗教行为的范畴，虽然大多数宗教的及巫术的行为都属于仪式的，但"仪式"这一概念通常不限于宗教和巫术（郭于华，2000a：2）。现代政治生活和社会发展同样离不开仪式，教育活动也是如此，仪式的象征意义很好地诠释了权力与文化之间的联系。共餐作为一种经常发生的仪式，成为本次关于教育的田野工作考察的一项重要内容。

一个星期五的上午，教育局计划到克井学校进行常规的工作检查，参加的人员有基教科、督导室、教研室三个部门的相关人员，笔者参与了整个活动过程。在来到学校大门的时候，校长、副校长和几位主任已经在那里等候，大门口也拉起显眼的横幅——"欢迎教育局领导莅临我校检查工作"。校长显得有些紧张，连忙上前相迎，几位科室主任也主动与他们握手致意。在校长热情的带领下一行人走进会议室，从桌上堆积的厚厚材料可以看出，之前他们已经进行了充分的准备。校长首先对工作进行了半个小时的汇报，其间各科室领导不时打断陈校长的发言，指出工作存在的不足，校长对于批评显得十分紧张，学校的其他负责人也恭恭敬敬地坐在那里，不敢多发一言。

中午11点半左右检查工作正式结束，所有参会人员在学校附近的一个小餐馆吃饭。午餐有校长、副校长和几位主任陪同，十余人围桌而坐。刚开始时，学校领导还没有从上午的紧张中走出来，仍然谨慎地赔着笑脸，其他人除了忙前忙后地端茶、递烟、倒水之外，并没有敢发出其他声音。当天下午没有其他活动，因此校长也请服务员拿出了酒。最终，基教科科长主动打破了稍显难堪的沉默，朝校长开玩笑："今天上午我们对你们的要求很高，今天校长是不是故意把好酒藏起来啊！"随着大家的哄堂大笑，很明显，气氛一下子缓和了许多。席间，大家聊到了当时正处于紧张状态的钓鱼岛事件，每个人都显得义愤填膺；督导室主任一只手搭在校长的肩膀上，共同回忆起多年前自己在克井学校任职校长的往事；教研室主任已经被几位学校的主任挤在餐桌一角，后者争相喊着要和"师父"一醉方休；其他人也不知聊到了什么搞笑之事，毫无顾忌地指着对方捧腹大笑……几乎每个人都没有了之前的恭敬和严肃，好像在这个氛围里，每个人都从形同陌路变成了知心好友。如果还是表现出那种恭敬和紧张的状态，在别人眼里就成了一个"不入流"的怪胎。当我们吃完饭从餐厅走出来的时候，时间已经过去两个多小时了。分别之际，双方像老朋友那样有些依依不舍，相互约定下次再聚。

2. 仪式解读：从结构到混结构

共餐前，教育局人员严肃认真，学校人员紧张不安；共餐后，前者迅速变脸，与众人打成一片，尽显"亲民"本色，后者也逐渐放松了神经。是什么力量让所有人的言行在共餐前后发生这么明显的反差？在笔者看来，共餐仪式形成了一种共享空间，使得参与人的言行发生了从一种状态到另外一种状态的转换，上下级的界限变得模糊不清，产生一种共通参与的情感交流区。这在旁人看起来可能有些不可思议，毕竟时间这么短，之前也无过多交集，而在局内人看起来又那么顺其自然。这让笔者想到了象征人类学专家杰内普（A. Gennep）曾提出的仪式过程理论，在他看来任何一个完整的仪式都可以分为分离（separation）、阈限（liminal）和整合（reaggregation）三个阶段，在分离阶段，人们从原有的社会结构中脱离出来，迈向一个新的位置；在阈限阶段，人们经历着一个模糊的发展过程，各个主体失去了原有的清晰身份特征，被排斥在正常的社会分类体系之外，此时不同的个人或者群体之间具有了身体和心理上奇异的同质性，这种感觉或许当事人也陶醉其中；在整合阶段，人们从上一阶段的阈限中回归到相对稳定的真实状态，只是经历过这种仪式的个体可能会产生一种新的情感和认识（维克多·特纳，2006：95）。

很明显，在上午的检查工作中，每个人都处在原有的社会结构之中，都非常清楚地对自己和他人的结构区分有着明显的认知。当检查工作结束之后来到餐厅的路上，他们就已经无意识地逃离了之前的关系，开始进入了"分离"的阶段。在整个共餐过程中，教育局各科室的人员一改往日的威严作风，放弃了自身所处的社会结构给予的标识，而是不断地主动与学校人员开玩笑、谈国事、忆往昔乃至称兄道弟，每个人在时空的行为和语言模式共享中，形成了心理和情感的凝聚。他们已经不知不觉地经历了从"结构"到"混结构"的跨越，当然，也有人将"阈限"阶段称为"无结构"抑或"反结构"，这表示了不同人的角色和地位在这个特殊时刻的丰富变化。然而在笔者看来，"无结构"和"反结构"都只是这种变化的其中一部分，他们并不能代表全部，虽然他们在共餐时看似不分彼此地觥筹交错，但是各自内心里也都不会触碰结构底线，而"混结构"则能够表示出人与人相互之间边界的模糊性。

值得注意的是，通过共餐这样一种仪式的过程，所有在场的人经历了从结构到混结构并且再次回到结构的过程，强化了原有结构的稳定性。仪式主体重新获得了相对稳定的状态，并且还因此获得了明确定义、"结构性"类型的权利和义务，他们的身上被寄予了一定的期望：他所做出的表现应当与某些习俗规范、道德标准相一致，而这些正是在这类职位的体系中对社会职位的担任者的要求（维克多·特纳，2006：95）。正是通过人们一次次参与的共餐，教育场域内的不同人群从相互生疏到来往密切，逐渐形成了关系良好的熟人社会，建立了工作和生活上的认同情感。而这种认同，在正式场合是很难获得的。

下属对这种仪式怀有渴望和某种期待，希冀让自己的边缘身份更加靠近权力中心，而上级也有通过参与仪式获得某些认知的需要。杰内普指出阈限有一种暗示：如果没有身处低位的人，就不可能有身处高位的人；而身处高位的人必须要体验一下身处低位的滋味（维克多·特纳，2006：97）。教育局人员是身居权力结构中较高位置的群体，通过这项与下属共同参与的仪式，经历了身份混同的"阈限性"过程，这一过程中他们平时在工作上的强大精神压力获得了短暂的"释放"；而处于结构中较低一端的校方人员则获得了与上级进行近距离接触的宝贵机会，这在平时的工作和生活情境中是难以想象的，这种看似平等甚至逆转的身份结构变换让他们的精神得到满足，对未来的生活充满着积极的期待。他们之间是平等的，因为相互之间没有身份、地位、阶级、贫富、地域的差别，在这个时空里所有的个体都是被同化为一名无话不谈的挚友。

3. 共餐仪式的符号及其象征

共餐作为一种仪式，其中穿插着诸如空间、座位和敬酒顺序等符号性事宜，从中可以窥探到其所包含的尊重、重视、和谐等象征意味，值得注意的是，人们也在有意无意地对这些象征意义保持着极高的认同。

其一，空间选择。选择就餐地点也有着有意思的区分，在城区一般会选择酒店，乡村则会选择类似于农家乐这样具有地方特色的小餐厅。如果来的客人是上级领导或者其他重要贵宾，人们会选择县城里较为豪华的酒店。与其他地方相比这些酒店价格基本持平，但在外人看来却相对正规，在这里有着近乎富丽堂皇的就餐环境，各种基础设施一应俱全，菜系范围相对较广，服务态度较好。这一切表达了主人对客人的尊重、重视以及正式。对于一般的朋友，人们基本会选择离县城较远的小餐厅。这些地方缺少了大酒店的高贵典雅，却多了一些乡土气息，餐桌一般都位于葱葱郁郁的果树、茶园等的环绕之中，在服务质量、硬件设施等方面与酒店有着明显的差距。与前者相比，乡村的小餐馆则体现了友好和非正式的含义。

其二，参与者的座次。在不同的共餐中可以发现一个有趣现象，人们几乎在任何一个场合都非常重视座次的安排，如何排列座次是一个永远不会被忽视的问题。一般而言，最高领导要在正对门口的最里边入座，然后从两边由高到低依次排开，如此一来身份最低人员刚好在门口附近。这样的安排在他们看来也有一定道理：重要的人物坐在一起既是对相互尊重的表达，又可以在共餐中间私下谈一些重要事情，而非重要人物在最远端则要完成点菜、端菜、倒酒以及买单等服务工作。很明显，这样的座次较为明显地体现了严格的等级观念，基于各自不同的行政级别，每个人对此都心领神会地各就各位，从来不会出现混乱。一旦有人不按照常理出牌，选择了不属于自己的座位，在场的所有人可能都会显得非常不自在。

其三，敬酒的次序。在平日的晚上或者周末，学校一般不会有教育活动，人们在这个时候可能都会喝一些酒，酒的种类都比较随意，往往根据当时的场景所定，或红酒或白酒或啤酒。酒是休闲共餐中不可或缺的要素，人们常说的"无酒不成席"也就是这个道理。然而，喝酒并不是随意地喝，而是相互之间有一个敬酒程序，其间隐含着相当多的规矩。在敬酒次序上，首先是级别最高的领导向所有人敬酒，并有着可长可短的敬酒辞；其次，级别次高的领导向最高领导敬酒，以此类推，级别较低的人员不能抢在其他人前面去敬酒；然后级别较高的领导向级别较低的领导回敬；最后才由在座的参加者相互之间敬酒。喝酒期间，人们会开一些玩笑、讲述一些国际时事，或选择敬酒的机会相互交头接耳，表面上看起来好像很随意，实际在其中夹杂着谈交情、交朋友的意味；也可能是借着酒意表达着自己在工作上的要求和需求，往往在会议室和办公室难以达成的事务，却在这里取得了难得的共识，大家在曲终人散之际满意而归。

4. 共餐仪式在教育领域中的意义

早在 20 世纪 70 年代，美国人类学家格尔茨就曾详细地介绍了巴厘岛男人斗鸡仪式在当地具有的象征意义。巴厘岛的男人十分热衷于斗鸡游戏，尽管当地政府并不同意他们进行这项活动，但是当地人仍然乐此不疲。巴厘人审美地、道德地和超自然地将雄鸡视作人性的直接翻版：动物性的表达（克利福德·格尔茨，1999：420）。在斗鸡游戏中，雄鸡是男性的化身，表面上是一种金钱的赌博，深层上则意味着男人之间地位的比拼，他们已经将社会地位、等级观念、荣誉声望和斗鸡游戏交融在一起，斗鸡已经不再是单纯的一只鸡，而是它们主人的替代者。共餐对于理解教育行为有着重要的象征意义，毫无疑问它也是一种教育场域中独特的仪式。在这样的氛围里大家不仅是在吃特色牛肉或者红烧鱼块，在觥筹交错中肆意豪饮，它更代表着每一个人意见的表达、思想的交融以及观点的碰撞。甚至领导在酒桌上就考察了某些人的性格特点和真实水平，"酒品看人品"也不无道理。不可否认的一个事实是，共餐已经成了自我认同、表达尊重、缓和冲突、增进情感、共度节日的重要手段。

共餐是缓和冲突的一种方式。在大多数社会里，共同进餐可以在出席者之间建立起人为的亲属纽带，实际上，亲属是那些天然就有一样血肉的人，不过食物始终是持续再造有机体的物质，因此同样的食物也能产生于共同起源一样的效果（爱弥尔·涂尔干，2011：462）。在涂尔干的论述中，我们发现这里的"亲属纽带"既存在于共同进餐仪式中的不同参与者之间，又指仪式参与者与他们所敬奉的神明之间。在教育领域的共餐中，这种生成的纽带关系主要出现在参加饭局的不同个体中。当一些人相互间产生了某种不愉快，被人们使用的最经常手段就是共餐，通过冲突双方的在场以及中间人在酒桌上言行协调，即使他们之前发生过很大的冲突，共餐之后这种矛盾也就可能很容易得到化解。有一次笔者在一所农村学校调研，中午吃饭之前忽然听说一位远在县城的教育局领导也要前来共餐，这让笔者感到有些意外，据了解这位领导平时都是在躲饭局，一般性的共餐也尽量不去参加，为何这次要特意到此"遭罪"？后来学校的一位老师帮笔者解开了谜团：前不久，这位领导到红花学校视察调研工作，其间因为话不投机与校长发生口角，结果在众目睽睽下校长一怒之下扭头便走。事后，我们才知道是这位领导说的话有些重，在众人面前伤及了校长的尊严，这次领导过来一起吃饭大概就代表着给校长一个台阶。果然，这位领导走进来的时候校长表现得比较冷淡，气氛有些尴尬。然而，随着校长和这位领导互相敬酒之后，他们之间以及与其他人之间的交流也就逐渐增多，不一会儿，笔者就发现校长与这位领导已在房间一角相拥而谈，或许他们已经释怀了。

共餐起着拉近不同人群情感的作用。共餐对于一个部门的重要性不言而喻，有人曾记述了一位镇党委书记的"经验"："作为书记，上面的领导来了，你不能不陪，区里各科局的领导来了，也不好不陪，遇有重要的客商就更是不能怠慢，这些人可都是小镇发展的希望。这样，吃饭就不仅是招待客人，更重要的是在工作。喝酒就更是乡镇干部必须具备的基本功，因为必须要把客人陪好。"（吴毅，2002）共餐不仅是吃饭，而且是有着更深刻的社会意义。教育的工作不仅牵涉各个学校，而且也要与政府其他相关部门相互衔接，因此学校或教育局天然上有着与不同的人群共餐的需求。笔者曾参与过一次这样的聚会，发现参与人员除了教育局领导和学校校长，还有来自县政府、政协、财政局、人事局、乡镇政府以及其他企事业单位的人员，其间每一个人都兴致勃勃，完全没有了平素的严谨，相互之间开着玩笑、讲故事、打闹、游戏、唱歌、跳舞，有时候他们的豪放甚至有些疯狂，但是他们也都有着基本底线的操守。这好像在教育领域设置了一个类似宗教的氛围，结果形成了与其他部门顺畅的沟通机制。社会通过各种象征和仪式，尤其是"集体欢腾"，在个体心理中激发出超越性感受，让个体感受到自己的存在，该思想的核心在于社会如何使个体获得这种感受，让个体为它生存、向它膜拜、替它服务（王铭铭，2008：49）。

过后，一位主任告诉笔者，"平时我们工作都非常忙，根本没有放松休闲的时间，只有在这样的私人聚会中我们才会完全放松自己，唱歌、跳舞、打闹，我们很开心。我们之所以这样，是因为所有参加聚会的人都在一个朋友圈子，我们会很开心，我们的关系更加亲近"。另外，如果有教育领域之外的其他人在场的话，所有教育领域的人都有一个相互的约定，"在这样的场合里，我们之间不要敬酒了，我们要一致对外"，简简单单的"一致对外"无意间道出了共餐对于圈子自我认同的强化。值得注意的是，增加人们之间的紧密关系的共餐有着一个基本前提，即经常性。正如同涂尔干在对原始宗教研究时所指出的那样，虽然人们在祭祀仪式中获得了一股来自神明的强劲力量，对未来的生活充满了期待，然而这种精神动力需要以经常性的仪式活动来得以维持，否则它无论是来源于泛灵论还是自然崇拜，最终的结果只能是随着仪式的停滞而逐渐丢失。所有力量，即使是最具精神性质的力量，如果在事物的正常动作中失去的能量得不到补充的话，那么也就会随着时光的流逝而消失殆尽（爱弥尔·涂尔干，2011：463）。或许我们也可以感觉到这种情感被激发的"间歇性"特征，如果隔一段时期人们没有参加这种集聚，之前的情感力量就会逐渐削弱，而当人们再次以相同的原因来到仪式现场的时候，奄奄一息的情感就会随之被再次激发出火花。正因如此，教育领域中的人们才会有着不定期的共餐需求，这也间接地为这种仪式意义提供了再生产机制。

第五章　教师管理

近几年，我国教育理论界忽然兴起了关于学校内涵发展的研究和讨论，尝试通过改变过去教育发展中过度重视规模而轻视质量的弊端，建立切合于当前国内外社会形势和学生身心成长特点的另一种学校教育发展方式。在学校改革与发展中使用内涵和外延的概念，更多的是在隐喻的意义上来讲的，前者表示内容和实质，后者表示外观和形式（郑金洲，2007）。就现代教育发展理念而言，侧重内容和实质的学校内涵发展代表着未来一段时期内我国教育发展的方向。

这一话题也迅速地由学术研究延续到中小学校，得到一部分校长的认同，有一些甚至在学校发展规划中选择把"内涵发展"作为核心目标。那么，学校内涵发展的着力点应该放在哪里？很多人认为是教师。教育硬件就是有钱能办到的方面，而所谓软件便是有钱也未必能够办到的事情，在财力相对充裕的今天，学校发展的核心问题并不是硬件，而是软实力的有效提升，而学校软实力最集中、最典型地凝聚于师资水平上（方展画，2010）。学校教师作为影响学校教育改革和发展最为重要的影响因素之一被提到了新的高度。

新课程改革以来，我国基础教育阶段致力于改变传统的"以教师为中心"的偏重知识传授的教学方式，在课程内容的设计上也去除了大量"难繁偏旧"的课本知识，加入了体现现代生活和社会的新知识，学生在课堂教学和课程设计中的主导地位逐渐凸显出来。新课程改革反复提及的"以学生为主体、以教师为主导"也构成了我国教育政策话语，基本成为我国教育改革的共识。事实上，教师在学校教育中的重要地位不但没有消解，反而由于新要求的提出变得举足轻重。传统教学中教师只要能够把知识搬运给学生即可，现代教育理念指导下的教师则已经告别了过去那种单一的教学方式，教师要承担诸如学习者、研究者、组织者、引导者等更多的角色，教师的知识结构和知识水平在学校教育教学中的重要地位已经得到人们的广泛认同。

然而，我国教育发展中的非均衡特点反映了各地区学校中的教师在年龄、待遇、质量等方面存在较大差距，尤其是城乡教师群体有着明显的分层现象。1978～2003 年，教师职业内部出现教师在经济地位、社会地位以及专业地位明显向下的五个层级的梯次分布结构；2003 年至今，五个层级的教师经济地位形成两极分化的趋势，专业水平与社会地位呈梯次下降分布（张源源，2011）。针对我国教师管理中出现的不均衡情况，我国在很多政策中也多次强调要对农村教师在待遇、培训等方面给予政策倾斜，希望以此改善农村教育发展持续无力的状况，进一步缩小城乡教育发展的差距。

在国家提出并积极实施城乡教育一体化的背景下，中乐县在教师管理上也进行了积极思考，寻求教师管理的创新之道。教育局局长余志认为在教育管理中"人"是关键："教师队伍建设是实现城乡教育高质均衡目标的最重要因素，是改变过去重视数量轻视质量、重视硬件轻视软件弊端的突破口，必须把人作为教育改革和发展的第一要务来抓。"在城乡教育一体化的过程中，中乐县在教师管理上主要对县管校用、教师交流以及绩效工资改革等多种途径进行尝试改革，它们关系全县每一位教师的切身利益，是形成当前教师不同心态和行动的制度原因。

一　县管校用

在来到中乐县不久，笔者就在教育局的宣传册、简报以及相关的政策中发现了一个频繁出现的词语——县管校用。同时，从教育局行政人员的话语中能明显感受到，当他们提及这个词语时洋溢着的自信，看起来这即使不是一个有威力的"杀器"，也起码是一个极有故事性的词语。之前，笔者并没有接触过关于县管校用的任何知识，当时的国家政策中也没有这样的规定。基于众人对县管校用高度的认可及其对城乡教育一体化的重要意义，笔者特意挤出一段完整时间，通过各种途径查找关于这方面的资料，系统地了解了它的来龙去脉。

（一）什么是"县管校用"

"县管校用"并非一个学术研究话语，也不是教育部关于教师管理制度的政策规定，而是地方政府自发地在教育改革实践中积极寻求创新教师管理机制的结果，是城乡教育发展差距不断拉大、各地区不断寻求城乡教育均衡破解之道的背景下的产物。

县管校用最早出现在 2007 年前后，乾口市为了在人事制度和分配制度上进行改革，突破当时教师管理制度对于教育发展的阻碍，提出了要变以前的"校管校用"为"县（区、市）管校用"，并且在一些区县进行试点。推进"县管校用"，实行中小学教师集中管理，目的是促进教师区域内的交流，合理配置教师资源，从而缩小校际差距，实现师资均衡（李益众，2007）。此后在福建、湖南、中乐县所在的省市以及其他市区县等地方也逐渐开始尝试这种新型的教师管理制度。迄今，乾口市在先前试点取得较满意成就，成为全国教育改革大潮中的又一面旗帜，市教育局已经决定正式实施县管校用制度。2012 年 12 月 27 日下午，乾口市召开推进教师"县管校用"工作现场会，决定在前期试点的基础上，全面推进教师"县管校用"改革，实现义务教育学校教师和校长科学、畅通地流动，促进教育均衡发展（刘磊，2012）。县管校用在一些地方也被称为区管校用或市管校用，其本质上并没有区别，都是指县一级政府为了实现教师资源的均衡配置在教师管理上进行的制度创新。

2009 年前后，中乐县在乾口市等其他一些地区的影响下，也开始逐渐接触和认识县管校用制度，但是这段时期中乐县并没有付诸实施，对此教育局有着自己的解释：

> 我们先看一下其他地区做得怎么样、有没有风险、风险概率有多少，然后再决定去做也不晚。在我看来，这项改革充满着机遇和挑战。之所以有些地区要做就在于名正言顺，它符合今天教育改革的潮流，从上到下都在谈论城乡教育均衡嘛，谁在这样的改革中领先一步并做出较大的成绩，那就在教育界留下一笔。然而这项改革也极其难做，为何？仅仅是县管校用极有可能引起的教师稳定问题就足以吓退了那些所谓的改革家们。

　　基于这样的考虑，直到 2012 年中乐县才着力准备开展县管校用工作。

　　如今人们并没有对县管校用有统一的概念解释，通过对以上这些地区颁布的政策制度规定和推行措施，还是可以理解到它的大致意涵。一般而言，县管校用主要是指县级政府在教师管理中要改变以往"校管校用"制度带来的弊端，打破各学校教师难以自由流动的体制性障碍，建立以县级政府或者教育局为中心的教师管理部门，具体负责全县教师的招聘、配备、培训、交流等管理工作，这有利于统筹管理各学校教师队伍，建立一种促进每一位教师积极投入工作的激励机制，最终实现城乡教育均衡发展的目的。与当前的教师管理制度相比，县管校用有以下两点明显的变化。

　　首先是教师管理权的上升。在当前我国实施的校长负责制和绩效工资制度背景下，教师招聘、配备、培训的权力主要掌握在学校管理者手中，学校在教师管理中承担着绝大部分责任。而县管校用则把这种权力上调到县级部门，建立以类似"教师管理中心"为载体的教师管理机构，根据各学校状况以及教师表现来统筹安排全县各学校教师资源配置。这样做的结果就是教师管理的重心上移到县级政府或者教育行政部门，而学校则仅保留了依法、依规安排派遣到校教师的工作岗位，负责对教师的日常管理、使用和业务考核，发放奖励性绩效工资等。

　　其次则是建立教师退出机制。21 世纪初期，北京大学曾经在教师管理中推出了"末位淘汰制"，引起轩然大波，社会各界人士都积极参与了这次讨论，改革的力推者也成为利益相关者口诛笔伐的对象，在各方的重重压力下，这项改革最终以不了了之的结果草草收场。事实上，近年来我国基础教育界也多次出现类似于"末位淘汰"的制度改革，以解决教师管理中被人长期诟病的激励难题，县管校用就是近来一些地区进行的一个尝试。县管校用制度通过对全县同级教师进行统一评价，获得这些教师在过去一段时期内的以教育教学成绩为主的综合表现信息，然后以此作为教师去留升降以及绩效工资高低的依据。对于那些评价结果极差的教师，主管部门有权力收回他们进行教育教学的机会，但是并非就此实施"退出"措施，而是随后让他们到一些地方接受较长时期的教师培训，保留他们通过努力再次回到教学岗位的机会，如果这些教师仍然不能表现出一位优秀教师相对较优秀的教学状态，那么主管部门就有权对这些教师实施退出教师队伍的处理。

（二）教师管理中心

2012 年 9 月，中乐县教育局依据学校教育发展、学生数量和结构变化情况，及省、市相关规定和标准，在《乾口市关于推进教师"县管校用"工作的意见》的基础上制定了《中乐县教师县管校用方案（试行）》，提出并开始实施县管校用制度。然而，这并非中乐县教育局首次在正式文件中提出要实施教师管理制度创新，早在当年上半年发布的《中乐县教育局关于农村基础教育改革实验区建设的实施方案》中，教育局就明确提出了"建立健全公办教师'县管校用'机制，完善区域内公办学校校长、教师校际交流机制，优化教师职务结构比例"的提议，这在一定程度上印证了县管校用制度的提出并非来自教育局领导的一时兴起，而是他们基于较长时间反复思考、多方论证的产物。教育局余局长认为："设立教师管理中心是县管校用非常关键的一项程序，这不仅代表着上级部门对于我们工作的支持和认可，也意味着我们中乐县在实现教育高质均衡的体制改革道路上迈出了重要一步。"

通过教师县管校用政策可以看出，虽然这项工作的实施有着县委编办、人社局以及财政局的多方参与和配合，但是整个过程占据中心位置的是新建立的教师管理中心。在教师管理中心设立之前，教育局内部设有人事科，专门负责全县教师工资管理、基本信息管理以及教师职称评定等工作，用人事科李科长的话来讲："人事科的工作是不需要动脑筋想的工作，只要人不傻谁都可以来做。"听起来虽略微有一些偏激，然而在以前这些话也基本符合事实，不过在教师管理中心成立之后可能就有一些不同了。

最重要的变化是教师管理中心将成为独立的部门。一般情况下，教育局内部会设有人事科、财务科、教育科、督导室、教研室、培训室、招生办以及党政办等部门，这些科室均属于教育局下属的、非独立的部门。教师管理中心则与这些科室不同，它不属于教育局内部的职能部门，而是县教育主管部门下属事业单位，具有独立的人事编制和经费预算，在教师管理中心成立以前，中乐县只有教学仪器设备站和教师研培中心具有这样的级别。教师管理中心主任由人事科科长担任，行政级别比科长高，中心内部拥有十余个编制岗位，这与整个教育局人事编制相比也基本算是旗鼓相当，毕竟教育局也只有十多个人的人事编制。[①]

另外，中心也增加了新的管理职能。教师管理中心在教育局关于县义务教育阶段优质师资均衡配置的综合规划指导下，主要履行以下三种管理职能：负责建立健全教师聘用制度，与教师签订聘用合同；与学校签订派遣协议，根据学校需求派遣教师到相应学校任教；负责学校未聘人员和考核不合格人员的考核鉴定、培训组织、转岗、托管等教师集中管理的事务性工作。当然，强制教师退出的机制设计是一个难点，人事科科长李默对于设立教师管理中心也有着自己的看法："设立教师管理中心对于我来说，与之前做的程序性工作不同，它意味着我们部门身上承担的责任更大了，我们要做很多没有做过的事情。有一件事情我比较担心，如何安抚那些被辞退的教师，不至于我工作太被动，我还没有想好。"对于那些因考核结果极差而被解聘的教师，教育管理中心也并非直接将之推出学校，出于相关法律以及社会稳定的考虑，将会同人社局办理解聘、辞退教师经济补偿和社会保险，希望以此减轻这些教师的痛苦，为他们在社会中寻找新的工作岗位和当下的生计提供必要的支持。

（三）教师已非学校人

在以往的教师管理中，学校如果需要什么学科、多少数量的教师，可以通过申报的形式向教育局人事科申请，然后教育局根据各学校实际情况进行讨论，拟定招聘教师结构和数量，统一到大学院校进行招聘，之后再将这些教师按照之前确定的人事计划划分到各个学校。一些实力强劲的学校也可以先向教育局申请，然后就获得了自主招聘资格，不过其他一般的学校就很少有这样的待遇。同时，如果一些学校教师出现冗余，也很难将之安排到其他严重缺乏教师的学校，在教师资源普遍短缺的今天，这样的状况造成了不必要的浪费。

教师管理中心成立之后，教师数量和岗位情况由教师管理中心统筹管

---

① 在教育管理分化明显的今天，教育局只有十余个管理人员肯定不能满足现实要求，无奈之下中乐县教育局只能从各个学校调入一些优秀教师，来完成教育管理的基本工作，不过这些借调教师的编制还在原学校。如此一来，才形成了当前 50 余人的规模。

理。学校管理者要将本学校教师岗位和数量的基本信息表上交到教师管理中心，并根据学校教师数量是短缺还是充盈、教师结构是否合理等实际情况提出申请。对于一些学校存在的缺编情况，教师管理中心将不仅仅依靠对外公开招聘的方式引进新教师，而且把其他学校冗余的教师调配进来，通过全县教师分布的特点以及各学校学生数量来协调安排，教师已经不再像以往那样固定属于某一所学校。从理论上来讲，每一位教师均不属于某一所学校，都有被教师管理中心划分到另外一所学校的可能，"教师已非学校人"。在数量上，实行"县管总量控制，学校按岗配备"的管理模式。按照"总量控制、统筹城乡、结构调整、有增有减"的原则，探索更加科学的编制管理办法，逐步建立教师编制县级"总量控制、动态管理"机制。编制核定后，每三年集中调整一次，其间机构编制部门根据生源变化和教育教学任务增减情况，每年进行一次微调。学校按照教育教学规律和自身发展需要，规划班额和师资需求。人社部门和教育主管部门按照编制标准进行配置和调整，按岗位配备教师。在岗位设置上，实行"县管岗位结构，学校按岗定员"的制度安排。严格按照事业单位岗位设置相关文件规定，设置教育事业单位管理岗位、专业技术岗位和工勤岗位数。同时，加大岗位结构比例管理力度，从核定的总岗位数中划出相应比例，用于对中、高级岗位实行集中调控和管理，并根据统管人数及结构变化逐年增加相应岗位数，逐步实现义务教育阶段学校岗位结构比例无显著差异。学校科学设置岗位，明确岗位职责，形成岗位设置方案并报人社、教育部门审核。这一点比较明显地体现在新教师招聘中，在新的教师管理体制下，教师的身份已经不再固定在某一所学校，因此对于新招聘教师而言，教师管理中心积极实施"县管人员身份，学校合理使用"的制度安排。学校根据岗位设置和教学实际申报教师需求，人社、教育部门按照公开招聘的规定和核定的编制总数，本着"调整结构、提高素质"的原则，面向社会公开招聘。新招聘和引进的人员与教师集中管理机构建立聘用关系，统一进行身份管理。教育主管部门根据学校需求统筹实施派遣任教。

教师不再是学校中的人，这种变化在很多校长眼里显得意义非同寻常，一位李校长说："以往教师编制在学校长期不移动，很多教师一辈子都待在一所学校里，铁饭碗的观念让整个教师团队缺乏活力、一潭死水。现在不一样了，你的编制已经不在固定的一所学校了，如果你干得不好，教师管理中心就可以把你调到其他不太好的学校，甚至让你退出教师行业，这对于教师而言就大大不一样了。"正如这位校长所言，教师铁饭碗观念的打破，给教师带来了体制上的激励效应，每一位教师都不再是学校中的人，而是教育管理中心的人。

（四）教师交流成为可能

教师交流制度已经成为当前我国实现教育均衡的重要手段，无论实施的程度如何、时间早晚，几乎在我国任何一个地方都可以看到这种制度的身影。

城乡义务教育发展不均衡，"乡村弱"是长期历史积淀的结果，要解决这个问题就应该突破农村区域内部的局限，在城乡互动、因素组合方面整体设计才能见成效，其中的关键在于城乡教师交流和联合协作（袁桂林，2016）。

尤其是各地政府和教育行政部门已经不仅限于追求数量和规模维度的简单的教育均衡，而是有着更高的发展目标，从"高质均衡""有质量的均衡"等话语的提出均可以看出地方教育发展的价值诉求，而要实现这些目标，通过教师交流制度来提高教育质量看似是一个必然选择。然而，当前教师交流遭遇到了实践困境，最为明显的就是很多学校不愿意选择优秀教师去交流，在教育行政部门的压力之下，学校找各种借口予以推辞，例如"我们学校每一位老师的课程都很紧张""我们学校没有表现太突出的教师"，甚至有学校凭借自身在全县学校中强劲的优势有恃无恐，无视教育局的这些规定，也有些学校干脆把表现最差的教师派出去应付了事，如此等等。

中乐县实施县管校用的一个目的在于强化教师交流力度，实行"县管全局统筹，学校择优选派"的工作制度。按照进一步深化区（市）县域内公共教育资源均衡配置的有关要求，以"补紧缺、调结构、促均衡"为原则，强化干部教师交流力度。教育主管部门负责疏通交流渠道、明确对象、制订方案，通过出台奖惩政策，采取多种交流形式，逐步达到学校之间专任教师高一层次学历比例、中高级职称教师比例及骨干教师比例大致相当，实现县域内教师资源的均衡配置。学校服从教育主管部门在干部教师交流工作上的整体安排，按照相关要求择优选派。交流任教经历纳入教师职称评定、推荐评审的考核范畴。建立教师管理中心之后，合理化的教师交流成为可能。

当然，教师管理中心最大的功能是提高交流教师的工作积极性。以往的教师交流制度都有着日期的限制，一般情况下要在另外一所学校交流一年的时间，而教师编制不会随着教师流动而迁出学校，日期截止之后教师就再回到原来的学校。这样就会造成一部分教师在交流期间工作不负责任、敷衍了事的不良后果，教师没有表现的动力机制。在他们看来，"做好做差没有什么区别，反正又不是自己学校的事情"，甚至还有教师认为"假如在另外一所学校教学工作做得太出色，把自己学校比下去了，怎么向老领导交代呢"，因此"把这一年混过去"就成为他们在交流学校谨遵恪守的信条。实施教师县管校用之后，情况就大不相同了，任课教师有可能从学校 A 到学校 B，然后再到学校 C，任何一位教师已经没有了一定会再回到原学校的理由和制度保障。再加上教师管理中心每隔一段时期要对教师进行"微调"，那些表现较差的教师将会被退回到教师管理中心，接受教育培训，如果重新上岗还是得不到令学校满意的效果，那么这些教师就将接受辞退等严厉的惩罚措施，这无形之中激励着教师无论在哪一所学校都要认真做好本职工作。

此外，教师管理中心也消除了学校保留优秀教师的制度障碍。以往，学校会出现一部分中高级职称的优秀教师不愿意交流的情况，而且学校管理者也通过各种关系阻止这些教师被交流出去，以达到留住优秀教师在本校长期任教的目的。事实上，学校管理者愿意通过各种手段留住优秀教师，本是一件无可厚非之事，然而在城乡教育一体化的今天，这种行为就阻碍了优秀教育资源的均衡配置，严重影响着县域内教师资源的优化整合。如果说以往"校管校用"的管理制度还有编制问题对这些教师产生阻碍的话，那么如今的县管校用已经完全消除了这条羁绊，教师不再属于哪一所学校，而都是教师管理中心在编在册的人员，原则上来看，任何学校已经不可以随意安排任何一位教师的"前世今生"。

(五) 谁赞成教师退出

当然，县管校用之所以吸引着很多人的目光，让一些教育行政部门管理者又爱又恨，还在于它包含了建立教师退出机制的意蕴，这在历年来的教师管理改革中都是一个相对敏感的话题。曾几何时，北京大学尝试推动"末位淘汰制"的教师管理改革，一度引起轩然大波。中乐县的县管校用积极实行"县管体系标准，学校考评执行"制度，对那些考评不合格教师处以"极刑"，这的确是一件比较大胆的尝试。教师管理中心尝试探索建立以能力和业绩为导向，以社会和业内认可为核心的中小学教师评价机制，完善教师专业技术水平评价标准，教育主管部门制定基本评价标准，学校结合实际细化标准确定具体考评实施办法。新政策实行评价结果公示制度，通过严格考核、科学评价，逐步建立教师退出机制，对达不到教学岗位需要的教师实行离岗培训，培训后仍然不能适应教师岗位要求的，可实行调岗或另行安排工作；不符合教师资格标准要求的人员依法调整出教师队伍。① 对于教师管理的这种变革，不同群体的态度差别很大，甚至在同一群体内部也有着严重的分化和矛盾。

根据笔者的调研，中小学的校长基本赞同这项改革。笔者曾与多位中小学校长就这个问题进行交流，大家都认为当前教师管理体制中存在着很大的困难，几乎所有的校长都一致认为政府早就应该这么做，这应该是一个基本共识。其中一位吴姓小学校长认为：

> 国家在教师身上做了很多改革，但是效果都不太明显，难道就不会坐下来想一想为什么吗？在我看来只要抓好两个工作就抓到了根本。其一，提高教师的社会地位。我们提了太多的"人类灵魂的工程师"之类的话，但都是假、大、空，没有太大作用，国家必须在实质上予以提升，例如将教师平均工资提升至远高于公务员水平、教师乘坐公共交通全都半价或免费、教师节发给教师远超过其他事业或企业单位的福利等，如果这样做的话，优秀的人才还会不愿意做教师吗？其二，建立教师退出制度。现在咱们国家的教师只要不杀人放火，就会在这个体制内干上100年，这不行！这个线太低了，对那些冲破教师职业底线的教师一定要有退出制度，把那些混日子甚至道德败坏的人从教师队伍清除出去。

----

① 来自中乐县教育局内部资料。

至于校长们为什么会基本认同这一观点，笔者根据与他们的多次接触可以推断主要源于两点。

第一点是基于绩效工资的负面影响，教师队伍已经越来越不好管理。在实施绩效工资之前，学校管理者能够根据学校教师表现情况自主进行奖惩，因此教师往往容易跟随校长的工作思路。然而在实施绩效工资制度之后，学校已经失去了这项权力，教师无论做好做不好与校长没有太大关系，因此完全可以不听从校长的。这就造成了当前教师难以管理的局面，教师只要把基本的工作做完，至于工作绩效如何都与校长无关，也与实际获得的绩效工资没有多大关系，学校管理者与教师群体呈现"两张皮"的怪现象。

第二点是校长自己在教师管理中无须承担过多责任。县管校用之后，教师管理的重心从学校移到了教师管理中心，教师表现的优劣与学校无关，他们只需要对教师管理中心负责，这就促使学校管理者不用再像以往那样，花费太多的心思督促教师努力做好教学，为学校教育质量的提升尽心尽力。对于那些作风懒散、工作敷衍的教师，学校管理者也不用苦口婆心地劝说，甚至得罪他们，这就为学校管理者省去了不少麻烦。

对于教师群体而言，他们对改革的观点分化较为明显。除了持"无所谓"态度的教师之外，大致可以分为两种极端情况：一部分教师认为改革会造成教师压力很大，另一部分教师则拍手称快。据笔者观察，前者一般是那些工作不努力、教育教学成绩不太好的教师。以前，只要他们把工作应付过去，就不影响自己的收入和职位，即使做得很差学校也拿他们没有办法。一位乡镇的刘校长就曾因有这样的教师大倒苦水："我们学校就有几个这样的，平时不仅自己的教学工作敷衍了事，教学成绩排在全县倒数，让我们很不满意，甚至一些家长为此来到学校跟我要说法。而且，他们根本不把学校规章制度当回事，随意地迟到、早退或者请病假，学校管理中的日常工作好像与他们无关，一点都不配合，真是拿他们没办法。"很多学校会出现一些这样的教师，一般数量比较少，但是影响极坏。当然，如果实施县管校用中的退出制度，肯定会打破这些教师以往的"幸福"生活，这是他们最不愿意看到的情况。后者构成则较为复杂，这部分教师群体或者是一心只求做好自己教学的积极上进者，或者是那些早已看不惯教师群体消极风气的愤怒者，或者是对这些状况已经麻木的心灰意冷者，总之，他们在学校中一般属于那些表现水平在中等及以上的教师。这些教师普遍赞同教师管理的县管校用，能够认识到它给当前教师群体带来的活力，希望自己能够在这样的环境中做好工作。一位教数学的李老师认为："其实一般情况下，教师也会好好工作的，但是体制不好。（笔者接着问：什么体制不好？）就是绩效工资啊，现在学校的教师工资都差不太多，这样就纵容了后进者教师的懒惰，浇灭了先进者的激情。"的确，实行绩效工资之后，教师的激励再次成为一个公共话题。对于这项改革的前景预期，教师和校长的判断有着基本的共识：县管校用在实施过程中很有可能流于形式，只能起到教育宣传的作用。

当然，教育行政人员的态度也是非常重要的，他们是政策的执行者和监督者。据笔者的观察，他们一直坚持"谨慎的乐观"态度，既支持这项制度改革，又不会显得那么激动，冷静对待和感受各方反应。

乾口市在前两年已经提出并在一些地区进行了试点，从各地区教育宣传和相关部门的汇报上来看，县管校用政策落实的情况还不错，它不仅有效地激励着教师更加努力地投入工作，更重要的是也积极促进了城乡教育资源的优化配置，为城乡教育一体化的持续推进提供了解决之道。县管校用自身十分明显的优势吸引着不少人士前往该地参观学习，乾口市也于2012年适时地出台了全市积极推进县管校用的实施方案，规定全市各区县都要依照乾口市的相关规定实施县管校用制度，于是中乐县正式决定开始进行这项新的教师管理改革。导致组织出现趋同性特征大致有三种机制，即强制（coercive）、模仿（mimetic）和规范（normative），强制主要源于政府或者法律等具有强制权力的正式或者非正式压力，模仿则是组织为了应对环境的不确定性而根据其他组织的运行模式来塑造自身，规范是指专业化的社会规范对于组织有着重要的影响（Dimaggio & Powell，1983）。中乐县实施县管校用的行为基本是三种机制的综合体，只是其中行政强制起到了决定性的作用，模仿和规范都是在行政强制的背景下的思考和行为。

对此，教育局一位科室主任认为：

很多事情都是上面（指乾口市政府和教育局）压下来的，不然我们在很多情况下还是很难独立去做一件事情，尤其是容易出现影响局面稳定的情况时更会谨慎一些。我们也知道改革好啊，现在各地都有一些动作，但是我们一般很少主动做事情，一是怕万一做失败了责任难以承担，二是尽量不做这些不在上级考核范围内的事情。

任何改革都是一次对既往利益的重组，每一次改革过程都充满着风险，中乐县教育局对此也有着深刻的认识，这一点比较充分地体现在对县管校用的态度上。之前，教育局内部领导和相关人员已经就此进行了多次讨论，也邀请相关教育研究者来此指导，经过几年的思考，教育局才在上级行政压力之下拿定主意，相关领导为何会对这件事情如此谨慎呢？

教育局一位主要领导对此也有着自己的理解："教育中也要关心改革与稳定的关系，改革是手段，稳定是大局，我们不需要失去稳定的教育改革。县管校用是关系教师群体切身利益的一项改革，如果步子迈得太大，造成了教师群体普遍性反感，再在一些怀着某种私人目的人员的煽动之下，将会引起难以应付的局面。我认为中乐县教育局在任何项目的改革上都可以走在前面，但是这件事情一定要非常谨慎。"这位领导的态度与邻县的一位教育行政人员的理念有着相似之处。

实际上，县管校用这一模式最早由哪个地区提出已经很难查证，近年来中央至地方均相继抛出类似概念，但真正进入实际操作的地方却少之又少。邻县公改办常务副主任冉崇寿坦言："县管校用涉及相关人员的切身利益，因此，尽管早在 8 年前就有此构想却一直没有进展。"（陈碧红，2011）

县政府的一位主要负责人的一句话也颇有深意："如果我们教师管理制度的改革影响到了稳定，那么我们干脆不改革，要知道我们政府推行改革的最终目的就是稳定啊。"这句话听起来似乎很有道理，但是又好像哪些地方不太对。随着近年来我国用于公共安全支出的经费连年上涨，作为一个地区行政的主要负责人，"稳定压倒一切"已经成为他们执政的第一要义，这已经不仅仅是教育问题、经济发展问题。

（六）审慎下的变通

事实上，在中乐县这次县管校用的改革提出教师退出机制前，当地已经出现过一些类似的政策设计。早在 1999 年，中乐县就宣传要实行教职工全员聘任制，竞争上岗，末位淘汰。在教师管理中要实施竞争上岗、择优聘任的制度，对优秀教职工优先聘任，对不称职者不予聘任（中乐县县志编纂委员会，2004）。为了核实这件事情的真实性，笔者特意询问了知晓当时状况的教师和一些校长，所得到的答复基本相同：基本没有实施，也从未听说哪位教师被淘汰。即使在当前的一些学校宣传册中，还能在学校管理制度中发现诸如"末位淘汰"的用语。

或许，我们对此类现象并不陌生：很多基层的教育改革表面上看起来轰轰烈烈，甚至形成了影响甚广的"经验"抑或"模式"，吸引着人们来这里参观学习，并最终获得了上级行政部门的嘉奖，得到了诸多同行的掌声。然而，在这些事情的背后可能是另外一种景观，或许实践中他们却是在扎扎实实地做着另外一件事情，表面上的这种"改革"只不过是为了获得不同人士的认可罢了。这让笔者想到了新制度主义社会学中的一个观点，美国社会学者迈耶（J. Meyer）尤其强调文化观念对于组织结构和行为的作用，人们迫于合法性危机不得不接受这些制度环境的引导，因此组织结构中的很多要素都被制度化，它们具有一种被迈耶称为"理性神话"（rationalized myth）的功能。组织融合进来的要素只具有外部的合法性，而不是效率意义上的合法性；组织对外部稳定的制度的依赖减少了组织的动荡，维持了组织的稳定性；融合了制度化神话的组织更具有合法性、更成功，也更可能生存（Meyer，1977）。教育行政部门和学校之所以会选择一些吸引眼球的内容和方式进行"改革"，目的就在于在包括规制、规范和文化－认知等各种制度在内的制度环境中建立一种合法性机制，从而达到获得外部环境认可的目的。

对此，有些人对于这些做法可能无法理解，教育行政人员王主任也曾多次与笔者谈论自己的困惑："每次我把县管校用的改革方案拿给领导看，他们都不发表意见，这让我感到不太理解。他不表态，我们下面的人就没有办法接着做啊，不知道往前走还是往后退。"另外一位办事人员有着自己的看法："他不表态说明了你的方案还是做得不行，或者是他还没有想好。"不管怎样，下属人员的种种感受还是在一定程度上说明了教育局领导在这项改革中的谨慎态度。当然，从实践中看，领导的担忧不无道理，如果要真正实施县管校用将至少面临以下两点困难。其一，教师退出机制的设想缺乏配套的措施。例如，在教师退出之后养老保险、医疗保险等将如何解决？会不会产生不稳定因素？毕竟退出机制可能会引发一些教师的不满，甚至出现较大的动荡。其二，这样做是否符合《教师法》等相关法律法规和制度的规定？如果是因为教学成绩、拒绝城乡交流等事件让教师退出，是否超越了行政处分或者解聘的规定。

种种迹象表明，中乐县的县管校用制度实施过程中在经历着一种变通行为。变通既不是一种完全正式的制度运作方式，也不是一种完全非正式的制度运作方式，更确切地讲，变通实际上是一种正式机构按非正式程序进行的运作，变通的精妙之处在于它对原制度似是而非的诠释，从表面上看，它所遵循的原则和试图实现的目标是与原制度相一致的，但变通后的目标就其更深刻的内涵来看则与原制度是不尽相同甚至是背道而驰的（孙立平，2002）。可见，变通在生活中并不是一个陌生的现象，如果要完成一些事情，少了变通可能会遭遇很多预想不到的麻烦。这种在渐进改革过程中普遍采用的思维方式和实际上的工作策略必然会贯穿在从中央到地方各级干部的行动中，实质上的变通成为各级政府行为的内在逻辑（刘岳，2010）。值得一提的是，"变通"并非一个贬义词，它并不带有任何的价值判断，因为任何变通都只代表一种对原有目标、计划或者制度的更改，甚至在生活中处处需要变通，否则就会显得古板、死脑筋，很多工作如果没有变通，也就没有了协商的空间。然而，变通的危害也非常明显，它将会导致政策执行不力、上有政策下有对策等政策失真后果。

县管校用主要包含两项举措。其一是成立"教师管理中心"。其二是构建教师退出机制。与第一个目标相比，"构建教师退出机制"会让教育局以及政府面对各种压力和有可能产生的潜在风险，退出机制的配套条件尚未完善，因此在实践中，中乐教育在第二个目标上的变通比较明显，会有对其中的一些细节进行选择性的执行和调整。

变通可以通过多种方式，调整制度安排的组成结构是被经常使用的一种。许多制度安排是多维度的，其总体特征由各个部分的组合结构所决定，变通的一种方式是在执行形式多维度的制度安排条件下，有选择、有意识地改变各个部分之间的比重及组合结构，从而改变制度安排的总体性特征（孙立平，2002）。人事科的一位领导作为这项改革的直接负责人，对此有着较为深入的了解："教师管理中心已经成立了，教师交流肯定是需要的，那些表现比较差的教师接受培训也是有可能的，但是让这些教师退出教师群体，风险太大，我们会非常慎重。"言外之意非常明显，县管校用在执行的过程中其概念和旨趣已经与之前发生了微妙变化，作为一些再设计的变通，这项政策以另外一种方式展现在人们的面前。只是，我们不知道这种变通对于中乐教育而言，是一条通向改革的曲线救国之路，还是在继续彷徨和观望。

二　教师交流

相较于教育经费、办学条件等因素，教师是教育活动的核心影响要素，农村师资建设成为农村教育质量全面提升的战略重点（秦玉友，2015）。在关乎城乡教育一体化能否顺利实现的道路上，农村教师的质量水平是一个关键因素。

（一）教师交流是什么

教师交流有时也被称为教师流动、教师轮岗、教师任教服务制度、支教，这体现了人们在关于教师交流的研究和实践中有着不同的语境。不仅如此，当前人们在这些概念的理解上也并不统一，大致有几类观点：教师跳槽到另外一所学校长期执教，个人的档案随着自己工作的调动而发生变动；教师到另一所学校从事短时间的教学或者管理工作；在某一时间、某一场合不同学校教师在教学、科研以及管理方面的相互沟通；有些人把大学教师的流动与中小学教师流动制度混为一谈；教师交流只是包括教师，不包括校长在内的学校管理者；去外地支教；等等。

在教师交流的理解上出现以上的分歧也不奇怪，笔者在与一些管理者和教师聊天时就时常有这样的感觉，有时也可能会遭遇这样的场景：在一个研讨会上大家都在积极踊跃地谈论教师交流，然而在交流的过程中却意外地发现很多人说的并不是一件事情，或许是两个甚至多个主题。这种"自说自话"的现象除了发生在关于"教师交流"这个主题之外，很多人在诸如"素质教育""体制改革""教育均衡"等很多当前教育改革的关键话语中也都存在着较大的理解偏差，甚至人们在对待"改革"一词的态度上也迥然不同。在这里要讨论的教师交流主要是指，随着教育公平和教育均衡逐渐成为教育改革的焦点，国家和各级政府为了解决农村落后地区中小学校师资水平较低的问题，在一定区域内的公办学校要求包括校长在内的各类教师从优质学校到薄弱学校、从城市学校到农村学校从事一定时间的教学或者管理工作，发挥示范、辐射和带动作用，解决这些学校教师不足及整体水平不高的难题，以此来形成中小学校均衡配置教师资源的格局，缩小各地区教育发展的巨大差距。

改革开放以来的一段时间内，我国政府在教育中坚持"城本主义"价值取向，坚持开办重点校，虽然这样的做法实现了当时国家"多出人才、快出人才"的教育目标，但是也造成了城乡教育发展的严重失衡。当城镇化遇上城乡二元教育结构时，"城镇教育吸引力"对乡村学龄人口的拉动作用加速了乡村教育的衰落和凋敝（邬志辉，2017）。无论是计划经济体制下的分配制度，还是后来市场经济体制下实施的聘任制，都难以阻止优秀教师从农村到城市、从薄弱学校到优质学校的单向流动趋势。一些地方甚至出现了为了防止优秀教师的流失，政府出台硬性规定，禁止公办学校私自或不公开聘调教师，为教师流动立规矩：各公办中小学校严禁违反政策招聘、招调市内其他学校的教师，中小学未经批准，不得到本市农村县（市）、区学校招聘、招调教师；农村县（市）政府所在地中小学校未经批准，不得到边远农村学校招聘（调）教师（王明浩，2007）。教师资源配置的不均衡状态在不断地扩大着地区、学校以及城乡之间教育发展的差距。

面对当时的教育形势，20 世纪末，我国政府无奈之下构建了教师交流制度并付诸实施。1999 年，中共中央、国务院颁布的《关于深化教育改革全面推进素质教育的决定》，提出要对各地区的教师资源进行合理配置，"各地要制定政策，鼓励大中城市骨干教师到基础薄弱学校任教或兼职，中小城市（镇）学校教师以各种方式到农村缺编学校任教，加强农村与薄弱学校教师队伍建设。城镇中小学教师原则上要有一年以上在薄弱学校或农村学校任教经历，才可聘为高级教师职务"。这样的政策规定，不仅把流动的范围局限在大中城市的骨干教师中，而且在"高级职称"的高压下所有的城镇中小学教师都必须执行教师流动制度。

2002 年，教育部颁布《中小学教师队伍建设"十五"计划》，提出要建立教师交流制度，合理配置教师资源，"鼓励和组织城镇教师到农村学校或薄弱学校任教。有条件的地区，先通过试点，逐步实现教师交流定期化、制度化。城镇中小学教师原则上要有一年以上在农村学校或薄弱学校任教的经历，方可聘任高级教师职务。通过教师交流制度，加强农村学校和薄弱学校的建设与发展，缓解农村边远地区中小学教师不足的矛盾，改善薄弱学校合格师资及高水平师资缺乏的状况，促进教育系统内部人力资源合理配置，提高教师资源的使用效益"。政策对教师交流制度进行了再次强调，尝试对教师交流制度进行规范化管理，而且还积极肯定了教师交流对于教育发展的重要意义。同年，教育部还颁布《关于加强基础教育办学管理若干问题的通知》，提出"建立校长、教师定期流动机制"，与以往不同的是，这是我国政策首次明确规定了校长也在教师交流制度的范围之内。

2003 年，国务院颁布《关于深化中小学人事制度改革的实施意见》，认为应该建立城镇教师到农村或薄弱学校任教服务期制度，"坚持城镇中小学教师晋升高级职务应有一年以上在农村或薄弱学校任教的经历。有条件的地区通过试点，逐步实现教师合理流动的制度化，促进教育系统内部人才资源合理配置，加强农村地区学校和薄弱学校的建设与发展，缓解农村边远地区中小学教师不足的矛盾，提高教师资源的使用效益"，"积极推动中小学人员在校际、区域之间合理流动"。同年，国务院发布《关于进一步加强农村教育工作的决定》，"建立城镇中小学教师到乡村任教服务期制度。城镇中小学教师晋升高级教师职务，应有在乡村中小学任教一年以上的经历。地（市）、县教育行政部门要建立区域内城乡'校对校'教师定期交流制度"。

2005 年，教育部颁布《关于进一步推进义务教育均衡发展的若干意见》，基于教育均衡发展的诉求，要求对农村学校和城镇薄弱学校的教师队伍建设进行加强，"要采取各种有效措施，建立区域内骨干教师巡回授课、紧缺专业教师流动教学、城镇教师到农村学校任教服务期等多项制度，积极引导超编学校的富余教师向农村缺编学校流动，切实解决农村教师不足及整体水平不高的问题"。尤其是提到了教师"编制流动"的问题，说明政府正在进行教师编制随人走动的尝试。2006 年颁布新修订的《义务教育法》第三十二条明确规定："县级人民政府教育行政部门应当均衡配置本行政区域内学校师资力量，组织校长、教师的培训和流动，加强对薄弱学校的建设。"将教师流动正式写入法律，标志着在未来较长一段时期内，它将是我国义务教育阶段学校的基础性工作。

2010 年，教育部颁布《关于贯彻落实科学发展观进一步推进义务教育均衡发展的意见》，提出了"健全城乡教师交流机制，推动校长和教师在城乡之间、校际之间的合理流动，鼓励优秀校长和骨干教师到农村学校和薄弱学校任职、任教，发挥示范、辐射和带动作用。建立完善城镇教师到农村学校任教服务期制度"。同年，《国家中长期教育改革和发展规划纲要（2010—2020 年）》提出"实行县（区）域内教师、校长交流制度"。由以上的政策可以看出，自提出教师交流制度以来，近十年来关于义务教育的国家政策中均对其进行了肯定，各地政府也针对政策要求提出了各自的交流方案。北京通过完善教师交流机制提高整体教师水平（赵正元，2001），宁波北仑区实行骨干教师流动形成了"北仑现象"（叶辉、邓威，2001），甚至有研究者在教师流动中提出"转会制"（王柏玲，2005），等等。各地政府和教育行政部门大显神通设计各种措施，致力于保障教师流动的顺利实施。

中乐县所在省市在 2004 年前后积极响应国家关于实施中小学教师交流制度的号召，提出了建立城乡教师定期交流制度的要求，中小学人事制度改革重点向农村和边远地区倾斜。教师交流的初衷是为了通过优质教师到薄弱学校进行交流，为后者带去先进的教学理念和教学方法，在学校管理或者教育教学中寻求共同进步，积极促进教师资源的均衡配置。在教师交流的运作方式之中，还混合着诸如师徒结对、帮扶等形式。省中小学人事制度改革又有大动作，着力建立大中城市城区中小学教师到农村中小学任教服务期制度和定期交流轮换制度，凡 2000 年以后新聘的教师一般应到农村中小学任教 2 年，从 2004 年开始每年各地应安排一定比例的大中城市城区学校教师到农村中小学任教，城区中小学教师必须要有在农村中小学任教 1 年的经历，才能晋升高一级专业技术职务（胥茜，2004）。与国家政策略有不同的是，该地强调了"到农村中小学任教 2 年""安排一定比例"，而且并非只有晋升高级职称的教师才需要执行教师交流制度，城区所有中小学教师必须都是如此，看来这应该是一项难度和力度比国家标准还要大得多的决定，这对于各级政府以及中小学校而言，无疑是一项较大的挑战。

2006 年省教育厅颁布了《关于进一步加强农村义务教育教师队伍建设和管理的实施意见》，其间进一步强调了之前设计的教师交流制度，并没有做出特别调整。乾口市也积极行动，相继提出《关于推进中小学干部教师定期交流工作的意见（试行）》、《关于进一步加强干部教师交流工作的通知》以及《关于进一步推进城镇教师支援农村教育工作，加快中小学教师城乡交流的意见》等政策，对乾口市管辖范围的区市县积极推行教师交流制度进行了具体规定和安排。2008年，中乐县颁布了《关于加强教师交流互动工作的实施意见》，首次在正式的教育政策中提及教师交流制度，计划在6年之内将县域内所有符合条件的教师全部交流一遍，并且对具体工作的开展进行了较为详尽的要求。2009年，乾口市颁布的《关于深化乾口市教育均衡发展的意见》中提出了教师"师徒牵手"的规定，"组织城乡师徒牵手。在全市组织和选拔一批师德高尚、业务精湛的骨干教师（包括学科带头人、特级教师、教育专家）与农村教师结成师徒，制定培训培养计划，明确师、徒职责，完善评价方法，采取师徒'一对一'、一师多徒、名师工作室等多种有效方式，切实提升农村教师专业化水平"。这些政策的颁布均是中乐县开展教师交流活动的背景和依据。

（二）教师交流的范围和形式

依据《关于加强教师交流互动工作的实施意见》的要求，我们可以看到中乐县教师交流范围的特点。

中乐县并非只针对乾口市规定的"公办中小学校"，而是将教师交流互动范围覆盖全县所有中小学、幼儿园和直属教育机构的教师。也并非要求全体教师都参与进来，对于那些年满50周岁的男教师和年满45周岁的女教师，原则上不纳入交流互动范围，这在一定程度上减轻了教师流动的阻力。关于年龄范围的选择并非机械地执行乾口市规定的结果，人事科领导也说出了其中的道理：

> 学校中不同年龄段教师对于工作投入精神状态的区别很大，刚毕业进入学校的年轻教师是最积极主动的，参与学校组织的各种科研或者课外活动，教育教学状态也不错；30岁至45岁的教师在教育教学上都已经非常熟悉，然而评职称、做科研或者谋求较高行政职位还会给他们较大的动力；45岁以上的教师无论是在职称还是行政职位上都没有了追求，他们已经获得了应该得到的东西，职业倦怠在这部分群体中体现得最为明显。

基于这样的考虑，中乐县教育局把教师交流的重心放在中青年教师上。同时，教育局也规定每年每校交流互动的教师人数应达交流互动教师总数的 15% 以上，这也高于省市的 10% 规定。此外，中乐县教师交流的时间较长。国家要求各地区在教师交流中要进行为期"一年以上"的交流期限，乾口市则规定区（县）教育局选派到农村中小学任校长的城区中小学干部，定期交流年限为每期（批）3 学年；到农村中小学任教师的城区中小学教师，定期交流年限为每期（批）2 学年。中乐县提出的教师交流互动时间更长，原则上应该不少于 3 年（中乐县教育局，2008）。

在国家政策中关于教师交流一般被表述为"鼓励优秀校长和骨干教师到农村学校和薄弱学校任职、任教"，这意味着教师交流主要指的是城乡学校之间的逆向流动，集中体现了国家均衡配置教师资源的制度设计初衷。中乐县并不局限于从城市学校到农村学校的单一流向，而是依据自身特点开发出多元化的制度形式。教师交流中最常见的一种形式是支教，中乐县所有县城学校的县级以上的骨干教师、2005 年起应聘进城并有支教承诺的教师、没有在农村学校任教经历的教师，都要根据中乐县教育工作需要，按照统一规划和安排到农村学校支教。不仅如此，教育局还要求农村学校每年选派一定数量的有发展潜力的年轻教师到城区学校学习锻炼。这说明不仅要求骨干教师从县城到农村逆向流动，而且还要发展一批农村学校中的年轻教师，开展从农村学校到县城学校的正向流动，这样更能让农村学校的教师亲身感受到优质学校的文化氛围，这在有时候会起到更全面和深入的效果。事实情况也基本如此，一位从农村到县城交流的教师深有感触："我之前所在的农村学校与现在的县城学校有着完全不同的学校氛围，这是最重要的。在这里每一位老师看起来都是那么动力十足，无论是课堂教学还是教研活动，老师们参与的积极性都非常高。在农村学校很少能够这样，很多老师都是当一天和尚撞一天钟，根本不会去做这些事情。"此外还实行同区域、同类型学校间教师交流。原则上在同一所学校任教满9 年的教师，应根据学校师资状况和教师交流计划，在同一区域、同类型学校间进行交流互动。最后一种形式是跨区域教师交流。根据学校编制和学科结构情况，在教师自愿、双方学校同意的情况下，教师可以跨学校、跨区域交流。在中乐县，教师的交流方式最主要的还是第一种，在调研期间这种形式最为常见；第二种类型的交流方式比较少，一般情况下能够有这样机会到县城学校的教师都属于那种表现非常不错的学校骨干，如果只是让那种"具有潜力"的年轻教师来到县城学校，那么就很难得到教学的机会，反之优秀很多的教师来到县城之后基本上就不回来了，因此农村学校的领导对于优秀教师的交流还是持谨慎的态度。

在是否想要进城的问题上，教师反应并不一致。对于那些想要进城的教师而言，最大的吸引力就是能够到城里照顾孩子上学；那些不想进城的教师也有着自己的考虑，不过，县城学校教师工作压力过大是他们选择农村学校的主要原因。调研期间，笔者结识了一位女教师，她家住在中乐县城，孩子一直在县城学校读书，丈夫也在县城某单位上班，然而她的单位却是在离县城约9公里的某乡镇九年一贯制学校，每天她都要早出晚归，每天都重复着从县城到乡镇的往返运动。在笔者看来，她的理想应该是"能够到县城学校上班"才符合常理，但是她根本不这样看："我才不愿意到县城学校上班呢，教学压力大得要死，时刻都有教育教学的成绩排名，如果成绩不好拿不到高绩效工资，多丢人啊！更重要的是绩效工资和在乡镇学校也差不太多，我才不受那份罪，我在乡镇学校。"据笔者所知，如果这位教师想去县城学校的话，她丈夫完全有能力通过自己的关系搞定，但是她并没有这么做，在一定程度上也证实了这位教师谈话的真实性。中乐县与她有着相似想法的教师还是比较多，甚至有很多教师即使没有私家车，他们宁愿与其他教师一起拼车往返也不会去选择调动工作。

（三）教师交流的考核

可以想象，如果没有行政压力，一般教师是很难离开熟悉的工作单位而到另外一个陌生环境的，尤其是到那些农村学校或者薄弱学校，很可能引起这些教师的极不适应。中乐县教育局当然对此也了然于胸，于是就制定了相关的激励措施。首先，建立教师奖励制度。教师在参加交流互动期间表现出色、成绩突出、年度考核为优秀等次的，在同等条件下评优、晋级等应予以优先考虑；优先推荐评审或聘任中、高级职称。这一点是非常具有吸引力的，毕竟很多教师之所以愿意"主动"选择到农村学校，就在于这份短暂的离别能够大大增加晋升高级教师职称的机会。其次，制定教师惩罚措施。教师交流互动期间年度考核不称职的，当年不能正常晋升工资，3 年内不予推荐评优和晋升职称，是中、高级职称的教师实行高评低聘；三年交流互动期满考核不合格或年度考核不称职的，交由县教育局集中安排培训，培训期间只领基本工资；无特殊原因不参加交流互动的，学校不另行安排工作，按落聘人员对待，交由县教育局集中安排培训，培训期间只领基本工资（中乐县教育局，2008）。从中可以看出，这样的规定对于教师而言是非常严格的，相信无论是哪一部分群体的教师都不愿意触动这条"底线"。然而，这里的关键是要看考核的标准、方式以及执行力，这就需要去关注教育局关于教师交流考核制度的设计。

教师交流的考核分为两个阶段：学校考核和教育局考核。学校考核是一年一度的绩效工资考核，考核时间、标准以及方式与该学校其他教师的考核没有太大区别。在教师交流互动期满后，由教育局委托县教培中心负责考核，参与交流互动的教师要对交流互动期间的工作做出认真的总结，任教学校对相关教师做出全面评价，县教培中心对交流互动教师在德、能、勤、绩、廉等方面的表现做出全面考核。调研期间，笔者并没有发现有考核不及格的情况，难道是所有的交流教师表现都符合考核标准吗？受访的校长和教师认为，大部分交流教师表现还是不错的，都能够积极主动地完成学校交给的教学或管理工作，与学校管理者和其他教师也能够和睦相处。然而，这并不说明所有的交流教师都能够做得如此出色，当前我们也可以在网络、报纸和期刊中很容易看到大肆宣传教师交流取得的所谓"典型经验"，而事实上很多地方的教师交流制度实施的效果并不理想。城乡教师交流制度在现实中极易出现"异化"，其主要体现为城乡教师交流的自愿性、公益性、发展性、实质性异化为指令性、私利性、惩罚性、形式性（叶飞，2012）。为什么政策中很好的设想在现实中就变成了异化的工具呢？教师交流过程中出现了哪些问题和困难呢？

首先，农村教师丧失公平感。对于从城市里来的所谓"骨干教师"，农村学校的教师好像并不买账，很多教师认为"他们的教学水平也就那样，还不如我们"，言语之中充满了不屑和鄙视。为何会出现这种情况呢？笔者发现交流教师与普通教师之间存在着"不公平条款"，即每一位来自县城的交流教师有每月 1000 元的额外收入，正是这条规定引起了其他教师的众怒，让他们觉得非常不公平。一位农村的女教师曾对此愤愤不平："我们在农村学校教了一辈子书了，都没有这 1000 元钱，为何他们来教了一年①就能够得到这笔钱，我想不通。"很明显，政策中找不到相关的规定，但是它们在实践中往往会起到决定性的作用。

其次，交流教师也成了"变色龙"。这些教师在交流过程中还存在一个奇怪的现象，即从城市来到农村的教师并不见得有着较好的教学成绩，反而从农村来到城市的教师常常有着出色的表现，交流教师成了"变色龙"。教师交流也引起了教师的"水土不服"，优质师资不一定能获得较好的成绩。这样的情况并不少见，笔者曾遇到一位从乾口市来到中乐县农村学校交流的语文教师，一个学期之后发现教学质量不仅不如在以前学校的水平，与同年级相比也不如其他班级好。出现这样的情况确实出乎人们的意料，为何会造成这样的结果呢？

很多教师和校长都给出了大致相同的几点原因。一是学校氛围积极和消极影响。城乡学校所具有的不同学校文化形成了教师工作独特的氛围，一般而言，城市学校不仅重视学生的教学成绩，还会积极地参与教育科研之中，希望通过特色学校建设、高效课堂以及各种教研活动为教育质量服务，因此教师在学校的生活就显得比较繁忙而充实。反观农村学校则往往呈现另外一种景象，教师除正常的教学之外没有特别的工作安排，在办公室闲聊打发时间占据了教师大部分的时间，甚至有家长反映农村教师的种种不良嗜好，"他们对学校不负责任，整天就知道打麻将，办公室里放的都有麻将。还有教师的心思都没有放在学校里，自己在街上开了一家商店，或者与别人合伙做生意，哪有时间管娃娃啊"。因此，城市教师来到农村学校之后，往往看不起那里的工作氛围，但是自己又无力改变，经过一段时间之后就慢慢习惯了。二是学生和家长因素。为什么他们也会成为一个重要影响因素呢？原因在于交流之前的学校各方面条件都比较好，尤其是家长的素质普遍较高，孩子也比较听话懂事，所以教学不需要付出很大的力气就能够获得较高的质量水平。然而，教师交流来到薄弱学校之后，不仅各方面条件比较差，更重要的是学生家长都是农民，学生回家之后都摘茶叶、做农活去了，很少能够积极复习功课，甚至基本的家庭作业也做不好，而且家长对学生上学的态度也比较消极，成绩的好与坏根本不能引起他们的重视。所以，教师即使做出很大的调整，还是没有之前的教

---

① 在访谈中发现，也存在只交流一年的情况。

学效果好，甚至"科学的"教学方法还不如本校教师自创的"土方法"管用。三是交流教师的个人目的。也有一些教师来到农村学校或者是为了评上高级职称，或者是为了将来获得上级的提拔，或者是为了得到政策中隐含的奖励收入，总之是为了个人利益才来到农村学校的。这些交流教师未能正确认识自己的使命，不同程度的存在在岗不敬业（人在学校，但是工作不认真，以应付为主）、支教不支招儿（不把自己成功的经验和好的做法传递给农村教师）、优越不优势（县镇教师到农村学校后很有优越感，认为自己处处都比农村教师强，但又不把自己优势发挥出来，未能给提高农村教育质量做出积极贡献）等现象，给农村学校及教师带来一些负面影响（李宜江，2011）。尤其是最后一种情况，一直在考验着教师政策设计者和执行者的智慧，如果不能做出相关的改变，教师交流的意义将会大打折扣。

再次，"熟人社会"因素的存在造成学校"报喜不报忧"的考核结果。费孝通在《乡土中国》中提出了不同于西方国家团体格局的差序格局：我们的格局不是一捆一捆扎清楚的柴，而是好像把一块石头丢在水面上所发生的一圈圈推出去的波纹，每个人都是其社会影响推出去的圈子的中心，被圈子的波纹所推及的就发生关系，每个人在某一时间、某一地点所动用的圈子是不一定相同的（费孝通，2010：26）。这也是中国社会与国外的一个重要区分，在现实生活中一个部门乃至一所学校都是由熟人构成的小社会，人与人之间的关系并不像理想型科层制中的"去人情化"，很多事情的开展是需要经过组织中的人情交往得以实现的。如果没有这个由"水波级"组成的一圈圈社会关系，人们之间的关系也就趋于"愈推愈远"和"愈推愈薄"的境地了，届时的工作关系将处于一个非常生硬的氛围之中。差序格局造成了人们在行动中维持秩序的力量不是法律和制度，而是不同条件下人们形成的复杂的地缘与血缘关系。在任何一所学校内部，所有教师基于地缘的关系，他们相互之间都非常熟识，很显然这是一个与费孝通提出的"熟人社会"基本相似的社会。在这个由熟人组成的圈子里，即使教师的表现没有达到预期，甚至是让人非常失望，校长在校内考核的时候也多半会网开一面。

最后，优秀教师难以交流。虽然政策中规定县城学校要交流"骨干教师"，但是在实践中却很难实行。中乐县曾经在2007年尝试实行教师交流制度,但是在实施之初就经历了重重困境:支援方心生芥蒂是最大的问题。把自己学校的优质师资调动到其他学校,来交流的教师多半是抱着"来混过一段时间"的目的和心态,不仅不能为学校教育质量的提升做出贡献,而且还严重扰乱了正常的教育教学秩序。家长极其不满的情绪也让交流举步维艰。当家长得知自己孩子学校的好教师被调走之后,他们表达了强烈不满,"凭什么把我们孩子学校的好教师调到其他学校?""你们学校到底要搞啥子?"等。甚至一度有家长去教育局和县政府"讨说法",而且还威胁政府人员说,如果不解决,就去乾口或者北京上访,只要(县政府)能够撑得住。接下来还有政府施加压力。等到政府相关领导获知这样的事情之后,就会立即给教育局领导打电话:"你们是搞啥子的嘛!怎么搞成这样!"当教育局回答"我们在执行教育政策的规定"时,他们就会说:"任何规定也不能搞乱子啊!你们给我好好解决!"这样一来,就会给教育局很大压力。除此之外,受援方也表达了不满。他们不认为自己学校出来交流的教师差,这些教师都是学校的中流砥柱,而且他们也不认为来的教师有多么高的水平,甚至说还不如他们学校的教师好。

三 绩效工资

2008 年,我国人力资源保障部、教育部和财政部联合颁布《关于义务教育学校实施绩效工资的指导意见》,决定在 2009 年开始实施义务教育阶段绩效工资制度改革,这标志着我国义务教育阶段教师收入分配制度进入了一个新的阶段。中乐县所在的省市在 2009 年相继出台了《省义务教育学校教师绩效考核》《乾口市义务教育学校教师绩效考核试行办法》等文件,着力在各省市推行义务教育阶段教师绩效工资制度。2010 年,中乐县教育局也出台了《关于义务教育学校绩效工资的实施方案》和《义务教育学校教师奖励性绩效考核试行办法》,决定在全县义务教育阶段学校推行这一制度,至此中乐县所有义务教育阶段教师开始进入了期待已久绩效工资时代。

基本实现教育现代化短板在乡村,而制约乡村教育发展的根本问题在教师,发展乡村教育的关键是要提高教师的经济待遇(范先佐,2015)。教师绩效工资在实施之初,很多教师就充满了很高的期待,而事实上它给广大教师尤其是乡村教师带来了什么呢?

（一）不公平的平等

根据国家、省市关于义务教育阶段教师绩效工资的相关规定，中乐县教育局也相继制定了绩效考核办法和相关的实施方案，作为中小学进行绩效考核的依据。绩效工资的根本特点就在于它的激励意义，通过坚持"不劳不得、多劳多得、优绩优酬"的评价原则，教育部门对于教师在教育教学中不同的工作绩效给予差异性的工资，在保障教师基本生活的基础上将总收入拉开适当的差距，从而达到提高教师工作积极性的目的。

按照上级部门的规定，中乐县的绩效工资分为基础性和奖励性两部分，其中前一部分占绩效工资的70%，将统一下发给每一位教师；后一部分占绩效工资的30%，将通过设立班主任津贴、岗位津贴等方式发放给教师。中乐县在此基础上对基础性工资和奖励性工资均进行了微调和细化。教育局将基础性绩效工资分为岗位津贴和农村教师补贴两项，其中岗位津贴占基础性绩效工资的90%，依照管理人员、专业技术人员、工勤人员的工资系列和所在岗位等级，按月划拨到教职工个人账户；农村教师补贴占基础性绩效工资的10%；根据学校离县城的远近和教师工作、生活条件的艰苦程度，将全县学校分为五类（其中第一类为城区学校），并按向农村和边远山区倾斜的原则，设定各类学校的综合系数，根据各类学校的综合系数按月划拨到教职工个人账户。尤其是农村教师津贴的设立，有效保障了城乡教师收入的均衡，这一点其他地区也大多如此。绩效工资强化了向农村教师倾斜的导向，明确了在绩效工资核定上对农村学校特别是条件艰苦的学校适当倾斜，设立农村教师津贴，从根本上消除了同一县域内教师收入差距，以往教师都不愿意到农村偏远地区的初小和教学点任教的状况得到了改善（范先佐、付卫东，2011）。奖励性绩效工资占绩效工资总量的30%，分为班主任津贴、校长奖励性绩效工资、超课时津贴、教育教学成果奖励等项目。班主任津贴按全县教职工奖励性绩效工资总量的15%提出进行全县统筹，根据学校实有班数和班额系数计算班主任津贴并划拨到学校；校长奖励性绩效工资在全县教职工奖励性绩效工资总量内按一定比例提取，根据学校类别和督导室对学校考核结果发放；教育局根据督导室对学校的全面考核情况对学校进行奖励。

自实施绩效工资以来，中乐县义务教育阶段教师的年平均绩效工资基本上一直都是 18000 元左右，其中基础性工资占据了 12600 元，剩下的奖励性工资为 4300 元；而再去除教育局用作统筹管理部分，每位教师每年大概平均拥有约 4000 元的奖励性工资。由上可以推断，单从制度设计上而言，教育局制定的教师绩效标准既能够适当拉开教师收入的差距，起到激励教师努力工作的作用，又为县域内教师工资水平的均衡提供了保障。

无论是国家还是地方，教师奖励性工资的分配方式和办法都由学校来确定，因此，学校内部关于绩效工资的考核制度以及相关的程序成为绩效工资制度实施成功与否的关键。然而，中乐县正是学校内部考核中遭遇"和谐"因素的影响，最终导致了教师绩效工资的不公平的情况。

按照各级政府对绩效工资政策的规定，对教师绩效考核的权力被下放到学校，学校要自主制订教师绩效工资评价考核方案。这对学校而言有着双重的意义，学校一旦有着自主评价的权力，那么就可以自主选择评价标准，根据学校教师在工作中的实际工作状况和业绩来考核，这有利于教师绩效评价的客观性和真实性。然而绩效考核是一个普遍性的难题，客观上由于教师工作的特殊性，奖励性绩效的许多方面难以量化，不容易找到衡量的载体来体现教师工作的数量和质量（胡耀宗、童宏保，2010）。同时在评价过程中也极有可能存在专业性不强、评价主体不完整等缺陷，然而评价方案的制定才是其中的关键问题。中乐县大多数学校评价就遇到这样的困惑，在刚开始制定考核方案的时候，所有的教师都踊跃参与，然而经过很长时间也没有通过任何一个方案，到最后大家一致通过的竟然是一个平均主义的考核标准。

为什么会出现这样的结果？一位校长就此讲述了自己的经验："如果设计的方案倾向于让一部分工作成绩突出的教师工资过高，那么就会有其他教师反对，这些人不愿意自己的绩效工资比别人低，因为在所有教师眼里，绩效工资中的 70% 和 30% 两部分工资都是他们应该得的钱，本来就属于他们自己的，为什么要送给别人呢？于是，我们最后就设计出一个大家差不多的方案，这样就没有人反对了，即使那些平时工作努力的教师也不会反对，因为如果他们反对的话就会招致更多人的嘲讽，所以就妥协了，最后这个大家都一样的方案也就顺利通过了。"表 5-1 是来自克井学校的教师绩效工资考核方案，它也是平均主义绩效方案的典型代表。以第一部分的"教师职业道德"为例，在任何一位评价者眼中，教师在依法执教、爱岗敬业、热爱学生、团结协作、尊重家长、廉洁从教以及为人师表方面很难取得不一样的分数。即使是权重最多的教学效果（管理效果）一项中，也规定了"有教学业绩在（九年制）学校同年级前 20%、21%～40%、41%～60%、61%～85% 分等定级为一、二、三、四等"，然而这四等之间竟然只有 1 分的差距，可以想象其中的激励效果。公平是一种质的特性，而平等是一种量的特性，"教育平等"是一个实证性的概念，它是对一种客观的教育资源分配结果或分配状态的描述，它只回答不同人之间分配的结果是否有差别或者是否有差距，但并不回答这种分配结果是好还是坏的价值判断；而公正则是与正义、公正相联系的价值判断（褚宏启、杨海燕，2008）。学校在这样的评价过程中，最终形成了人人在数量上平等的结果，但是对于那些工作努力、获得较大工作业绩的教师而言，无疑是一种不公平的打击。

表 5 - 1　2012 年克井学校教师绩效工资发放方案

考核项目	考核内容及标准记分办法
一、教师职业道德（10 分）	依法执教（1 分）、爱岗敬业（2 分）、热爱学生（2 分）、团结协作（2 分）、尊重家长（1 分）、廉洁从教（1 分）、为人师表（1 分）
二、教师素质（20 分）	学历达标（2 分）
	普通话掌握运用程度（2 分）
	现代教育技术掌握程度（3 分）
	积极参与教研教改新课改效果好（5 分）
	接受继续教育完成培训（3 分）
	所教学科组织管理水平能力（5 分）
三、教师执行教学常规情况（25 分）	教学计划与总结（2 分）：按时制订教学计划、计划要素齐全（0.5 分）；措施与安排具体（0.5 分）；总结实事求是，内容具体、重点分析和总结成绩与问题（0.5 分）；提出了解决问题的跟进措施（0.5 分）
	备课（6 分）：由学校考核小组根据《中乐县教师教学设计评价表》进行定期（每学月 1 次）和不定期（随机 1 次）的检查评价，分优（6 分）、良（5 分）、中（4 分）、差（2 分），总课时每少一节扣 0.5 分
	上课（6 分）：办法同备课，使用《中乐县中小学课堂教学质量评价表》进行评价，分优（6 分）、良（5 分）、中（4 分）、差（2 分）
	作业布置与批改（3 分）：由学校教导处或考核小组每学月定期检查，采取随机抽取每班 3～5 名学生的所有学科作业本、练习册、单元题等作为检查依据，按照《中乐县教师作业布置与批改情况评价表》进行评价，分优（3 分）、良（2 分）、中（1 分）、差（0 分）

考核项目	考核内容及标准记分办法
三、教师执行教学常规情况（25分）	辅导学生（2分）：教师建立了本学科学困生花名册，并记录了对每位学困生的个性化分析（1分）；认真做好对学困生的辅导（每学期不少于8次），且有记载（1分）
	教学反思（2分）：有教学反思且有针对性（2分），课时反思少一次扣0.2分
	组织考试与质量分析（4分）：教师要严格考风考纪要求（2分），每违规一次扣2分；能坚持根据教学要求和学生实际自命题对学生进行适量的过程性检测（1分）；期中和期末考试后，能按学校要求及时做好教学质量分析（0.5分）；质量分析报告全面具体，对今后改进学科教学有指导作用（0.5分）
四、教学效果（45分）	评教（5分）：岗位评教满意率95%以上计5分，每少5%按降0.5分计算
	学生行为习惯培训（5分）：所教课堂学生卫生（1分）、学生文明礼貌行为（1分）、学生出勤（1分）、所教班级学困生面较小（1分）、学生上课听讲情况（1分）
	所教班的巩固率升学率（5分）：班级巩固率达标准（有升学率的达标）给5分，巩固率不达标不给分
	教学效果（管理效果）30分：有教学业绩在（九年制）学校同年级前20%、21%～40%、41%～60%、61%～85%分等定级为一、二、三、四等。其中一等30分、二等29分、三等28分、四等27分

资料来源：依据中乐县一乡镇学校绩效工资发放方案整理而成，表格的格局略有修改，但是基本保持了原有的指标。

（二）激励意义的消解

的确，学校绩效工资方案存在的平均主义倾向影响了教师的积极性，但是它只是其中的一个影响因素，与之相比较，教师在区域之间的横向和自身收入的纵向比较中更加使部分人落寞和自惭形秽。2006年，我国颁布《高等学校、中小学、中等职业学校贯彻〈事业单位工作人员收入分配制度改革方案〉三个实施意见》，提出计划在中小学校实施岗位绩效工资制度，这给很多教师一个信号，即要涨工资了，很多教师都是翘首以盼地在等待。

然而，在2009年中乐县开始实施教师绩效工资之后，这种激动的心情一下被浇灭了。在绩效工资政策实施之后，不同学校教师的总收入并非全部提升，而是有升有降，且升降比例都不等，与原来的收入相比基本持平。对于那些农村学校，由于生源少等因素，之前学校没有太多的收入，也就没有足够的资金发给教师各种补贴、奖金等，因此在实施绩效工资后，教师的收入是上升的。对于县城学校而言，学校的各项收入相对可观，为了提高教师的积极性，激发他们更加努力地工作，学校就会拿出一部分钱来奖励那些努力工作或者获得较大成果的教师，一般这些奖励要远远高于后来的绩效工资所得，因此这些学校的教师工资也就相对丰厚，然而在实行绩效工资之后，这些奖金和补贴都没有了，这些学校教师的工资自然也就下降了。

如果说这一点中乐县教师还能承受的话，那么区域之间教师绩效工资过于悬殊的差距则让他们愤愤不平。尤其是一些中年教师一直难以理解，"在同一个天下教书，为何我们干了30年的老师的工资还不如他们刚毕业的一个娃娃老师？"由于国家政策中缺乏对绩效工资总体水平、主要项目及其基准的明确规定，各地往往根据当地财政实力来决定发放标准，造成各地绩效工资项目和标准差异较大，并在一定程度上导致了教师收入的区域性差距拉大（庞丽娟等，2010）。与乾口市的大部分区市县相比，中乐县教师的绩效工资水平是最低的，其他区县基本上都在每年3万元以上，有些经济发达的区甚至在5万~6万元。同样是在一个市委领导下从事同样教育工作的教师，为何差距这么大？这成为大多数教师心中始终消退不去的疑问，也让他们在教育教学中对此耿耿于怀。

教育局的一位具有高级职称的人员对此也颇为无奈："我和爱人都是高级教师，在我们县工资算是高的，每年能拿到将近8万元，然而我们都高兴不起来。因为在乾口市的瑞联区一位刚入职的年轻教师每年都能拿到这个数目，我们两口子都忙了大半辈子了，才和人家一个小姑娘赚的一样，这让人怎么活啊！"当然，造成教师绩效工资收入的区域性拉大主要是体制性原因。从绩效工资改革的要求来看，义务教育学校实施绩效工资所需经费，应纳入财政预算，按照管理以县为主、经费省级统筹、中央适当支持的原则，确保义务教育学校实施绩效工资所需经费落实到位。但是，由于绩效工资改革没有明确划分中央、省、市、县四级政府的财政责任，也没有具体规定各级政府应该承担的比例，加上中央政府对省级统筹和省级投入缺乏有力的监管督导措施，最终造成绩效工资财政保障的责任层层下放到县级政府（范先佐、付卫东，2011）。中乐县经济发展一直较为落后，大多数指标的排名均落后于乾口市其他地区，乾口市在整体规划中把区域内的所有区县按照经济发展水平高低分为三个发展等级，前两个等级各包括6个区市县，第三个等级包括8个区市县，中乐县基于相对落后的经济条件处于第三个发展等级，由此也可以看出中乐县政府的财政水平。在这样的经济条件下，县政府自然拿不出足够的教育经费来支持教师绩效工资的高水平。

我国提出并实施绩效工资，最主要的目的就在于在中小学校建立教师激励机制，通过"多劳多得、优绩优酬"的分配原则，鼓励教师在教育教学工作中做出突出成绩。然而，在中乐县调研期间，笔者却发现事实情况并非如此，几乎一致的声音反映了一个事实，即在实施绩效工资之后教师工作积极性早已大大不如以前。绩效工资完全没有实现当时的初衷，教师仍然没有提高积极性，甚至降低了那些优秀教师的工作积极性，他们工作努力，既得不到应得的利益，又容易受到教师队伍的孤立。由于学校方案的平等取向，实施绩效工资之后大家工资收入基本相当，于是几乎所有的教师对教学、科研、活动、培训没有兴趣，"如果多做事，一年也多赚不了2000元钱，何必呢"，已经成为广大教师的共同心声。

当与中小学校长谈论到绩效工资之时，很多校长都对此唉声叹气，几乎没有一位校长对当前实施的绩效工资表示满意，甚至教育局领导对这项制度的失败也毫不讳言。在学校内部，有些学校的校长并不能与教师队伍形成合力，有些教师根本不听校长的，特别是那些年龄比较大的，校长无论说什么都不会理会，但是校长也没有权力去惩罚他。没有实施绩效工资之前，每个学校都有"小金库"，学校可以用这些钱为教师发课时费、补课费以及其他劳务费和津贴，而且这个比例会占到总收入的较大一部分，因此教师基于获得较大收益的目的会积极地做事情。然而，实施绩效工资之后，这些"小金库"都没有了，学校也不允许发放除绩效工资之外的津贴了，而且每个人的绩效工资数额差别非常小，所以教师就没有再做事情的动力了。即使做一个班主任或者年级组长，每个月会有几百元的收入，但是这些钱只是总工资较小的一个比例，不足以吊起他们的胃口，他们是没有动力去做这些事情的。甚至一些学校出现了一种怪现象：为了让某些教师做教研室主任或者其他职位，不但教师不必去求校长，反而校长要用请吃饭、送礼物等方式来笼络这些教师，用人情来获得他们的支持和信任。这与之前有着非常大的区别。一位校长无奈地说："现在哪个学校的绩效工资都是平均主义，大家都差不多，根本拉不开差距，也不能拉开差距，否则就会有老师找麻烦，所以校长难当啊。"

第六章　教学改革

以往教育局一般都会设立专门的教研室或者师训室，主要负责全县各学校教师的培训和教育研究管理工作。近年，中乐县教育局取消了这些科室，把相关人员统一组合成教研与培训中心（以下简称"教培中心"），使其成为具有一定独立性质的教育单位，隶属于教育局统一管理。如今的教培中心工作范围主要包括组织教师培训、开展教研活动、教学质量评价以及关于高效课堂等方面的内容。在当前各级教育行政部门积极强调教育教学改革的背景下，教培中心基于其具有的研究性和深入性特征，一跃成为教育局开展工作的中流砥柱。在城乡教育一体化背景下，中乐县教学改革主要包括教师培训和高效课堂两项内容。

一　教师培训

一直以来，教师培训都是教师职后教育的重要形式，同时也是促进教师专业发展、提高教育教学质量的重要途径。然而在中乐县笔者发现，机会不算少的教师培训并没有受到教师们的欢迎，相当比例的教师对培训有着不太美好的回忆。在各种因素的交互影响下，为了实施各级政府部门关于教师培训的要求，人们在培训过程中逐渐形成了教育局与学校之间以及校长与参与培训教师之间的共谋。

（一）教师为何不喜欢培训

我国各级教育行政部门都非常重视教师培训，2010 年出现的"中小学教师国家级培训计划"（以下简称"国培计划"）就是教育部专门针对中小学教师尤其是农村落后地区的中小学教师的整体素质提升而实施的一项培训。国培计划基于培训机制、培训内容、培训对象、培训专家团队等方面的创新和优势，短时间内产生了较大的影响。

中乐县也有相当一部分学校的骨干教师参加了国培计划，其他教师也基本上都能有机会参与各种培训，据大多数教师访谈的情况估计，每所学校每年至少有一半以上的人员参加各级政府和教育行政部门组织的培训活动。如果用当地教师的一句话来总结教师培训的参与程度，那就是"只要你想接受教师培训，机会总是大大多的"。这也说明了对于中乐县教师而言，接受专业的教师培训已经不是一件困难的事情。然而，现实中教师对于各种培训唱赞歌者寥寥，大倒苦水的人倒是非常多，很多教师表示对接受的各种培训并无好感，中乐县的一些校长和教师对上级行政部门安排的各种培训也心生埋怨。事实上，这种情况在其他地区也不少见，在很长一段时间里，教师培训在教学内容、方式、考核等方面都广遭诟病。主要问题有理论过深，引发教师的"恐高症"；强度过大，引发教师的"消化不良症"；形式过少，引发教师的"厌食症"；名目过多，引发教师的"忧郁症"；考核过松，引发教师的"麻痹症"（严卫林，2007）。这些"顽症"都曾经并正在影响着教师对于培训的感受。

诚然，我国各级培训机构开展培训的初衷都是为了提升教师专业发展水平，这一点无可厚非，但是在具体细节的选择上还需要进一步完善。如果说以前教师培训的相关研究主要聚焦在培训方式、内容、培训专家的选择、培训考核等"培训内部"的维度上，那么在此讨论的中乐县教育在培训上的问题和困难已经不限于此，更多的是溢出了这个范围体现在外部维度了。据笔者观察，教师对于各种培训的怨言和不满情绪主要集中在以下几个方面。

第一，学校经费短缺的限制。上级教育行政部门组织的教师培训，一般都是政府或者教育行政部门出资，不再向各学校收取培训费用，这在一定程度上减轻了学校的教育经费支出。然而，如果派教师到外地接受培训，就必须要考虑到往返的公共交通费、住宿费、餐费等，一年算起来这也是一笔不小的开支。乡镇学校的一位校长曾经说过："前一段时间我一直在出差，参加了北京、上海和乾口市的一些教师培训，已经有将近一个月没有待在学校了。不能再这样下去了，否则教师肯定该有意见了，即使表面上不埋怨，背地里也会说我坏话，这个月就不打算出去了。"由此看来，由于经费的限制，即使是校长也不能随意地频繁外出参加各种培训或者会议。

第二，任课教师疲于应付教学与培训时间的调整。教师参加培训的周期少则一两日，长则一周或者半个月，有时候可能会更长。任课教师外出参加培训，自己负责的教学工作怎么办？通常的做法是这样：教师 A 参加培训，那么他就会找到教师 B 来相互调课，等到教师 A 返回学校之后再按照相应的课时调整回来。对此，任课教师们普遍怨言较大："本来出差已经是一件非常辛苦的事情了，回来之后非但得不到放松休息的时间，反而要去连续上课，身体要承受着长时期疲劳的折磨，不堪重负。"同时，教师 B 虽然没有经历舟车劳顿，但是也经历了与教师 A 相同的集中教学时期。因此，外出培训在任课教师的观念里，就逐渐变为一种变相的苦差，教师普遍反映身体经受不了这种折腾。当然，如果不是任课教师，就无须担心教学任务的事情，培训也成了另一种情况，例如没有担任教学工作的校长外出培训，在大家眼里就会被看作在享受一种福利。

第三，对一线教师而言，培训本身越来越没有吸引力。在教师看来，教师培训选择什么样的方式无所谓，关键是"谁来讲"和"讲什么"。在当前的很多培训中，主讲人多是大学教育专家、各研究机构的研究人员，他们有着教授、博导、国家和省级各种人才等称号，这些人多受到培训机构的青睐。然而，教师们不喜欢参加大讲教育理论的培训，更感兴趣的是那些来自教学一线的名师。一位中学校长直言，现在的新课改培训和国培计划没有意思：

> 上次我参加一个培训，去之前就知道是关于有效教学的一个讲座，感觉对于我们学校正在进行的教学改革应该会有用，就义无反顾地去了。谁知道结果令我大失所望，也不知道请的是什么研究院还是大学的教授，讲了一上午的理论、原则、流派，有效教学发展的几个阶段，每个阶段外国有什么人研究了什么，等等，本来是一整天的报告，下午还要接着讲，吓得我中午就跑回来了。

在中小学教师眼里，那些来自一线的名师有很大不同，他们都有着多年实践教学和管理的经验，对于学校教学细节的把握比较到位，甚至在讲课的时候会抖出一些类似"考试宝典"的法宝，这些在课堂教学中的操作性更强，自然就容易引起中小学教师们的共鸣。他们对于诸如"高考如何拿高分""满分作文绝招"等类型的内容有着强烈的兴趣，因为这些对于他们来说更"有用"。这其实也体现了教师群体普遍存在的一种"实用理性"的思维倾向，他们内心明白"什么知识最有价值"，尤其是在当前应试取向的评价标准没有改变的情况下，教师的这种偏好还是具有较大的普遍性。诚然，在教师培训中不能只考虑这些"有用"知识的传授，但是关注教师在教育教学中实践知识与教育教学研究知识的同质性和异质性，不应该成为教师培训可以回避的问题。教师实践知识的作用愈来愈凸显，成为教师专业发展的新的知识基础，教师培训课程应该注重激活教师的实践知识，使培训过程既是提高教师专业发展素质的过程，同时也是课程资源研发和生成的过程（王冬凌，2011）。培训课程内容选择应该与教师正常的教育教学需求相结合，笔者认为这并非故意迎合，而是在满足学习者个体需求的基础上进行一种高效的教学问题解析。

第四，对上级部门强制安排的培训任务有反感。教师在专业发展中遇到困难和障碍的时候，能够借助各级政府提供的教师培训平台进行提升和完善，这对于教师而言本来是一件利好之事。然而，教师培训中体现出的各种"强制"性质令教师们普遍反感，只要是县级及以上的部门安排的教师培训，无论是什么主题或者何种类型，都会"强令"要求各学校抽取一定比例和数量的教师参加，校长也不例外。红花中学的教科室王主任就深有体会："只要我们听说上面来通知说要去市里培训，就会感到特别为难。如果要派这些教师去吧，不仅会影响学校正常的教学安排——他们走了之后就没老师上课了呀，而且这样的培训教师都不愿意参加，会找各种理由躲避。"正如某些研究者所言，不管教师是否需要，定期必轮训；不管教师需要什么，培训机构和职能部门设定培训课程、规定课时甚至教学形式；不管教师接受程度如何，培训总会按部就班地安排培训课程，雷打不动；不管学员学习效果怎样，最终只要有人应考必过关（周颖华，2010）。从《乾口市教育局 2011 年工作要点》中，可以看到关于教师培训数量和目标的规定："计划实施'市级骨干教师培训'，2011 年，完成 1473 名中小学骨干教师培训，完成 5000 名教师的教育技术能力培训。开展 1000 名幼儿园市级骨干教师高水平培训，开展幼儿园教师免费专业培训。"在这样的目标规定下，中乐县每年就有了固定的教师培训指标。表面上看起来，上级要求参加的教师培训是对县级学校尤其是农村教师的一种福利和帮助，实际上这样培训的强制性安排对于教师却成了一种变相苦差。负责研训的教育局人员也很委屈："最近几年上面很重视教师培训，每年都会下达这样的培训任务，我们也知道学校不大愿意去，打电话的时候他们一听说是培训都不大高兴，但是没有办法啊，上面让我们选择教师去培训，我们总不能完不成任务吧。"

（二）不同层级间的共谋

面对以上如此的教师培训，无论是教育行政人员、校长还是教师都显得既反感又无奈，他们不喜欢也不想接受这种让教师无所适从的培训，然而对此又显得没有特别好的"抵抗"办法。县政府教育局的督学梁善也颇有怨言："现在与之前不一样了，培训资源越来越多，骨干教师、农村中小学教师、中小学校长等各种培训应有尽有，上级各级政府都挺关心这事，每年都会有很多次教师培训。但是这也太死板了，不灵活，一旦他们让我们抽调教师去培训，我们也没有办法，只能想法子选老师去。"那么，中乐县教育局和学校是通过什么"办法"来完成这些培训任务的呢？

在这里，笔者发现了一个在组织间常见的共谋现象。面对上级要求的各种统一性和非人格化的任务和相关规定，在教育局与校长以及校长与教师之间存在着服从"权力"的灵活性空间，而各种人情关系也成了推动这项工作的重要推手。政策统一性的一个难以避免的后果是，其政策在不同地区、部门执行过程中与当地实际情况不能完全相符，从而带有微观层次上的不合理性，而微观层次的差异性意味着，在国家政策统一性的背后，执行过程的灵活性是一个不可缺少的运行机制（周雪光，2008）。这样，在不同层级之间就形成了共谋的操作和再生产。当然，形成共谋的原因有很多，而且它也体现在各种正式组织中。根深蒂固的政治传统，非正式的物质缴励、推崇特殊个人关系的儒家文化等诸多因素，共同促成了地方官员纵向共谋模式的产生与延续（倪星、杨君，2011）。在各种非正式的手段和措施产生和使用的过程中，校长是其中起着关键性意义的人物。

1. 在教育局与校长之间

当教育局接到上级关于教师培训的通知或者自己确定组织培训之后，正常情况下会及时把这些名额分配到各个学校中去，或者依据一定的标准在各个学校进行筛选。然而，在教师普遍对教师培训怨声载道的背景下，教师明显动力不足，往往不会有足够的参与培训的申请者，教育局工作也就无法直接按照正常程序进行。诚然，如果教育局直接动用行政权力命令一些学校来完成这样的任务，校长也是无法反抗的，但是对于这样的方法教育局还是比较慎重，否则长此以往将严重影响校长以及教师的情绪，以后工作也就不好开展了。

为此，教育局经常使用的一个方法就是动用教育局与学校间的私人朋友关系，既然正式的沟通受阻，非正式的交流就"意料之中"地成为替代工具，甚至用起来远比前者顺畅。实际上，生活中的行为并不是完全的"非人格化"的，我们却看到了与此相反的行政关系人缘化倾向，组织内部和组织之间的交往在很大程度上通过非正式关系经营运作；各级政府官员花大力气经营与上级部门领导、同级同事以及各个合作单位之间的非正式关系和特殊性关系（周雪光，2008）。这样在实际上就出现了两种有趣的路径：一方面是各种规章制度的制定和下达，另一方面却是不同部门、上下级之间建立起来的各种非正式关系，而后者代表的这种关系往往是推动工作前进的主动力。

基于各种机缘，教育局一些部门的负责人与各学校校长都有着不少的交往，他们之间往往建立了一种亲密的私人关系，形成了一个固定的圈子。与组织结构和功能相比，它少了一些生硬的规定和复杂的程序化设计，多了一些软性的温情和非正式组织所具有的宽松的氛围。笔者曾亲自参与过一项下发教师培训的通知，刚开始，教育局负责人面对上级要求的培训人数也颇为为难："哎，每次通知学校培训我都犯愁，这么多人我怎么安排呢，只能再去麻烦这些老朋友了。"于是他就拨通了克井中学的电话，首先是一阵颇为亲热的寒暄，讲述一些其他的事情，之后，他向这位校长说出了此次通话的目的："教育局这次有一个非常重要的教师培训，是关于校本教研方面的，市教育局非常重视，特意邀请了北京的专家过来讲课，名额有限，咱们县只有这么几个名额。（教育局）领导说了，要精选那些表现好的教师去，我知道咱们学校教学成绩上次在全县排名相当靠前啊，更重要的是咱们这关系在这放着，所以我就决定把这次难得的机会留给你吧！"克井中学高校长欣然同意。事实上，高校长并非不清楚这样的"安排"，他们相互之间心知肚明，只是基于"交情"的存在相互帮忙罢了。圈子并不一定有一个特定的领袖或核心人物，也没有什么明确严格的条文制度，但圈子的存在确实是实实在在的，甚至是牢不可破的（徐勇，2002）。正是圈子形成的人与人之间的认同感和特有的亲切感，才让这项教师培训名单确认的工作不至于搁浅，每次都能基本上完成任务。

2. 在校长与教师之间

记得在与多位学校管理者和教师接触的过程中，有一个有趣的发现：当笔者抛出"你觉得学校中影响教育质量最重要的因素是什么"的问题时，受访者并没有做出很多人都认同的"教师队伍"的回答，反而认为是"校长"。他们认为"校长的管理在学校中具有非常大的作用，它的意义要远远大于教师资源"。这多少还是有些出乎笔者所料。在笔者的记忆里，很多教育研究者都会把教师作为学校教育中的第一影响因素，而在这里却是一个例外。校长的管理不仅仅反映在常规管理上，更重要的还体现在与教师群体、上级领导建立的一种非正式的个人关系上，他们之间也有着一个共同的生活圈子。事实上，无论是在教育局与学校的圈子还是在校长与教师的学校圈子，他们都是生活在一个熟人社会里，有着自己的生活和工作认同。这种共同圈子所形成的工作认同，也反映在教师培训人员的选择上。在与一些校长接触时发现，当接到教育局关于教师培训的通知时，他们也面临同样的困难：一边是上级各种形式的"命令"，作为校长总不能直接违抗上级，再说"上级部门在学校困难的时候给予了支持，自己总不能看上级的笑话吧，该支持时还应该积极响应一把"；另一边却面对着朝夕相处的教师，他们是自己战斗的队伍，在完成任务的时候也不能不顾及这些教师的感受。

无奈之下这些学校一般会选择两种方法。其一，按照固定的"次序"进行。一些学校为了顺利完成上级的工作要求，同时也避免伤及一部分教师的利益和感情，于是就采取了一种大部分教师都认同的次序排列的方法，这样谁都没有怨言。把全校教师按照一定的顺序前后排列，等到有培训任务时就按照名单上的次序轮流培训，这样不但避免了一些教师因此闹意见、回避等现象的出现，更重要的是通过这种相互之间非正式的约定完成了工作任务，对上级部门也有了一个交代。一位农村的刘校长曾说："校长也不好干，要顾及局上的安排，更要把学校这一摊摆平。队伍不好带，如果只是一味地让他们付出、受累，一次两次看在你的面子还可以忍受，多了就不行了，给点力所能及的优惠还是必要的。"因此就有了第二种方式：通过其他途径进行补偿，即他们没有采用编排次序的方式，而是选择使用其他方式进行补偿，这些方式包括假期延长、公务出差、绩效工资方案倾斜等。

二　高效课堂

中乐县教育在教学改革中一直保持着积极的态度，从 20 世纪末到现在投入了不少精力，在不同的发展阶段也经历着相异的改革主题，教培中心主任对此有着较为详细的认识。

1997～2000 年开始引入目标教学的理念，这是中乐县教学改革的开端；2000～2004 年，现代课堂教学成为教学改革的主题，如何引入并实施现代课堂教学一度成为当时的时髦话语，不过它的风头很快被新课程改革所取代；2004～2008 年，随着世纪初开始的新课程改革在全国范围内的开展，进入新课程教学模式、理论以及实践的讨论，直到今天，关于新课程教学的话题仍然是非常重要的一部分；2008～2011 年，教培中心开始有所选择，以有效教学为重心开展教研活动；2011 年以来，基于各种因素的考虑，教培中心正式提出了高效课堂的发展理念。

一路走来，虽然高效课堂刚刚被提出并实施不久，在理论认识以及具体举措上还有一些值得商榷之处，但是教培中心在课堂教学的探索一直未有中断，中心主任对此颇有感慨："我在这个位置待了有十多年了，很庆幸的是我始终有一个优秀的教研团队，每一次重心的确认和转移都浸透着全体人员的心血，虽然还有很多不足，很多问题始终没有想得很明白，但是也确实问心无愧了。"总体来讲，近年这里的教研和培训工作还是非常好的，也得到了上级领导和教育专家的赞赏，一些其他县市的教育机构也多次来到这里进行参观学习，尤其是高效课堂的研究发挥了较大的影响。很显然，这是近年来中乐县在教育改革中引以为傲的又一重要举措。正如其他一些改革一样，中乐县教培中心实施的高效课堂改革并非平坦之途，其间也经历了诸多的曲折和迂回。

（一）教培中心的努力

2011年9月，教培中心正式提出积极构建高效课堂改革制度，计划在未来分三个发展阶段，分步骤逐步实现全县大部分学校在课堂教学中达到高效课堂各项要求的总体目标。第一个阶段为高效课堂规范年（2011年9月至2012年8月），力争全县有20%学校的课堂教学在整体上达到高效课堂的基本要求；第二个阶段为高效课堂创新年（2012年9月至2013年8月），着力创新学校教学管理机制和教学行为方式，力争全县有50%以上学校的课堂教学达到高效课堂的要求；第三个阶段为高效课堂深化年（2013年9月至2014年8月），集中精力总结推广高效课堂的实践经验，形成具有中乐特色的高效课堂教学和管理模式，力争全县有85%以上学校的课堂教学达到高效课堂的要求。在笔者离开中乐县之前，教培中心已经采取的举措大致包括以下几个方面。

首先，树立高效课堂教学观。2011年之前，"高效课堂"在很多教师眼里还是一个非常陌生的词语，教培中心认为要改变教师们的教学行为，必须改变他们的思想观念。基于此，教培中心最开始的行动就是采用多种形式引导包括教培中心教研员在内的所有教师深入学习高效课堂理念。2011年，教培中心成功申请市级课题"县域内建设高效课堂的实践研究"，通过调查研究、个案研究、文献研究以及行动研究等研究方法，开展了中小学课堂教学的现状调查与归因研究、高效课堂教学的基本特征与评价标准研究、县域内推进高效课堂建设的策略研究、各学科高效课堂教学的基本模式研究以及高效课堂建设合格学校的评价研究五项子课题的深入探讨。课题研究的开展，不仅让所有教研员有机会参与进来，共同学习高效课堂的知识和理论，而且课题要求各学校要成立"高效课堂建设"活动领导小组，制定实施规划及具体实施方案，这就借助课题形式在学校中进行了广泛宣传和发动，让更多的教师不断接触并逐步认识到高效课堂，为高效课堂建设活动的开展做好充分的思想准备。同时，积极开展高效课堂的理论培训也是一种重要的形式，组建"中乐县高效课堂建设指导团队"，深入基层学校，指导和帮助学校组织高效课堂的理论学习与培训，引领广大学校领导和教师正确理解和把握高效课堂的教学规律及其基本方法。组织骨干教师外出专题考察，学习和借鉴外地高效课堂建设的先进经验。

其次，开展高效课堂实践活动。实现高效课堂最重要的方式在于课堂实践，因此教培中心积极组织教师按照活动方案，在自身已有经验的基础上，进行高效课堂教学的研究和实践，初步探索出不同学科的高效课堂教学模式。同时，制定"中乐县高效课堂达标学校验收规划"，分学段建设3～5所"高效课堂示范学校"，树立一批"高效课堂教学能手"，及时总结和提炼实践经验，做好成果的推介，充分发挥先进典型的示范引领作用。此外，教师汇报研讨也是一种非常重要的形式。分学校开展教师高效课堂"汇报课"活动，组织教师观课议课，互动研讨，并针对问题和不足提出改进策略；学科教研员要围绕高效课堂建设精心组织好县级专题教培活动，引领教师研究和解决高效课堂实践中的关键问题和难点问题。教培中心根据全县中小学高效课堂建设的推进情况，适时召开"中乐县中小学高效课堂研讨会"。有时教培中心也会开展高效课堂优秀教案评比、优质课评比及优秀成果评选等活动，表彰一批高效课堂建设先进学校、教学能手、先进教研组和教研联盟，并推广其经验。通过这些活动引导广大教师进行教学反思，在全县中小学中开展大规模的课堂教学调研与反思活动，组织教师对照先进的教学理念与经验，对当前课堂教学现状进行观察、分析，通过自评、互评找出存在的问题和差距，进一步明确高效课堂教学改革的方向。

最后，构建高效课堂制度建设。建立科学的学生素质提升、教师专业发展、家校互动、教育教学管理等制度，加强高效课堂机制建设，促进教育质量管理规范化、制度化。县政府已经制定了《中乐县中小学高效课堂规范年活动指导手册》《中乐县中小学高效课堂教学合格学校检查验收评分细则》《中乐县中小学高效课堂教学实施意见》《中乐县中小学高效课堂教学质量评价表》《中乐县中小学教师高效教学设计评价表》《中乐县中小学教学课件评价标准》《学校高效课堂达标考核分类》等。在这些制度的规约下，中乐县不断深化高效课堂教学研究，形成高效课堂教学工作模式，构建教育教学质量提升工作体系，实现区域教育教学工作推进持续、高效。

（二）"前台"与"后台"

高效课堂制度设计出来之后一定会被执行吗？这与其说是现实中的一

个实际问题，不如说这是历史记忆于今日的重放，在很多时候我们和前人在思考着同样的问题。新制度社会学者曾经讨论过一个经典问题：为什么制度设计出来被束之高阁却不被执行？在传统的社会学理论看来，人们在组织中的行动和管理是常规的，制度得到了执行，人们的行为结果会得到预期的效果。然而在新制度主义社会学者看来，这样的情况往往不会出现，在很多时候人们往往费了很大力气制定出了规章制度，在行动之中却经常违背，反而是另外一套隐藏着的行动逻辑在决定着人们的思维。

中乐县教培中心在制定出这些关于实施高效课堂的制度之后，管理者是否就可以高枕无忧了？教师们是否会像被制定的固定程序一样，在这些程序语言的规约下全身心地投入高效课堂之中？笔者在现实中观察到，教培中心负责人对此情况的预期并不乐观，实际上一些中小学校尽管在"前台"没有旗帜鲜明地对之进行反对，还是比较顺从教培中心的相关规定，然而在"后台"却并没有真正将高效课堂制度落实到课堂上。中国教育改革中的一些已经让人见怪不怪的现象是：对不少人而言，其在内外无别的"公开场合"中正式表达的教育改革观同在内外有别的"私下场合"里自由谈论的教育改革观之间存在着明显的"价值落差"甚至"价值反差"，以至于实际上形成了他们对于教育改革态度的外表与内里，或者说"前台"与"后台"（吴康宁，2010）。中乐县高效课堂制度的实施过程，恰好就是一个热闹而喧哗的剧场，而作为剧场中的观众，笔者不仅看到了演员们在舞台上的精彩演出，而且也来到了"闲人免进"的后台，感受着他们在幕后谈论课堂教学过程中的真实。

1. 前台的演出

对于高效课堂制度的实施，各中小学校校长的态度非常明确，无论在什么时候的公共场合都一致表示坚决支持教培中心的相关要求，尤其是在教育局组织的正式会议或者教培中心到学校就这项改革的相关问题进行调研时，校长们话语之中体现的正能量令人感到十分振奋。在这里校长是一个个的"表演者"，不同的"公共场合"则代表着置于人们面前的舞台，面对着众多的"观众"，他们知道如何才是遵守标准化的规范，说出早已经准备好的脚本。

当教培中心到学校检查教学工作时，学校总会有办法拿出一些"材料"，亮出一些展示的课堂，证明他们一直在探索和实施高效课堂的改革，但是当检查结束之后，教师还是那位教师，课堂则又回归之前的本色。这样的表演足够熟练，导演、演员和道具都非常到位。戈夫曼（E. Goffman）的剧场理论构成了其在社会学理论中与众不同的标识，其中的各种形象化类比为人们理解主体间的互动提供了足够空间的想象。实际上，剧场在另一种意义上表达了戈夫曼的努力：人们是演员，他们通常是愤世嫉俗地、相互欺骗地演出节目，他们操作脚本、舞台、道具和角色以达到自己的目的（乔纳森·特纳，2006：373）。人们可以不为表演而表演，可以不在他人面前故作姿态，但是谁又能否认自己在本质上就是人生舞台上一位表演者呢？教培中心的负责人对此也并不意外，甚至早已经见怪不怪，"很多校长表面上非常赞同高效课堂，在参加的各种讨论会或者调研中也经常说高效课堂如何好，引导教师们要学会这套先进的理念，为提升学校的教育质量多努力，甚至在我们面前拍胸脯保证会完成任务。然而，事后他们怎么做就无从知晓了"。那么，为什么校长们会这么做呢？

在笔者看来，校长们需要获得外界尤其是上级领导的认可，合法性机制的存在不容许他们触动人们的神经。何谓合法性机制呢？简言之，它是指那些诱使或者迫使组织采纳具有合法性的组织结构和行为的观念力量（周雪光，2003）。这种力量主要通过规范、价值观、社会习俗以及观念期待等形成的制度环境得以体现，当这种制度环境成为人们"广为接受"的社会事实时，就会对社会组织和成员的思想、行为产生强烈的影响。在强大的制度环境压力下，校长很难做出与上级组织对抗的决定，这已经不单单牵涉勇气和定力，而是一种策略性选择，也是作为权宜之计的生存智慧。

克井学校的校长曾经这么说："在当前的环境下，我们不可能去和上级产生不和，这对我们没有任何好处，在细枝末节上可以有些小失误，但是在学校的发展道路和方向上，我们还是要把握好，最起码表面上不能太不像话。"现代社会的组织迫不得已去吸引广为流行的组织运作的理性观念和社会的制度化所定义的做法和程序，如此组织就可以提高合法性和生存的可能，而不管所习得做法和程序的直接效果如何（Meker & Rowan，1977：340 – 343）。无论是哪个层次形成的合法性机制，其间包含的观念、文化等制度环境都会给校长形成一种无形的压力，促使他们在舞台上做一个合格的演员。从一定程度上讲，正如处于"前台"的校长面临着强意义的合法性，各种外界的制度制约着其自身的言语和行为，他们在制度环境面前只是一个被随意支配的木偶，没有任何的主观能动性，在这种合法性机制的规制下不得不采取许多外界环境认可的行为。制度通过它所制约的人的思维方式和行为来进行思维，在社会上约定俗成的规则面前人是无能为力的。因此，人们经常谈论的思维并非来自个人，而是制度决定了人们如何思维。

同时，中乐县教育场域应该是一个如费孝通所说的"熟人社会"，无论是校长还是教培中心的领导和教研员，相互之间都不陌生，甚至有很多校长与这些人员都保持着一种朋友关系。在很多场合中都会听到这样的话，"给我一个面子""看在××的面子上，我才帮你这个忙"等，基于这样的文化氛围，无论上级教育行政部门提出什么样的要求，校长们不会如此决绝地当场否决，一般都会"口下留情"。

2. 后台的诉说

红花学校的一位教导主任说："我们也很无奈，（不敢推进高效课堂）原因有很多吧，教师不熟悉这个套路，不愿意尝试新事物，这是最直接的一个理由。另外，这种教学模式到底能够有多大用处，我们还不知道，在每学期都有成绩考核的情况下，贸然进行一种新的教学变革，不成功便丢人，风险有些大。"

对于高效课堂制度的提出和实施，很多中小学校校长其实是颇有微词的，也并非他们主动愿意去这么做。一位乡镇学校校长就多次表达了这样的想法："现在又提出来的高效课堂啊，好像还是炒概念吗？新瓶装老酒。在我看来，就是你把课上好，把学生的学习成绩提高上去，无论你用什么办法，只要能够做到这一点就是高效课堂。现在搞高效课堂培训，讲理论、观念那一套，我觉得用处不大，再说教师们对这个兴趣不是很大。"当然以上观点并非唯一的原因，通过对这些校长的访谈和观察，可以发现大致有两个方面的因素阻碍着人们的行动。

其一，学校经费进展是很多校长普遍提及的一个限制因素。中乐县是一个相对贫困的县，每年的公用经费投入力度并不大，在学校中一旦提及公用经费的问题，校长的神经一般会比较敏感，对经费不足问题大倒苦水。如果要进行高效课堂的研究，组织教师参加校内外的活动，组织教师参加上级的各种培训，那么就一定会牵涉让校长头疼的学校经费问题，细算下来这也是一笔不小的开支。

其二，教师动力不足。如果说学校经费不足还可以通过其他办法弥补的话，那么教师动力不足的问题则让大家伤透了脑筋。教培中心主任对此也不讳言："学校教师不是不能干，而是不想干！这是当前教师群体最为明显的现状。究其原因，就是绩效工资制度的影响太坏，很多教师都普遍认为参加这些改革与否和他们的收入多少关系不大，与其折腾来折腾去，还不如歇着。"事实上，有一些校长主观上还是乐意参与这样的改革和活动的，但是在得不到教师们足够支持的情况下，自己反倒成了少数的"另类"，最终也不得不放弃当初的设想。面对这样的困难，一部分校长就需要发挥各种聪明才智来应付上级行政部门的压力。

即使是全县有声望的校长，一般也不会直接拒绝上级的任务，更别说发生直接的冲突，最常见的一种表现形式是：无论上级领导提出什么要求，他们都会毫不犹豫地答应。例如，"领导都说了，我们做下属的还有不做的道理吗"，"我们听领导的"。对于普通校长而言，由于职级和社会地位的差别，他们更不敢直接回绝上级，当上级派给他们任务的时候，他们基本都会欣然答应："只要你安排我就尽力去做，请领导放心。""您是领导，你指东我就打向东，你指西我就打西。""哪能麻烦领导亲自做这些事情呢，以后这些杂事、恼火的事情都直接指示就行啦。"当然，这是校长在剧场舞台上的表演，在后台是否可能是另外一番形象呢？

通过很多的观察，笔者发现，这些话语大多还不过是对付教育局的一种惯用、娴熟的手段，当面做出的承诺也只是一个承诺，过后还是按照自己的想法来做。值得玩味的是，此间多次出现的"领导"一词，或多或少地都表达了校长们的一种隐秘心态："我之所以表面上要听从于你，就因为你是我的领导，否则……"

事实上，当笔者真正进入后台才真正看到了校长"抵抗"的艺术，他们最经常使用的方法是故意拖延、私下埋怨、装糊涂、躲避不见等。例如，故意拖延主要体现在学校故意推迟上交材料的时间。有些学校对于教培中心下发的材料熟视无睹，也不主动与各自负责的教研员沟通和联系，更不用说平时主动汇报工作了，等到某些材料要上交了，他们就会以各种方法来拖延："我才不愿意当这个先进呢，如果这次给得快，下次就不好意思推迟了""我即使做好了这件事情，我也不会及时上交""等到截止日期前一天我再交，那样他就不会让我修改了"。埋怨也是经常使用的方式。笔者在与一些校长和教师聊天时，会听到他们在各方面的满腹牢骚："我们的教师都很累了，甚至有些教师在周末都没有休息，没有时间来搞这些东西""有时候上面交代的事情很为难我们，我们做也不是，不做也不是，真的不知道该怎么办才好"。

人类学家斯科特（J. Scott）曾经在多部著述中阐述了他关于农民反抗形式的观点，认为农民反抗并不会采取直接的方式进行对抗，而是另寻途径，通过对东南亚国家农民的考察，他发现农民斗争的武器非常多，相对具有隐蔽性，具体可包括偷懒、装糊涂、开小差、假装顺从、偷盗、装傻卖呆、诽谤、纵火、暗中破坏、流言蜚语、人身攻击、给人起绰号、肢体语言和无声的蔑视等，此类的斗争大多避开了公开的集体反抗的风险，这些斗争的细节可能并不光彩，这些大部分都局限在村庄生活的后台，而在公共生活中经过精心算计的遵从是普遍和经常的状态（詹姆斯·斯科特，2007：2~5）。在中乐县教育中也发现了与此类似的"弱者的武器"，一旦上级委派的任务或者其他命令影响到了学校校长和教师的利益，或者学校校长和教师对相关的制度感到不满，这时他们就会心照不宣地采用"日常的反抗形式"。那些学校的教师和校长并不会采取公开的、直接的方式来对抗上级行政部门的权威，因为这样无异于一种"飞蛾扑火"式的冒险，他们则是选择在与上级接触的时候表现得极为顺从，尽力去照顾别人的面子以及相互之间的交情。这种反抗充分体现了间接性、隐蔽性，却人人都清楚其中渗透的逻辑，也相当有效。

第七章　强弱合作

在城乡教育一体化刚刚实施的一段时间里，学校尤其是城市学校里教师会产生几个疑问：城市学校能够对乡村教育起到辐射效应和支持作用，然而城市学校能从乡村学校中获得什么资源和信息吗？对于城市学校而言，农村教育的"惠"和"利"在何处彰显呢？如果这样的困境得不到及时回应，恐怕城乡教育之间推动"合作"和"沟通"就很难继续走下去。

列维－斯特劳斯曾言，所有的社会可分为"食人肉风俗"和"吐人肉风俗"，前者坚信处理具有危险能力之人，最好的办法是将他们吃掉，有助于化其有害性为有利性；后者把那些具有危险性的人排斥在外，把那些人永久的或者暂时的孤立起来，使他们失去与其他同胞接触的机会（列维－斯特劳斯，2000：506）。很显然，按照这个逻辑推论，我们不需要像"吐人肉风俗"的社会那样把那些危险的人完全封闭起来，因为我们不应该抛弃任何一个有可能转化为安全的"危险分子"，这就如同我们不应该抛弃我国城乡二元对立时期的农村学校一样。那么，我们是否应该选择把他们"吃掉"以消化掉其身上的"有害性"呢？城市学校基于自身在资源配置等方面积累的先天优势，无视农村学校自身的优势和机遇，在城乡交往中有意无意地体现出话语霸权，往往以帮手的姿态出现在合作之中，这就如同我们面对现实中出现的"城乡教育一体化就是县城教育"言论时的眉头紧蹙一般。在中乐县的城乡教育一体化中，我们看到了县城优质学校与农村薄弱学校之间建立的各种"强弱合作"模式，这或许是处理那些"危险分子"的可能之路。

一　教育联盟

2010 年 1 月，为贯彻落实《中共乾口市委办公厅、乾口市人民政府办公厅转发〈市教育局关于扩大优质教育资源覆盖面提升城乡教育服务水平的若干意见〉的通知》和《乾口市教育局关于推进名校集团发展的意见》要求，深入推进优质教育资源全域覆盖，中乐县决定提出并实施学校联盟发展战略。2010 年 2 月 4 日上午，中乐县以 "推进教育联盟发展，打造中乐高质均衡教育品牌" 为主题的全县中小学校（园）联盟发展启动仪式，在中乐县一个酒店大会议室隆重举行。县委常委、宣传部部长、县人大副主任、县政协副主席以及市教育局普教一处处长等重要领导均出席启动仪式。县教育局相关人员，全县各中小学校、幼儿园中层以上干部，及直属教育机构负责人参加了会议。令人略感意外的是，乾口市提出的是 "名校集团"，在中乐县却变成了 "教育联盟"。对此中乐县并没有做详细的区分，在实际操作中它们在形式、内容、经费使用、合作时期等方面也都没有明显的差别。即使在事实上两者是有明显差异的，但在本书内对此也将错就错、不做区分，根据笔者的观察，无论是名校集团还是教育联盟，在中乐县都是不同学校建立起来的合作、互助关系。

（一）八大联盟

根据全县各层次、各类型学校发展现状，中乐县教育局决定以优质学校为龙头，在幼儿教育、义务教育、高中教育段及职业教育领域组建八大教育联盟（见表 7 - 1）。具体而言，在幼儿教育段组建西街幼儿园和东街幼儿园两个幼儿教育联盟，形成幼教两大联盟发展格局，其中西街幼儿园和东街幼儿园分别位于中乐县城两端，是全县幼儿教育发展水平最高的两所。在义务教育段组建中乐中学实验学校、红花初中、实验外国语小学、东街小学四个学校教育联盟，形成义务教育段四大联合发展共同体，其中中乐中学实验学校、实验外国语小学、东街小学都位于中乐县城，红花初中在中乐县最大的镇，这四所学校是全县义务教育阶段最好的学校。在普通高中教育段组建由中乐中学、红花中学两所高中共同参与的中乐普通高中教育联盟。值得一提的是，在中乐县只有这两所高中，其中前者在中乐县城，后者位于中乐最大的乡镇。中乐职业教育联盟按市教育局 "1 + 1 + n" 模式，即 "1 所高职或职教中心（示范性中职）为龙头学校 + 1 个公共实训基地 + n 个办有同类专业的中等职业学校和相关企业"，以专业为纽带，与其他中职学校实行专业联盟发展，同时，涵盖全县所有社区教育学校。每一个联盟的活动安排、章程制定等具体事务都由其中最好的学校负责，联系大家协商讨论，因此这些学校也被大家戏称为"盟主"。可以看出，以上八个联盟是在同一个层次上建立合作关系，总共包括 2 个幼儿园联盟、4 个义务教育阶段学校联盟、1 个普通高中学校联盟和 1 个职业学校联盟。为了促进各层次学校在纵向上加强沟通，实现县域内从幼儿到高中的流畅衔接，构建新型教育发展格局，中乐县教育局也特意设计了联盟外的合作关系，建立了"高中—初中—小学—幼儿园"的两大对接体系。

表 7 - 1　中乐县学校联盟及成员学校名单

序号	联盟名称	成员学校
1	东街幼儿园教育联盟	永兴幼儿园、克井幼儿园、白集幼儿园、黄桥幼儿园、天宝幼儿园、老城示范幼儿园、老城新苗幼儿园
2	西街幼儿园教育联盟	红花幼儿园、青山幼儿园、田口李霞幼儿园、红花星光幼儿园、红花侨乡幼儿园、田口良善幼儿园
3	中乐中学实验学校联盟	克井学校、永兴学校、白集学校、黄桥学校、水寨初中、天宝学校
4	红花初中教育联盟	青山学校、田口学校、普华学校、侨乡学校
5	实验外国语小学联盟	水桥学校、未来学校、东北学校、官帽学校、良善学校
6	东街小学联盟	绿水学校、雅成学校、红花小学、城南小学
7	中乐普通高中教育联盟	中乐中学、红花中学
8	中乐职业教育联盟	将相关专业分别加入乾口职业技术学院的旅游专业、工业学校的汽车专业、财贸职业高级中学的计算机专业、职业技术学校的机械制造专业、财政贸易学校的财经商贸专业，联合进行专业联盟化发展；县内各社区教育学校

资料来源：中乐县教育局。

教育局建立联盟发展的目的在于借助优质学校在师资建设、学校管理、教育教学以及学校文化等方面的优势，帮助薄弱学校在各个方面实现积极改进，最终实现区域内教育均衡发展。从表 7 - 1 可以看出，在同一个联盟中强弱联合的特征较为明显。盟主学校都是全县教育教学水平排在前列的学校，在义务教育阶段中乐中学实验学校、东街小学、实验外国语学校都在县城，红花学校虽然在乡镇，但是在名校长的带领下早已成为全县仅次于中乐中学实验学校的初中，因此，这些盟主学校被称为中乐县教育的第一等级序列实至名归。而联盟成员则几乎都分布在乡镇或者农村地区，与这些盟主学校在各个方面都有着明显的差距，可以统称为第二等级序列。在两种等级序列的学校之间建立强弱的联盟关系符合教育局的初衷，也顺应了当前教育一体化发展的潮流。为了在不同层级建立相互沟通的合作关系，中乐县建立的联盟对接体系分别是"中乐中学－中乐中学实验学校－实验外国语小学－东街幼儿园"和"红花中学－红花初中－西街小学－西街幼儿园"。

事实证明，不同层级的学校相互沟通增强了相互理解，消除了以往由于相互隔绝而产生的种种生疏、误会，尤其是在学生管理和教育教学上有着更好的衔接，各学校管理者和教师对此认同度普遍较高。一位小学一年级教师的观点颇具代表性：

> 一年级是最难教的，学生来自不同的幼儿园，这些幼儿园的教学方式和内容都有着很大的差别，有些学生在小学之前就已经学会了字母、数字、拼音，学会了很多汉字，但是有些学生就不会，到最后我们班里什么样的小朋友都有，对于我们来说难度很大。现在不一样了，我们与西街幼儿园这个联盟进行对接，他们幼儿园小朋友毕业生的学习程度都差不多，这样我们在教学的时候就简单多了。

教育局在联盟发展实施过程中建立这种沟通机制本来无可厚非，然而这里的强弱联合并非纯粹的联盟发展秩序类型，从"高中－初中－小学－幼儿园"的两大对接体系中我们可以发现，其间也隐藏强强联合与弱弱联合的风险因素，根据笔者对中乐教育的了解，前一体系的盟主学校全部优于后一体系的盟主学校。看起来，中乐县在联盟发展的体系构建中似乎无意中形成了两个有较大差异的对接体系，即使还不能做出"两大对接体系是造成更大不公平的原因"的论断，但还是可以估计由此可能造成的风险，那就是强强联合与弱弱联合的建立有可能在对接体系之外演变成进一步拉大差距的帮手。无论这种对接体系的形成原因是什么，中乐县的学生和家长可能要面对一个他们自己也没有意识到的风险：强对接体系学校的学生基本在强对接体系内部流动，弱对接体系学校的学生基本在弱对接体系学校内部流动。这就如同劳动力市场理论中的主要劳动力市场和次要劳动力市场一样，在两大对接体系之间也出现了较为明显的"主要学生市场"和"次要学生市场"的分化，其中"主要学生市场"内部学校在教育教学和学校管理等方面有着较为明显的优势，学生的学习成绩水平一般较高；在"次要学生市场"内部的学校在教育教学和学校管理等方面相对处于劣势，学生的学习成绩水平一般较低，两个市场之间具有相对的封闭性，他们之间学生的流动要远远小于各个学生市场内部的流动。

　　这一判断也与 2012 年中乐县的教育情况基本符合，从该年各阶段毕业生的流向可以发现，在"中乐中学 - 中乐中学实验学校 - 实验外国语小学 - 东街幼儿园"体系中，实验外国语小学的毕业生进入中乐中学实验学校的学生数量和比例要远远高于其他学校；中乐中学实验学校的毕业生进入中乐中学的学生数量和比例也远远高于其他学校。以中考为例，中乐中学实验学校报考人数 829 人，录取 550 人，录取比例高达 66.34%；全县一共录取 741 人，中乐中学实验学校占全县录取的 74.22%，远远高于其他初中毕业生的录取率。而且，长此以往学生也逐渐地不习惯、不愿意进行这种跨界流动。当一个农村学校一直在"红花中学 - 红花初中 - 西街小学 - 西街幼儿园"体系内部的联盟学校读书，逐渐就会养成这些学校氛围所形成的学生个性，当其在外界的影响下突然来到较高级别的"学生市场"之中时，以往的那种行为方式、学习习惯和生活观念就成为其融入新环境的阻碍。这正如二元劳动力市场理论描述的那样，穷人被圈于次要劳动力市场之中，要摆脱贫困，他们就得进入主要劳动力市场就业。但这是不太可能的，因为二元劳动力市场对工人工作态度、动机、习惯等要求很不一样。那些长期在次要劳动力市场工作的人会养成懒散、没有时间观念、缺乏合作精神、不会尊重别人等行为特征，而这与主要劳动力市场的要求是格格不入的（赖德胜，1996）。两大对接体系之间形成了一条无形的、看似难以逾越的鸿沟，"主要学生市场"联盟学校的学生所接受的教育教学以及自身表现一直在联盟内部不断复制，促成了非常隐蔽的不公平及其难以阻挡的再生产。

　　联盟的构建主要是教育局根据学校实力建立起来的，这种顶层设计也遭遇到了刚性尴尬。已经形成的八大联盟在表面上看起来比较合理，教育局在县域内选择几所最优质的学校作为龙头学校，然后再分别为这几所优质学校选择若干所薄弱学校，组建一个相对独立的发展联盟。如果按照相关的制度要求实施，中乐县的教育极有可能会出现人们期待中的教育互动和融合。然而，联盟发展在实际运行中也遭遇到这种刚性选择的尴尬。建立联盟之时，这些学校的校长并没有选择"我更加愿意与××学校建立联盟"的权力，他们只是发展联盟的被动加入者，要听命于教育局的安排，这就决定了他们极有可能加入的是一个陌生的群体。一般情况下，中小学校长彼此都会有一些了解，对各个学校负责人的基本情况也略知一二，但是这并不代表他们之间有着较好的私人关系。笔者发现一个有趣的现象：能够真正交好的学校往往并非建立在刚性的制度规约之下，也与上级部门的行政命令关系不大，反而是建立在校长与校长之间熟悉的私人关系之上，中乐县凡是已经建立良好互动关系的学校，校长在各个场合都不讳言他们之间的朋友关系。教育局在建立学校联盟的时候，在此方面考虑可能不是太周全，形成了一些"熟悉的陌生人"的尴尬。这就难免形成一个意料之外的结果，即使这些学校在制度和上级领导的压力下参加了一些活动，也不过是敷衍了事的应景行为，改变不了学校联盟的"松散结合体"本质。

（二）联盟行动

作为学校联盟发展的指导性纲领，中乐县《关于推进学校联盟发展的实施意见》提出各个学校联盟要积极实施"管理互促工程、研训联动工程、质量同进工程、文化共建工程以及项目合作工程"的要求。学校联盟自成立以来，成员学校在龙头学校的领导下，积极组织并参与了学校管理、示范教学、专题研讨、师资培训等活动，有效地促进了优质学校与薄弱学校之间的协调共进。

首先，在学校管理上互动沟通。学校管理是一项复杂的工程，其中不仅包含了关于"人"的师资队伍建设、学生管理等，还有着关于"物"的学校公用经费管理、后勤管理等。同样是一所学校，不同的管理者就有可能出现两种完全不同的结果，"一个好校长就是一个好学校"已经清晰地告诉人们，学校管理者在学校发展中的重要作用。一位来自小学的教师曾说过："影响一个学校教育质量最大的因素不是教师，也不是生源，而是学校管理，一个校长是否合格决定了这个学校发展的前途。"一般情况下，学校联盟的各位管理者会建立行政管理交流制度，希望能够深入开展学校管理专题研讨活动，共同研究解决工作中的实际问题，促进共同提高。除此之外，校（园）长还可以依据和盟主学校（幼儿园）校（园）长的私人关系，约定一个合适的时间和地点进行交流。值得一提的是，在实践中各位校（园）长之间交流的话题相对固定，一般集中在教师管理和后勤管理的经验交流上，这也不难理解。在一所学校里，如何处理好与学校教师的人际关系决定了学校的各项活动是否能够顺利开展，也是检验一位校长能力水平的试金石。同时，一个学校的后勤管理情况关系全校师生的人身安全和学校除公用经费之外的收益状况，这几乎是当前与校长切身利益最为密切的两件事情。

其次，在教研上实施教研训联动。在龙头学校的带领下，各个联盟基本都建立了教学、科研、培训的联动制度，积极组织科研课题研究和教师校本培训方面的合作，共同开展学术论坛、教学沙龙、教学业务培训和课题研究活动，交流先进教育理念、教学方式和科研方法，提升教师业务能力。龙头学校向成员学校开放学校的优质教育资源，吸纳成员学校教师参加听课、评课、优质课展示等教研活动，组织选派骨干教师、名师到成员学校开展公开课、示范课。这样的联动制度对于成员学校的教师有着较大的帮助，尤其是青年教师能够就自己的不足向盟主学校的优秀教师一对一地请教，同时，骨干教师、名师也对有需要的教师给予有针对性的回应。调研期间，笔者经常听到一线青年教师提到的一个话题就是"师父说……""师父很高兴"之类的感慨。显然，在长时期的交流互动之后，他们之间已经建立了较为稳固的友谊关系。

为了保障学校联盟能够按照相关要求充分交流互动，中乐县教育局还特别构建了一系列保障举措。一是强化领导。成立以教育局局长为首的包括教育局中层以上领导在内的中乐县学校联盟发展工作领导小组，负责全面统筹协调学校联盟发展的相关工作，领导小组办公室设在县教育局教育科，具体负责学校联盟发展的日常工作；建立了教育局机关科室与学校联盟的联系制度，加强指导与服务（见表7-2）；成立联盟组织管理机构，成立联盟理事会（理事长由龙头学校校长担任），制定学校联盟发展章程，制定联盟发展规划，制定具体的运行方案。二是建立考核评估机制。制定《中乐县中小学联盟发展考核评估方案》（见表7-3），对成员学校实施专项督导考核评估。同时对联盟发展状况实行动态监测，并以适当方式接受社会的评价和监督，确保龙头学校及联盟内各校"软实力"的提升及社会认可度。三是教育局将安排学校联盟发展专项经费，主要用于对学校联盟发展的运作管理经费补助和对联盟办学绩效显著的团体和个人进行奖励。四是联盟龙头学校与成员学校要签署协议，按联盟发展章程、发展规划及具体运行方案创造性开展工作，保证工作有力有序有效地进行。

表 7 - 2　中乐县学校联盟理事长及理事会成员名单

序号	联盟名称	联盟理事长	联盟理事会理事	联系科室
1	东街幼儿园教育联盟	盟主幼儿园园长	所有成员幼儿园园长	人事科
2	西街幼儿园教育联盟	盟主幼儿园园长	所有成员幼儿园园长	政教科
3	中乐中学实验学校联盟	盟主学校校长	所有成员学校校长	计财科
4	红花初中教育联盟	盟主学校校长	所有成员学校校长	教培中心
5	实验外国语小学联盟	盟主学校校长	所有成员学校校长	办公室
6	东街小学联盟	盟主学校校长	所有成员学校校长	督导室
7	中乐普通高中教育联盟	盟主学校校长	所有成员学校校长	教育科
8	中乐职业教育联盟	盟主学校校长	所有成员学校校长	教育科

表 7 - 3　中乐县学校联盟发展考核评估方案细则

一级指标	二级指标	考核要点
一、组织管理	1. 制定联盟章程	联盟章程的订立过程民主并符合相关法律法规，能确保对联盟内各成员学校的约束力
	2. 明确发展规划	有联盟发展的近、中、长期规划；有年度工作计划，且措施具体有效；坚持做好年度总结与反思
	3. 完善机构制度	组织机构完善，规章制度健全，岗位职责明确，考核办法具体，评价激励有效
	4. 运行有序有效	龙头学校与成员学校签订双边协议，双方责、权、利明确；各项工作有序、有效开展，过程性工作记录真实
二、队伍建设	5. 教师队伍建设	有联盟内教师专业发展规划；由联盟组织的干部教师培训安排具体、内容丰富、形式多样
	6. 干部教师交流	有干部教师交流轮岗的具体安排，并落实到位
	7. 研训联动开展	广泛开展师徒结对，"带教师、带教研组、带课题"专项活动安排具体；联盟内部的集体备课，课堂教学观摩、专题研讨、教学竞赛等研训活动形式多样，实效性强；过程性工作记录完整

续表

一级指标	二级指标	考核要点
三、文化共建	8. 信息交流平台建设	建成联盟信息网络，构建跨校、及时、互动的学校办公系统及教师教研、优质教育教学资源共享的网络平台
	9. 制度文化建设	定期开展联盟发展的制度与文化建设专题研讨会，实现管理经验共享
	10. 校园文化建设	有具体的共建项目并有序实施
四、质量同进	11. 课程建设	联盟对成员学校国家、地方、校本三类课程的开设进行有效管理和督促；联盟内各学校能结合自身特点和优势，自主选择开发和实施校本课程
	12. 教育管理	龙头学校对联盟内各学校的德育工作有具体务实和有效的指导；联盟定期召开成员学校班主任工作经验交流会，培训会；定期开展学生校际交流活动
	13. 教学管理	建立联盟内教育教学质量监测体系，定期开展质量检测和分析；定期召开质量专题研讨会
	14. 教育科研	每年召开一次教育科研年会，展示成员学校教育科研成果，总结新经验，提出新任务
五、发展状况分	15. 联盟纵向发展状况	联盟各成员学校校园文化更加浓厚，内涵更加丰富，特色更加鲜明；师生有明显的联盟荣誉感和积极向上的精神风貌；成员学校干部队伍成长迅速，中层以上干部结构更加合理；成员学校教育教学质量有明显的提升；联盟内各学校无重大安全事故和严重违法乱纪事件发生

资料来源：中乐县教育局。

（三）联盟与圈子

学校联盟组建的初衷是"深入推进优质教育资源全域覆盖，实现中乐教育高质均衡发展"，这是否意味着学校联盟一旦组建完成，这些成员学校与龙头学校就会形成良好的沟通和互动呢？事实告诉我们，这可能只是政府的一厢情愿。人们也忙于把现代管理制度引入行政、经济和事业部门，试图提高行政、经济和事业机构的工作效率，但很快就发现，这些匆忙制定的法律、法规和同样匆忙拟定的管理制度不是一头撞到人情的软墙上，就是跌倒到各种有形或无形的关系网络之中（曹锦清等，2001：505~506）。在学校联盟发展过程中，只有那些有着较好朋友关系的校长之间才会有较好的沟通和交流，在一个圈子里的校长相互之间有着较好的私人关系，他们之间对这些内容无话不谈，在校长的引导下这些学校教师之间也逐渐增强了交流和熟悉的程度，他们之间可以形成真正的"师徒结对"关系，师父手把手地向徒弟传授真经，而不会有所保留。但是在这个圈子之外，这种亲密的关系就烟消云散了，即使是在行政命令下，上级部门把这些学校强行地放在一个联盟内部，这些学校也不会积极地去开展相关的活动，即使规制性制度要求他们必须举行教师交流、管理沟通，表面上他们不会去抵抗这种权威，然而在内部则是相互之间的貌合神离。由于圈子能使人获得圈子以外无法获得的东西，因此圈子内的人有一种自我认同感，甚至有圈子内通行的话语，由此形成圈子的内聚力，所以圈子尽管是无形的，但内在地具有排他性，许多事情只有圈子内的人才知道，许多好处也只有圈子内的人才能享受（徐勇，2002）。圈子有着内在的排他性，这一点与美籍人类学家许烺光提出的中国人所具有的"情境中心"的处世态度较为类似。这是一种持久的、把近亲联结在家庭和宗族之中的纽带与特征，在这种基本的人类集团中，个人受制于寻求相互间的依赖，他之依赖于别人正如别人之依赖于他，并且完全明白报答自己恩人的义务，无论这一还报在时间上要耽搁多久（许烺光，1990：1～2）。当然，随着人们相互之间交往的增多，这种处世态度也超越了仅仅是"家庭和宗族"的界限，逐渐扩大到朋友乃至同事，甚至很多情况下，朋友圈子的依赖性程度要远远高于亲属之间。

有一次，笔者和红花初中的校长谈关于联盟发展中学校之间沟通的问题，他做了如此的回应：

> 我们只和红花中学、天宝学校有沟通，其他学校从来没有交流过。（为什么？）你可能不知道，别看联盟发展里有那么多的学校，而且在考核的时候也都能拿出来举办活动的照片啥的，其实建立真正联盟关系的学校还是比较少的。在学校与学校之间，主要就看校长的交情，如果他们有好的交情，就一定会真正合作下去，在任何方面都是如此。就拿我们这个地方来说吧，我们红花初中与红花中学、天宝中学联系得很紧密，不管上面有没有什么联盟发展合作的要求，我们无论遇到什么困难，我们几个学校的校长总是会碰一碰头，总是能够在第一时间商量着怎么解决。每到周末或者过节的时候，我们几个校长会带着一些中层领导以及教师去简单聚个会，大家在一起就是非常要

好的朋友。然而，事实上我们和侨乡学校、普华学校以及雅成学校离得也很近，也刚好都是在红花镇，我们之间每年的见面机会非常少，从来不会主动联系，他们也极少联系我们。为啥？我们没有什么私交啊，更要命的是我们之间还存在着生源的竞争，他们学校教育质量不行，每年有很多生源流入我们这几所学校，他们对这些情况不满意，每次招生的时候都要去教育局找领导。这是没有办法的事情啊，学生要来我们学校我们能不招收吗？他们学校没有吸引力、招收不到足额的学生，这事怎么能怪我们呢？总之，联盟发展中任何真正的合作都是建立在人情之上的，否则就很难做。

值得一提的是，许烺光所提到的这种依赖和义务只存在于这个圈子或者这个特殊的情境之中，在圈子之外或者别的情境之中，人们就会使用另外一套准则，即在每个人的内心深处都有一个情境之内和情境之外的"二元立场"。这就如同管理学中的权变理论，我们不可能找到一种放之四海而皆准的超级理论，在实践中能够做的就是在不同的情境中使用最合适的管理方法。面对不同的对象表现出两种完全不同的态度，这在他们眼里是一种再正常不过的现象。既然持有双重或多重道德行为准则被视为正常，那么这些标准也不会给个人内心带来任何冲突，个人对趋同既然无任何怨艾，对在不同场合按不同标准采取不同行动也就不觉得内疚（许烺光，1990：2）。在学校联盟发展中也是如此，对于任何一位校长而言，如果对方是一个圈子的朋友，不管他是否在教育局划定的这个联盟内部都可以进行任何形式的沟通；如果对方不是一个圈子的人，即使他和这位校长同属一个学校联盟，仍然可能会出现毫无"共同语言"的结果。

二 委托管理

（一）委托方和管理方是如何产生的

笔者在中乐期间，省内教育领域首例委托管理试验学校落户乾口市的瑞联区和中乐县，前者是管理方，将接受中乐县的委托选择一所优质学校来管理中乐县域内的一所薄弱学校。为何在众多地方选择这两个区县作为委托管理的试点呢？原因在于，在过去的十年间这两个区较长时期的合作、交流历史已经造就了今日的良好关系，以下就是两个区县教育互动轨迹的简要回忆。①

2004 年，乾口市的瑞联区和中乐县两地党委和政府建立了互动机制，开始开展教育合作与互动。后来，瑞联区与中乐县之间在各个领域的互动交流合作被人们简称为"瑞中互动"。

2005 年 12 月 31 日，中乐县县长在中共中乐县十一届五次全委会上做出报告《全面落实科学发展观，加快建设社会主义新农村》，重点对过去一年城乡教育一体化的成绩进行了回顾。瑞中对接活动扎实开展，坚持大统筹理念和资源共享、优势互补、共同发展的原则，中乐县与瑞联区在产业、招商、就业等 8 个方面互动合作，积极探索中心城区与远郊地区联动推进城乡一体化的新路子，受到了市委、市政府主要领导的充分肯定（中乐县史志办公室，2007）。

2006 年 12 月，瑞联区教育局和中乐县教育局经过深入研究、探讨，决定选出瑞联区 5 所优质学校在中乐县 5 所学校挂牌成立分校。瑞联区教育局和中乐县教育局各分别选择 1 所初中和 1 所小学，建立结对学校，并举行挂牌仪式。

2007 年 2 月，"和谐互动共谋发展——瑞中教育均衡发展志愿者出征"仪式在瑞联区教育局隆重举行。

2007 年 3 月，瑞联区教育局和中乐县教育局就 2007 年瑞中教育互动的主要工作达成了 6 项重要决议。

2007 年 5 月，瑞联区教育局和中乐县教育局出台《关于"瑞中教育互动"干部、教师培训五年规划（2007—2011 年)》。

2008 年 9 月，瑞联区教育局组织 2 名十佳校长和 8 名骨干教师开始了"瑞中教育互动"新一轮支教工作。

2009 年 3 月，瑞联区教育局选派区内 6 所名校，领办中乐 6 所学校。

2009 年 5 月，瑞联区教育局和中乐县教育局签署了《关于开展

---

① 以下的信息由中乐县各期简报、年鉴以及瑞联区和中乐县合编的内部资料整理而成。

"推进瑞中互动，共享优质教育资源"的协议》。

2009 年 5 月，"一起创造 共同分享——乾口市深度推进区域教育互动发展暨瑞中对流现场工作会"在瑞联区瑞联工业港召开。

2009 年 9 月，瑞联区教育局和中乐县教育局在中乐县召开了 2009 年干部教师交流互动工作会，瑞联区派出 12 名干部和教师赴中乐县支教。

2010 年 8 月，瑞联区教育局派出 6 名干部和教师赴中乐县支教。

2011 年 1 月，瑞联区教育局和中乐县教育局共同制定了《关于进一步深化瑞中教育互动工作的实施意见》。

2011 年 8 月，瑞联区教育局派出 6 名干部、4 名教师赴中乐县支教。

2012 年 3 月，瑞联区教育局和中乐县教育局在青羊区共同召开了"深化瑞中互动发展促进教育圈层融合工作研讨会"。

2012 年 4 月，瑞联区教育局和中乐县教育局共同出台了《关于深化瑞中互动发展促进教育圈层融合的三年行动计划（2012—2014 年)》、《瑞中结对学校融合发展工作考核评估标准》和《关于互派干部、教师的管理办法》。

2012 年 8 月，瑞联区教育局和中乐县教育局签署委托管理协议。

这种良好的互动关系使得瑞联区和中乐县在众多个区县中脱颖而出，从而成为委托管理试验点的选择对象。事实上，当前在乾口市建立合作关系的不只瑞联区和中乐县这一家。2009 年 4 月，乾口市出台《乾口市城乡学校（幼儿园）互动发展联盟工作方案》，提出要在 6 个中心城区分别选择 1~2 个边缘城区组建城乡学校互动发展联盟，目的在于"充分发挥城市教育资源的骨干、示范、辐射、带动功能，引导城市优质教育资源向农村流动，整体提升农村教育的质量和水平。同时，彰显农村教育的乡村特色，发挥农村教育的生态优势和本土知识优势，为城市教育提供发展动力、发展空间，促进城乡学校互动发展、和谐发展"（乾口市教育局，2009）。在这样的倡议下，乾口市其他区县才开始积极行动，选择其他区县寻求教育合作。

从上面的互动历史可以看出，中乐县作为教育发展较为落后的边远落后地区的县，早在 2004 年就已经与在乾口市教育发展中走在最前面的瑞联区结对，在中小学、幼儿园以及职业学校各个层级建立发展联盟关系。瑞联区教育局副局长于高对此也有着深刻的印象："我们区和中乐县已经有好多年的合作，而且合作领域非常广泛，涉及了教师交流、学校联盟发展、课题合作、特色学校建设、人事制度改革等很多方面，基于双方在合作中的诚意，现在我们已经建立了非常亲密的友好关系，这在其他区县是难得一见的。"另外，以往瑞联区和中乐县政府之间互动取得的经验和成就也被市政府所看重，乾口市副市长在委托管理签约仪式当天讲话中曾谈道："我们之所以选择瑞联区和中乐县，是因为他们在这些方面是很有经验的。今天我们乾口市瑞联区的小学来托管它的小学，我们在两年前吧，乾口市人民医院就已经托管了中乐县人民医院，而且托管的效果非常好。人民医院的托管是实质性的托管，从管理乃至资源，大概市医院每年要向中乐县投入 2000 多万元吧，应该说这个托管对于中乐来说是很有经验的。"① 总而言之，瑞联区和中乐县政府和教育局之间已经建立的良好关系，在很大程度上促成了中乐县教育中委托管理发展模式的出现。

（二）作为符号的仪式：教育互动和国家权力

1. 仪式的过程

近几年，为了促进教育均衡发展并最终实现城乡教育一体化的目标，乾口市在教育改革中已经创新性地提出并实施了名校集团、联盟发展等学校互动模式，在实践中取得了较为丰富的经验和教训。然而，时代形势的不断变化以及教育发展中涌现的新情况，决定了教育改革已经成为教育管理的常态。委托管理是管理学中的一种合作制度模式，在我国教育中委托管理最早出现在 2007 年前后的上海，后来在浙江、北京等地的教育管理实践中也逐渐尝试这种新型发展形式。经过较长一段时期的考察，2012 年，乾口市酝酿已久的委托管理教育改革签约大会在中乐县召开，会议决定乾口市瑞联区的银土小学与中乐县的良善学校建立委托管理关系，这标志着乾口市乃至全省在教育改革中首次引入委托管理的新机制，是实现教育均衡发展目标的又一重要举措。乾口市从上至下对这项改革措施给予了高度

---

① 源于乾口市孙正坤副市长在委托管理签约仪式上的讲话。

重视，以下我们将从参会人员、参会地点、议程、协议等几个方面来解读这项仪式对于瑞联区和中乐县双方共同开展委托管理合作的非同寻常意义。

首先，参会人员的构成。2012 年 8 月 30 日上午，委托管理签约仪式在中乐县举行，乾口市政府以及各区市县教育行政部门所有负责人全部出席了会议。具体包括乾口市副市长、教育局局长，各区市县教育局局长和代表，中乐县县委书记和县长、中乐县政府各部门主要负责人、中乐县教育局所有中层以上的领导以及中乐县所有学校的校长。据会议之后教育局的粗略统计，当天参加会议的人数有 200 余人，几乎所有的人都西装革履、庄严肃穆，从教育局科室人员的私下聊天中可以看出，这次会议的参会人员级别之高、范围之广以及数量之众在中乐县教育历史上是极为罕见的。办公室主任魏红艳认为，这是中乐县教育局难得一见的高级别会议，"市委、市政府很重视这件事情，学校委托管理是个新东西，虽然已经不可能做到全国首例，但是毕竟是我们省里第一次这么做。我在这里工作好多年了，这还是第一次见到乾口市副市长能够亲临中乐县组织召开规模这么大的会议，而且还在讲话中提出了这么高的要求和期望"。

其次，议程。从图 7 - 1 可以看到当时会议的议程，整个会议持续了大约 3 个小时。8∶30～9∶00 为中乐县县委书记和县长致辞；9∶00～9∶10 为乾口市教育局局长宣读义务教育学校委托管理批复；9∶10～9∶40 是瑞联区副区长和中乐县副县长共同签署学校委托管理协议书；9∶40～10∶30 是瑞联区银土小学校长和教育局局长发言；10∶30～11∶00 是乾口市副市长孙正坤对委托管理作重要讲话。其中孙正坤副市长在当天的讲话本来只是半个小时的时间，然而由于他的"意犹未尽"讲话直到 12∶00 才结束。他在激情洋溢的讲话中着重对这次委托管理对于整个乾口市教育乃至经济发展的意义进行了阐述，如"这表明我市又创造性地开辟了一条全域乾口共享优质教育资源、实施先进管理的新路径""我们应该从这个意义上讲，今天的签约背后有很多战略上的目的在里面""我们市教育局非常重视，中乐县委书记、县长也高度重视，所以希望这件事情能有实质性的突破，而且为了提高我们的教育品质，尤其是提高我们人才培养的规模""在这个地方我特别提出，前不久乾口市教育局局长到教育部专门给教育部汇报我们试验区建设的相关情况，对我们一期第一阶段建设工作，教育部是比较满意的，但同时也提出新的期望，这当中很重要的一条就是乾口市的教育能在区域经济发展中能有更大的气魄，更为长远的战略眼光，来推动整个区域教育协调发展，提出了很多具体的要求，所以在我们的视野里，二十个区市县如何做到圈层融合，如何做到教育资源大家互利共赢共享，原来有三个词叫：共通、共同、共享。怎么做？今天我们的签约应该是一个重要的探索"等。①

主持人：乾口市教育局副局长
一、中乐县委书记、县长致辞
二、乾口市教育局局长宣读义务教育学校委托管理批复
三、签署学校委托管理协议书
四、学校委托管理单位代表发言
    1. 瑞联区银土小学校长发言
    2. 瑞联区教育局局长发言
五、乾口市副市长讲话

图 7 - 1　乾口市学校委托管理签约仪式议程

最后，参会地点的选择和布置。当天早上，笔者和教育局所有与会人员驱车前往会议地点——红花镇的红花国际大酒店。该酒店并不在县城而是位于中乐县乡镇一隅，想起来也许没有什么特别之处，然而据笔者了解，红花大酒店是中乐县唯一的四星级酒店，即使放眼整个乾口市也是有着非常响亮的名声的。一般情况下，县政府只有在遇到非常重要的会议时才会选择在这里举办，以教育为主题的会议放在红花大酒店举行，这在中乐县教育历史上是从未发生过的事情。整个会议大厅在各种展板、花卉、标语的映衬下显得非常正式、庄严，尤其是竖立在会场最前方总面积达到近百平方米的超大宣传板尤为突出，上面写着"乾口市学校委托管理签约仪式"几个大字，烘托出整个会议厅的气势恢宏效果。为此，中乐县教育局局长还特意向乾口市教育局递交了《关于申请会务经费支持的请示》，大致内容如下："为深入贯彻落实市委、市政府指示，加快推进城乡教育融合，促进全市教育高质均衡、优质发展，2012 年 8 月 30 日，乾口市学校委托管理签约仪式在我县红花大酒店召开，我局负责承办会务工作。现将相关工作经费支出明细予以呈上，

_____

① 源于中乐县教育局对当天乾口市副市长讲话的整理稿。

恳请市局给予经费支持。"（中乐县教育局，2012）经费具体包括展板和视频制作、背景板设计和制作、花卉租赁、礼仪聘请、场地租赁、休息室租赁、音响投影摄像等设备租赁以及工作餐费。

2. 集体无意识和会场仪式的象征

通过不同形式和类型的仪式，以权力、意识形态为载体的国家嵌入了基层人员工作和生活中，而这个过程完全可能是在当地人"集体无意识"的状态下得以完成的。当然，有些人可能会认为整个仪式的进行是有意识而为之的，毕竟这里都有各种精心的设计、有领导精心准备的讲话、有多次协调沟通才产生出来的协议文本。然而，更进一步来讲，整个仪式的进行实际上是无意识的，是地方性知识所形成的"文化-认知"构成了他们的常规思维，而且这种思维是在不假思索的情况下实施的。在他们看来并没有什么奇怪，"这就是我们这件事情的恰当方式"。仪式的动作是象征性的，但它们并非必然具有目的（郭于华，2000a：2），或者这种目的本来就已经藏匿于仪式之中了。

对于乾口市历史上首次的委托管理办学模式，各级领导均非常重视，通过以上对当天会议整个仪式流程的回顾，也能看到委托管理对于中乐县的重要意义以及各级政府、教育行政部门、各类学校的重视程度。仪式作为象征性的行为和活动，不仅是有表达性的，而且是建构性的，它不仅可以展示观念的、心智的内在逻辑，也可以是展现和建构权威的权力技术，而政治权力亦不仅仅表现为简单的强制，而是力图呈现为一种合法合理的运用（郭于华，2000a：4）。通过会场地点的选择和布置、出席的各级领导以及会场话语中，我们既可以发现政府权力的显性意义，同时各种仪式语言的隐性表达也呈现了政治意图。

马林诺夫斯基在《西太平洋的航海者》中主要讲述了库拉交易的机制和一系列严明的规则。库拉交易是新几内亚的马新地区特罗布里恩德群岛等众多岛屿上人们举行的一种特别仪式，交换的内容非常简单，就是红色贝壳组成的项圈和白色贝壳组成的臂镯，这样的手工艺品在岛上没有什么实用价值，也不是什么珍贵的珠宝钻石，人们在相互交换的过程中也得不到丝毫的经济补偿。然而，就是这些在常人看起来一无是处的"废品"，却被当地人当成了最为贵重的圣物。人们会按照一定的规则进行交换，例如按照固定的方向流动、几个月的保留期限、只在女性范围内流转等。

"库拉"被称作一种全新的交换类型，而正是通过这种交换，它给予人们社会声誉而引起羡慕，于是"库拉圈"中最重要和最独特的东西就因流动和流动特质而取得了价值，那些被认为有特别价值的往往会被赋予一个专有的名词，并伴有一些相关的故事，在他们被保存或被传递的过程中，这些故事总为人们所津津乐道（马林诺夫斯基，2002：1～6）。这就是仪式本身所具有的力量，在本文化视野里，这种力量当地人丝毫感受不到，也不会对它产生的原因、过程进行反思，就像我们不会质疑"为什么外出要穿衣服"一样，仪式就在我们每个人日常的生活里，它早已成为一种习以为常的规范和常识。

同样，这次举行的委托管理仪式与"库拉交易"非常相似，无论对被托管的学校还是对整个中乐县教育系统而言，它都具有重要的政府国家权力的政治意义。在会议结束之后的共餐中，笔者发现基础教育科科长王思进明显承受了巨大压力，作为实际负责委托管理具体事宜的关键人物，他不断苦笑着自嘲："领导已经下达死命令了，委托管理'只能成功、不能失败'，这可让人咋整！"通过仪式所体现出来的"只能成功、不能失败"，俨然已经成为具体负责托管事宜的王科长的一道"圣旨"：必须要在三年之后取得成功，无论采取什么办法和途径。因此，就有着后来出现在良善学校的各种场景：中乐县县委书记、县长以及主管教育的副县长多次来到良善学校调研；双方教育局为学校提供包括资金、生源倾斜、督导、教师队伍、校园设施乃至学校管理等方面的政策倾斜；教育局领导以及各科室负责人多次到学校进行"嘘寒问暖"；等等，而这些待遇，在其他学校是鲜有出现的。如果可以的话，笔者暂且把这种会场的仪式及其随之带来的结果称为"教育库拉"。每个部门或个人通过参与"库拉交易"，如果得到了"名器"就会赢得令人侧目的声望和名誉，同时"库拉交易"的伙伴越多，其在人们心中的社会地位就越高。正是由于"库拉交易"及其制度的存在，这些人才建立了相应的生活制度和教育机会，期待着个人和本部门的未来，保留着生活的希望，"完全没有用"的一个仪式凝聚了他们政治、经济和文化生活的意义。

（三）"半熟人社会"的不适应

在委托管理协议签订之后，瑞联区教育局就委派以银土小学李芳茹为首的教师团队来到了中乐县的良善学校，正式着手开展良善学校新学期的管理工作。其中，李芳茹任良善学校的校长，原良善学校校长张天峰任副校长，中层领导中有一半是由新来教师担任的。随着新学期的开学，新的领导班子也在李芳茹的带领下全面进入了工作状态。

李芳茹是一位 30 岁左右的年轻校长，以往在瑞联区银土小学担任了 5 年的副校长，具有较强的工作能力和实践经验。从与她的访谈中笔者也获知，大约在 2012 年的 7 月份她接到来良善学校做校长的通知，"刚开始觉得挺意外的，毕竟之前没有做过正校长，而且我还比较年轻，在经验上还不能与那些长辈相提并论，更要命的是之前从来没有接触过'委托管理'的事情"。然而，作为一位年轻有为、富有朝气的教育管理者，她并没有为此作无谓的气馁，而是利用整个假期阅读了大量关于学校委托管理的资料文献，为新的管理工作打好理论基础。

不出意料，新学期刚开始，她就相继推出了一系列改革措施，主要包括以下几个方面。首先，对学校现状进行全面的调研。在委托管理本身意义上讲，这样的数据本来可以从第三方评价机构中获得，因为她应该早在委托管理之前就已经拿到了学校的全面数据信息，以作为各个阶段的考核之用。然而，各种因素导致了第三方评价机构的缺席，直到新学期即将结束之时才建立了由双方教育局以及市教科院的相关人员组成的"准中介机构"。基于这样的现实，李校长深入学校内部主要从常规管理、教师管理、课程活动三个方面进行了专题调研，认为当前学校主要面临着三大困局：学校福利待遇差，教师工作无积极性，对学校认同度低，干群矛盾突出；生源流失严重，家长满意度低，办公经费不足，办学成本高；办学效果差，在过去的一年内学校综合成绩在全县 22 所学校中排在第 19 名。这样的调研为李校长开展学校管理工作提供了背景信息。

其次，七大措施整体推进。针对前期调研中发现的问题及调查问卷所反映的师生、家长需求，为进一步探索学校发展方向，良善学校在李校长的带领下开展了一系列改革措施：调整作息时间，优化课程设置，提升学生素养；改变备课方式，规范校本教研，提升教学质量；调整岗位设置，确立发展目标，促进队伍成长；完善规章制度，改革考评方式，提升管理水平；引入民主管理，激励教师参与，提升办学质量；加强食堂管理，提高午餐质量，启动暖阳工程；开展全员家访，深入家庭调研，形成家校合力。在全面管理的基础上，李校长又把重心放在了教导、德育、后勤、党建四大板块上，强调完善学校各部门工作职责、教师教学常规管理制度、班主任管理制度、后勤（财务、食堂、物资采购、学校资产等）管理制度、党团管理制度；改革班级考评方式，新增班级特色发展、学生自主管理权重；将教师工作量、工作效果与教师绩效考核密切挂钩；规范学校管理，激发教师工作积极性。在这些措施的推动下，学校情况有了明显的好转，尤其是对"家访"的实施，让当地居民感受到了这所学校不一样的氛围，很多家长的心态也发生了转变，由之前的"犹豫转学"变成了"放心入学"。

表面上看，李校长已经摸清了这所学校的脉络，实现委托管理协议中的目标也指日可待。然而，事情并没有想象中的这么简单，在这些举措背后也掩藏着李校长的气愤和无奈，尤其是以前学校员工的不配合甚至百般阻挠给李校长带来了无尽的苦恼。贺雪峰在考察村委会选举时发现了一个有趣的"半熟人社会"现象：在一般村即当前行政村一级，村民之间不是很熟悉，但他们与在任和历任村干部都较熟悉，这就构成了一种半熟人社会的空间，在这种半熟人社会中，因为村民之间不是很熟悉，他们缺乏将那些不良干部选下来的默契，也没有公推可以代替在任村干部的村庄能人（贺雪峰，2001）。随同李校长一起来的那些教师相互之间比较熟悉，之前在同一所学校也都是多年的同事，他们之间工作和生活上不存在沟通障碍的问题，可以说是一个小型的熟人社会。然而，原良善学校的教师就不同了，他们与新校长之前从来没有过任何交往，完全是陌生人，这就在一定程度上造成了良善学校整体上是一个"半熟人社会"，甚至在刚开始时是一个陌生人社会。

在这样一个氛围里，原良善学校的教师和领导与新校长并没有交情，甚至他们根本就没有把这位初来乍到的新校长放在眼里，在他们看来，"这所学校本来就好好的，没有必要让这些外人来管理"。刚开始，他们就以出工不出力、沉默、开会故意迟到等各种隐蔽性较强的手段"团结"起来反抗新校长的各种措施，这让李校长颇为无奈：

> 学校规定所有教师都必须到操场，与学生们一起度过这个做操活动，目的也是想要培养教师与学生之间的感情。但是有一次是在上午

课间操的时间，我看到李主任径直走开了，于是就从后面喊他，但是无论我怎么喊他都不回头。事后我去他办公室找他问起这件事情，他竟然装聋作哑，说当时喇叭那么响根本没有听到我在喊。真是让人生气！

当然，这只是李校长痛苦的开始，随着新学期新的规章制度的建立，一些人开始故意捣乱，甚至直接到校长办公室对李校长提出质疑，更有甚者直接闹事。其中，最为严重的当数新制度中的"将教师工作量、工作效果与教师绩效考核密切挂钩；规范学校管理，激发教师工作积极性"一条，好几位教师一起闯入校长办公室，并对李校长破口大骂。对于这件事李校长觉得十分委屈："之前我们学校为了激发教师工作的积极性，都是按照这种方式来分配绩效工资的，不然都像以前那样大家都差不多，那工作还怎么开展啊。这里的教师真的太不讲道理了，我都和他们讲不到一块，我说的他们也听不懂，他们说的更是不可理喻！"在笔者离开中乐县之前，这位校长还在这种折磨之中挣扎，她一直不知道到底是自己错了还是别人不讲道理，或许，最开始教育局一位科室负责人不经意间的一句担忧道出了其中的关键："刚刚到了一个陌生环境，这位校长又这么年轻，与这些教师能处好吗？"

结　论　制度是如何思维的

英国学者玛丽·道格拉斯（M. Douglas）曾经在《制度是如何思维的》一书中写了这样一个典型案例：五位探险者困陷在石洞中，他们已经知道洞外救援工作正在紧张进行，但需要十余日方能打通。而此时他们食粮已经用完，无法维持到救援成功的时刻。唯一生存下去的希望是牺牲成员之一，食其肉以延生，以一死拯救四条生命（周雪光，2001）。他们会这样做吗？作者并没有做出肯定或者否定的回答，但是在道格拉斯看来，这牵涉到制度与人们行为之间的关系，至于这些人如何选择，将与每一个人自身曾经生活的社会文化和观念制度有着极大的关系。同样，在城乡教育一体化的提出、变迁以及实施过程中，各地区地方政府、教育行政部门以及学校会做出什么选择，也与制度紧密相连。

在本书中，对于制度概念的使用主要来源于新制度主义社会学派，但又不囿于他们的规定，此处的制度主要是由具有强制性的通过各级部门颁布的各种法律法规、正式的规范制度构成的权力与由仪式、关系、角色等构成的文化所组成。权力与文化作为制度的两大重要构成部分，它们是如何影响地方政府、教育局和学校中人们行动的呢？这些人又是如何思维的呢？在本书引子中的那位王校长为何会有着那样的历程和困惑呢？通过对中乐县城乡教育一体化进行的人类学田野工作，笔者获得了对该地区城乡教育一体化制度变迁和实施过程中不同个人、群体以及组织的实践行为、文化和权力的基本认识，并尝试着在与国内外相关理论对话过程中提炼出具有中国本土地方性知识性质的制度逻辑。

一　城乡教育一体化的实践行为

（一）制度变迁的强制性

20 世纪 80 年代以来，中乐县城乡教育关系发生了从城乡教育对立到城乡教育一体化的变迁过程，即使目前城乡教育一体化还是一个远远未竟的目标，但是近 30 年的时间已经让中乐县城乡教育进入了深层变革阶段。中乐县城乡教育在宏观和微观层面上相继进行的一系列改革，它们共同构成了城乡教育一体化制度变迁的图景。

中乐县城乡教育一体化从产生至今共经历了三个发展阶段，其中 1986～2001 年为城乡教育差异化阶段，2001～2008 年为城乡教育统筹发展阶段，2008 年至今为城乡教育一体化阶段。

在城乡教育差异化阶段，中乐县在城乡教育改革中主要提出了"地方负责、分级管理"的教育管理体制、"以乡为主"的教育经费投入体制、"重点校"政策，而"两基"成为政府和教育行政部门开展教育工作的重心。从以上政策的要旨来看，"城本主义"的价值导向造成了农村教育在整个教育体系中的边缘化以及城乡教育发展的失衡，更为关键的是，"农村教育农民办"的教育经费投入体制加重了原本就不富裕的农民身上经济压力。显然，从中乐县的制度设计和实践实施层面上看，农村地区普遍遭遇了不公平待遇。因此该阶段中乐县城乡教育具有典型的城乡教育差异特征，在城乡教育统筹阶段到来之前，这段时期也可以被看成中乐县农村教育黎明前的黑暗。

2001 年中乐县开始进入城乡教育统筹发展阶段。2004 年中乐县提出了城乡教育统筹的发展理念和一系列规划举措，在很短的时间内中乐县教育局的政策和工作计划中就出现了"城乡教育一体化""城乡教育统筹"的表述，这标志着中乐县城乡教育开始了从差异化走向统筹。在 2004～2008 年，中乐县提出了中小学校特别是农村基础教育阶段学校的标准化建设工程，在很短的时间内顺利完成了乾口市中小学校标准化建设的验收工作。同时，中乐县也出台了教师交流、学校结对、特色学校建设、学校联盟发展等促进城乡教育质量均衡的政策。

2008 年至今，中乐县处于城乡教育一体化的第三个发展阶段。2008 年 7 月，中乐县在新任教育局局长的带领下确立"高质均衡"的发展思路，提出了包括 5 大举措、5 项工程、5 个保障的"555"行动计划，建立了"农村基础教育改革试验区"，开启了中乐城乡教育发展的新阶段。基于中乐县在城乡教育统筹发展阶段已经基本实现了在"硬件"上城乡教育均衡的事实，该时期中乐县主要致力于城乡教育质量的均衡，相继提出了人事管理改革、教学教研、强弱合作、素质教育、教育教学评价、现代办学制度等方面的举措，其中重点涉及绩效工资制度改革、教师管理中心的设立、教师交流的实施、教师培训、高效课堂、学校联盟发展以及学校委托管理等内容。与前一阶段相比，中乐县的城乡教育一体化更加注重"软件"意义上的城乡教师协同进步和城乡教育质量的均衡，城乡教育改革进入了深化发展阶段。

通过对中乐县城乡教育一体化产生过程的整体回溯，笔者发现，无论是教育管理体制、教育经费投入体制、教育发展区域规划，还是中小学校标准化建设、教师交流、学校结对、特色学校建设、学校联盟发展，这些制度的提出基本上是多种因素综合影响下的产物，而这些因素包括当时所处的社会背景、农村学校条件落后的事实、学校管理者和教师的教育理念、上级政府和教育行政部门的相关规定、中乐县自身的文化历史和现实条件等。然而，在以上众多的影响因素中，上级政府和教育行政部门的教育政策、规章制度、会议报告、领导指示等规定对中乐县的城乡教育改革有着决定性的作用。如果没有上级的规定，即使其他的影响因素都存在也不会促使中乐县进行某项制度的选择。值得注意的是，此处的"上级"主要指的是"上一级"政府而非国家和省级政府，研究发现：如果只是在国家或者省的层面提出一些政策，而市一级没有什么反应，那么县一级也就会跟着反应平平；如果在国家或者省的层面没有提出相关政策的情况下，市一级通过自主创新制定出某项政策，那么县级政府也必定会很快跟随。对于学校而言也是如此，学校听从教育局的程度高于听从市级以上的政府。因此，在教育政策的提出上，县级教育行政部门紧跟着市级政府和市级教育行政部门的脚步，地级市政府和教育行政部门对中乐县城乡教育一体化的制度变迁有着关键性的影响。

（二）　制度实施的选择性

一旦教育局提出某项政策或建立某项规章制度，教育局各科室以及各级各类学校是否会认真执行？在调研中，笔者发现在制度实施的过程中，选择无动于衷或者完全执行这两种方式的现象比较少见，在很多情况下制度执行具有选择性特征，即执行主体面对众多不同来源的制度类型，并不会做出选择完全规避或者无视的决定，也不会去严格地按照制度的要求和细则来执行，而是更多地会倾向于对其中的一部分制度进行一种策略性的、不完全的选择，这就造成了人们在行为的过程中会遵循一些制度，同时其他的一些制度将不会被执行。

这种现象在日常生活中也经常出现。在学校图书馆里的墙壁上都有着"不准在室内进食""请让您的手机静悄悄地开""禁止在图书馆内抽烟""禁止大声喧哗"等规定，然而通过观察可以发现，图书馆中吃各种零食、手机铃声不断、抽烟以及大声讲话的现象比比皆是，而管理员对此则始终睁一只眼、闭一只眼。与此同时，图书馆在借还书日期、放假期间教室开放安排、上班和开馆时间等方面的规定却得到了很好的执行。中乐县在城乡教育一体化实施期间也存在很多此类的现象。与如火如荼的标准化建设相比，中乐县在教育统筹发展中提出并实施的教师交流和培训、特色学校发展、教学改革、学校结对等其他措施就显得步调迟缓，甚至大多只停留在政策宣传的层面，并没有转化为教育局和学校教育教学工作的实际行动。很显然，这段时期内中乐县城乡教育统筹制度的实施过程呈现冰火两重天的"动"和"静"并存现象。

同样，在中乐县教育局网站上有着各部门机构职责的规定，对于教育科而言，该部门的职责规定一共包括6个部分，诚然教育科能够很好地完成"负责初中、小学招生和普通高中毕业会考工作，负责全县学生学籍管理，负责核发义务教育完成证书和高中毕业证书，归口管理教学用书"等任务，然而，对于"指导教育研究培训中心工作；制定学校办学水平评估标准；制定各级各类学校教育教学管理办法，并指导、检查、督促实施"等规定则置若罔闻。迈耶认为正式组织在结构上通常是松散的，结构要素之间以及结构与内部运作之间只是松散地结合在一起；组织中经过研究讨论耗费大量的精力制定的制度也没有得到预期的执行（Meyer, 1977：

340-343）。新制度主义者认为组织在结构上具有松散性特征，人们耗费大量的人力、物力设计出的各种规章制度并没有在实践中得到执行，而是被束之高阁。新制度主义的观点与中乐县城乡教育一体化实施过程中出现的选择性特质与此有着相似之处，即都认同制度执行遇到的"不被执行"现象。然而，他们之间也存在着较为明显的区分，并不是所有的制度都得不到执行，而是具有明显的选择性，除了一些制度得不到执行的情况之外，另外还有一些制度诸如中小学校标准化建设却得到了非常顺利的实施。

（三）表面化的遵守

中乐县教育局和学校在执行城乡教育一体化的各项制度过程中，经常会采用一种表面化遵守的方式，人们在言语和行为中非常重视宣传、仪式以及学校外部环境的设置，至于这些制度是否真正转换为实际行动则已经不那么重要。

在 2008 年之前，一些学校面对教师交流和结对制度之时就基本采用了这种表面化遵守的策略。正如红花学校的卢鸿飞校长所言："那时候上面也会要求我们学校教师到乾口市交流，有的时候也会让我们派教师去县城啊，但是我们做的还是非常有限，当然不只是我们学校这样，其他学校都和我们一样，反正上面也不会来检查这些东西。即使上面来检查，我们只要把表格填好就行了，其他也不需要做什么。还有你刚才提到的学校结对，我记得当时好像也和一些学校结成对子了，但是平时几乎没有什么来往。"

在特色学校建设之中也是如此，对于任何一所学校的校长，校园环境的打造是特色学校建设的重中之重，学校在设计假山、特色长廊、小河流水、校赋、关于"三风一训"的标语等方面的积极性非常高，在走访中甚至发现个别学校花费巨资请乾口市专业的"校园设计"公司来全权代理校园打造的现象。然而，这些行为不过是学校为了应付上级检查的手段，在一些校长看来，校园环境设计完成之后特色学校建设也就大功告成了。

学校为什么要选择"表面化遵守"的姿态？从对他们的访谈可以看出，这与他们对其他学校的模仿有关，自己甚少会做出比较出格的事情，只有这样才是最安全的。这就不得不提及制度环境的合法性机制了。现代社会的组织迫不得已去吸引广为流行的组织运作的理性观念和社会的制度化所定义的做法和程序，如此组织就可以提高合法性和生存的可能，而不管所习得做法和程序的直接效果如何（Meyer，1977：340－343）。上级部门的制度规定、其他学校的运行情况以及其他各种关于教育的政策和观念共同构成了学校周遭的制度环境，制度环境对人们的行为产生一种合法性机制的约束，造成人们在行动中实施表面的遵守。合法性机制主要通过规范、价值观、社会习俗以及观念期待等形成的制度环境得以体现，当这种制度环境成为人们"广为接受"的社会事实时，就会对社会组织和成员的思想和行为产生强烈的影响。另外，在城乡教育一体化过程中出现的上下级参与的盛大签约、人们参加活动时的拍照等仪式，也正是对制度环境所构成的合法性机制的利用和遵循。

（四）制度执行的变通

对于一些制度，教育局和学校并没有按照相关的规定实施，而是采取一种变通的策略，造成制度实施的过程和后果与之前的规定不相符合甚至背道而驰。变通在中乐县城乡教育一体化过程中并不是一个陌生的现象，无论是教育局还是学校，如果要完成一项任务，没有制度的变通可能会遭遇很多预想不到的麻烦。

教师管理中心的建设过程就反映了变通在制度实施中的运用，前文已经对人事管理中的"县管校用"制度实施过程出现的变通现象进行了剖析。按照相关规定和上级部门的要求，县管校用制度实施的内在要求是构建教师退出机制。教师管理中心会根据教师以往的业绩、自身素质等情况，把教师分配到各个学校中去，各个学校也可以对这些教师进行选择。对于那些学校不肯接收的教师，教师管理中心将对其进行较长时期的培训，等到教师自身素质有了较高的提升之后再把他们放到学校中去，如果教师在学校中的表现仍然达不到评估的要求，那么就会实施退出的手段。显然，与其他内容相比，"构建教师退出机制"会让教育局以及政府面临各种压力甚至有可能产生潜在的风险，例如，在教师退出之后养老保险、医疗保险等将如何解决？会不会产生不稳定因素？退出机制可能会引发全体教师的不满，甚至出现较大的动荡。

这当然不是教育局希望看到的结果，因此在实践中教育局对县管校用制度进行了变通。具体而言，中乐县教育局并没有真正建立教师退出机制，而是选择了其他更为温和的方式来惩罚这些不合格教师。对于那些多次考评不合格的教师，教育局采取的惩罚措施就是通过绩效工资、职称评定、教育培训、教学资格等方面来实施，例如那些不合格教师将被取消教师资格，由任课教师变为自习辅导员；被取消学校绩效工资评定资格，将按照最低水平发放绩效工资；等等。值得一提的是，"变通"并非一个贬义词，它并不带有任何的价值判断，因为任何变通都只代表一种对原有目标、计划或者制度的更改。甚至在生活中处处需要变通，否则人就会显得古板、死脑筋。然而，变通的危害也非常明显，它将会导致政策执行不力、上有政策下有对策等政策失真后果。本书中教育局采用的这种渐进式的改革或许也不是那么糟糕，至少它能够对县管校用这剂猛药起到一定的缓冲作用，既能够保证人事改革的逐步深入，也能够避免制度的剧变所可能引发的各种风险。

（五）权力的非正式运作

为了保障城乡教育一体化制度的顺利实施，教育局局长可以凭借自己在教育经费、人事管理、基础设施建设等方面的权力制定相关的奖惩制度和考评制度，迫使学校按章办事。然而，这并不能说明任何人手中有了权力就有了一切，有很多时候权力并不一定能带来成功，当遇到阻碍的时候更不能滥用权力。在中乐县教育局局长身上也出现了正式权力非正式运作的现象，在与教育局工作人员、学校校长和教师以及其他社会部门人员交往过程中，他极少"硬性"地正式使用手中政府赋予的权力，而是往往选择"软性"的方式来解决问题。

中乐县教育局局长通过包括给教师"留家庭作业"、突访红花中学、"舍命"救教师、故事会、无声胜有声、同事是朋友、面子很重要等策略和事件展现自己的影响力。局长为什么会采用这些非正式的运作呢？关系是一个非常重要的因素。局长在使用手中权力之时非常谨慎，他不但不会主动破坏上下级之间的良好关系，反而会通过这种非正式的运作主动地营造各种非正式关系的氛围。例如在"无声胜有声"中，局长原本可以采用对下属严厉批评的方式来实现文稿的修改，而下属面对领导的批评也不会产生直接的抵抗，只能忍气吞声，但是如果局长利用手中的权力硬性地对待这位下属，那么他们之间也就只是纯粹的非人情的命令和执行的关系，这对以后工作的开展将会带来难以想象的困难。

正是在局长这种行事风格的影响之下，教育局相关科室、学校校长和教师才对局长逐渐产生了心理上跟随，这对城乡教育一体化的制度实施起着重要的作用。教育科科长王思进就曾在笔者面前说过这样的话："我今年都是快 50 岁的人了，早在 10 年前我就已经没有什么追求了，但是现在每天在余局长的手下干得很起劲，我不为其他，只觉得要对得起领导的关心和信任。"很多学校的校长都会定期拿着打印好的特色学校建设或高效课堂方案等材料，来主动找局长汇报工作，这些情况在以前是极少遇见的。

（六）下级的软性抵抗

当上级委派的任务或者其他命令影响到了学校校长和教师的利益，或者下级对上级的指示产生不满的时候，理论上可能会出现至少三种不同的结果：其一是通过吵闹、不搭理、当面质疑等方式直接与上级发生对抗；其二是下级基于自身地位的"卑微"，为了避免出现"鸡蛋碰石头"的下场而选择保持沉默和忍受；其三，既不会与上级直接发生冲突又不会默默地承受，而是会使用一种软性的抵抗，即表面上对上级表现出非常顺从的样子，私下却采用各种间接的"武器"表达自己的情绪。在城乡教育一体化中，第三种情况是最常出现的一种方式。

在中乐县城乡教育一体化实施过程中，即使是全县有名望的校长或教师，他们一般也不会直接拒绝上级领导委派的任务，更不要说与上级发生直接的冲突。对于一般的教师而言，因为地位的差别，他们更不敢直接回绝上级，当上级派给他们任务的时候，他们都会选择欣然答应。人们并不会采取公开的、直接的方式来对抗上级行政部门的权威，因为这样无异于一种"飞蛾扑火"式的冒险，会面对被强制性权力惩罚的风险，他们会选择在与上级接触的时候在表面上极为顺从，尽力去照顾别人的面子以及相互之间的交情。当然，这是他们在前台的表演，是对付上级的一种惯用策略，进入后台才真正看到他们对上级抵抗的艺术。他们就会心照不宣地采用"日常的反抗形式"，故意拖延、私下埋怨、装糊涂、躲避不见等都是这种反抗的体现。这种"弱者的反抗"充分体现了间接性、隐蔽性、常识性、有效性特征。

（七）上下级间的共谋

在中乐县城乡教育一体化过程中经常会遇到这样的情况：无论是教育局内部的领导还是中小学校的校长，都对某一项规章制度或政策显露出强烈的反感，但基于各种因素的存在又对它没有太好的规避办法，到最后都不得不硬着头皮去执行。

教师培训就是其中典型的一个例子。中乐县大多数教师和校长不愿意参与一些上级政府或教育行政部门指派的各种培训，但是在权力的威慑下又不能选择直接的抵抗，这时就出现了社会学研究中经常被讨论的一个社会现象——上下级之间的共谋。在本书中，共谋现象出现在教育局负责人与校长以及校长与教师之间两个不同的层级范围上。教育局一些部门的负责人与各学校校长都有着不少的交往，他们之间往往建立了一种亲密的私人关系，最终形成了一个圈子，在学校内部也是如此，学校校长与教师也同处一个圈子范围内。圈子是熟人社会中人与人之间形成的一个有边界的交往，它的本质是一种互利性的活动关系，只是这种互利的活动包含或装饰着一种温情、一种人伦、一种情感。当出现与教师培训类似的制度之时，在圈子内部就形成了一种特殊的"行政关系人缘化"倾向，即一方面是各种规章制度的制定和下达，另一方面却是不同部门、上下级之间建立起来的各种非正式关系，而这种关系往往是推动或者阻碍工作前进的主动力。共谋行为的结果往往造成了制度执行。基于规章制度或政策的非人格化以及一统性的存在，不同层级之间就形成了共谋的操作和不断的再生产。

二 城乡教育一体化的制度逻辑是什么

事实上，人类学研究一般很难"发现"所谓的理论知识，因此人类学者对待理论的态度与其他学科相比也就"吝啬"许多。这一点从马林诺夫斯基对待《文化论》一书的态度便可见一斑。同时，长时期的田野工作也容易导致研究者迷失于纷繁复杂的信息网之中。长期以来，由于人类学家带头助长或至少在旁默许，人们对田野经验的理解充满了浪漫、神秘、冒险等色彩；而今，在巴利的笔下，民族志调查纵非只是徒劳一场，也耗费在闲散、挫折、困顿的泥淖里（奈杰尔·巴利，2003：2）。然而，通过对中乐县城乡教育一体化过程中权力与文化两种因素的考察，笔者还是尝试总结了一些基本的认识和体会。

人类学的基本特征是要去探究日常生活鲜为人知而实际上又是随处可见的道理。我们经常看到教师每天都会按照学校的课程表去教室上课，学生在课堂上安静地听讲而不会大声喧哗，校长也会在办公室里开始新一天的工作，他们为什么会有这么"自动"行为呢？或许这是教育制度约束的结果。我们也可以再进一步追问，到底是什么原因导致了人们对法律制度和惯例合理性的认同呢？人们为何要戴上这些外于他们的枷锁？行为者可以给予下述理由：秩序是正当有效的——基于传统，过去一直存在的，是有效的；基于感情（尤其情绪的）的信仰，新的启示或楷模是有效的；基于价值理性的信仰，被视为绝对有效的东西是有效的；基于被相信是正当的成文的章程（马克斯·韦伯，2000：53）。在韦伯看来，传统、信仰和章程是形成正当秩序有效性的三个原因。如果回归到本书中的制度范畴，其中的惯例、传统和信仰相当于本书中的"文化"概念，而章程则属于"权力"范畴，也正是在文化与权力所构成的制度环境中，人们行为的正当性和合法性有了依据。

笔者通过对中乐县的实地调研发现，在历时的制度变迁和共时的制度实施中，中乐县的城乡教育一体化先后经历了城乡教育差异、城乡教育统筹以及城乡教育一体化的路径，实施了教育管理体制和教育经费体制的改革、中小学校标准化建设、特色学校发展、人事管理制度改革、特色学校建设、学校联盟发展等诸多举措，历时已超过十年的时间。在这个过程中，既充满了诸如中小学校标准化建设的顺利推行，也遭遇到困难和矛盾，经历了制度的调试、变通或者反复，造成以上纷繁复杂现象的原因就是制度环境所形成的合法性机制，在具有地方性知识特征的权力和文化的双重影响下，组织和人们在行动中遵循着共通的制度逻辑。

首先，城乡教育一体化的制度包括权力与文化两大类型，它们构成了组织和个人所处的制度环境，在县域内的城乡教育一体化制度产生、变迁和实施的语境中，权力与文化均按照各自的运作逻辑对人们产生影响。但是，在整个过程中文化和权力对组织和个人的影响程度并不对等。社会学能够毫无困难地认可，在同一个交际圈子内，存在着分别有效的、互相矛盾的各种秩序，一个人甚至可能把互相矛盾的集中秩序当作行为的指南。这不仅像日常可见的那样，表现在他的时间前后的行为上，而且也表现在他同一个行为中（马克斯·韦伯，2000：45）。一个女子在面对歹徒抢劫时，她可能选择大声呼救，是因为她相信人们"路见不平拔刀相助"的习俗；她可能选择对歹徒屈服，这是因为她认为"千金散尽还复来"，"留得青山在不怕没柴烧"能够让她重生；她也可能选择与歹徒斗智斗勇，悄悄留下这些歹徒的有效物证，之后诉诸法律，这是她把刑法当成了行动的指南。同样，以中乐县城乡教育一体化过程中的教师培训为例，面对上级政策统一性和教师普遍表现出的反感，教育局负责人就至少面临着两种秩序的选择，他可以动用自己的关系与学校校长和教师达成一种"皆大欢喜"的共谋，但是这也违背了上级关于教师培训的制度规定；他也可以毫不犹豫地动用手中的正式权力，逼迫校长和教师完全遵循上级规定，不过这样他也有可能永远失去下级对他的信任与支持。而这些不同的选择，体现了制度中文化与权力的相互交错和运行逻辑。

其次，强权力弱文化。权力与文化到底哪一方能够战胜对方？这可能难以获得一个确切的答案，本书得到的最有价值的结论是发现了它们的不确定性和情境性特征。在城乡教育一体化的过程中，确实存在着权力强于文化的情景，最为明显的是：中乐县"提出"任何一项重大改革措施或者理念时，权力的作用往往大于文化的意义，文化逻辑难以抵抗这种强势的权力，无论是否基于自愿，人们很难在名义上采取沉默或针锋相对的行动，笔者暂且把它称为"强权力弱文化"。需要强调的是，这里的权力主要是来自"上一级"领导。对于教育局而言，权力主要指市级政府而非省级政府或者国家，对于校长而言，权力则来自县教育局，对于学校任课教师，校长则是影响他们行为的最重要权威。例如，2004 年前后中乐县开始提出中小学校标准化建设的决定，这并非来自文化中对其他地区的"模仿"行动，而是在上级政府和教育行政部门的权力"强制"下进行的。

再次，弱权力强文化。在城乡教育一体化的过程中，中乐县"实施"任何一项改革措施时，文化的意义总是大于权力的作用，笔者把它称为"弱权力强文化"。在中乐县教育局和学校实施人事制度改革、教学改革以及强弱合作等方面的制度之时，法律、规章制度的作用逐渐式微，人们在实际的行动中往往不会遵循规定，总会保持沉默或者走偏甚至南辕北辙，它们逐渐让位于由关系、仪式、角色等构成的文化要素。这一点通过教育局局长正式权力的非正式运作、教学改革中的前台与后台、学校联盟发展中的圈子现象等案例得以显现。从中我们也能够理解为什么人们的行动过程与结果和权力的规定有所不同，为什么不同地区实施同样一个政策却出现了完全相反的结果，为什么教育世界会有这么丰富的选择和现象等。只是，与权力的强制性运行逻辑相比，文化有时候很稳定，有时候却又有着非常明显的变化和跳跃，文化对于人们的言行影响有着更加微妙的机制，这或许也是人类学者专注于对文化开展研究一个原因。

最后，权力与文化的沟通。为了便于对教育现象进行抽象化、理论化，开展一个相对集中的过程分析，形成一个相对规范的研究结论，本书对制度逻辑本身采取了概念化的处理，权力与文化是本书最重要的两个具有相对清晰界限的分析工具。然而，这并不代表现实中权力与文化是相互割裂的关系，事实并非如此，它们之间的区分并没有概念本身或人们理解的那么明显。无论是城乡教育一体化过程中出现的权力非正式运作还是上下级之间的共谋和抵抗，组织和人的很多行为都反映出一个事实：权力与文化之间并非完全割裂，更多的时候它们之间通过某种形式构成一个相互沟通和联系的统一体。共餐作为一种常见的仪式就是权力与文化之间沟通的一个典型现象，从共餐地点的档次、座次、敬酒等方面可以窥探到其所包含的不同等级之间的尊重和圈子关系的双重象征意义，在这样的氛围里，大家不仅仅是在用餐或者喝酒，它更代表着不同层级的人们意见的表达、思想的交融以及观点的碰撞。"国家政权"是由儒家思想交织在一起的行为规范与权威象征的集合体，国家最重要的职能便体现在一系列的"合法化"程序上：掌握官衔与名誉的封赠，代表全民举行最高层次的祭礼仪式，将自己的文化霸权加之于通俗象征之上（杜赞奇，1996：32）。在这样的情况下，仪式、关系等文化因素就不仅仅是一种纯粹的形式，而是其中渗透和反映着权力的力量。

参考文献

一 著作类

〔澳〕林恩·休谟，2010，《人类学家在田野：参与观察中的案例分析》，龙菲等译，上海译文出版社。

〔德〕奥托·博尔诺夫，2001，《教育人类学》，李其龙译，华东师范大学出版社。

〔德〕马克斯·韦伯，2000，《韦伯作品集：社会学的基本概念》，胡景北译，上海人民出版社。

〔德〕马克斯·韦伯，2004，《韦伯作品集：经济与历史支配的类型》，康乐等译，广西师范大学出版社。

〔法〕埃哈尔·费埃德伯格，2005，《权力与规则：组织行动的动力》，张月等译，上海人民出版社。

〔法〕爱弥尔·涂尔干，1999，《宗教生活的基本形式》，渠东等译，上海人民出版社。

〔法〕菲尔南·布罗代尔，1987，《15 至 18 世纪的物质文明、经济和资本主义》，顾良等译，三联书店。

〔法〕菲尔南·布罗代尔，1996，《菲利普二世时期的地中海和地中海世界》，唐家龙等译，商务印书馆。

〔法〕菲尔南·布罗代尔，1997，《资本主义的动力》，杨起译，三联书店。

〔法〕菲尔南·布罗代尔，2003，《文明史纲》，肖昶等译，广西师范大学出版社。

〔法〕列维－斯特劳斯，1995，《结构人类学》，谢维扬、俞宣孟译，上海译文出版社。

〔法〕列维－斯特劳斯，1999，《结构人类学（第二卷）》，俞宣孟等译，上海译文出版社。

〔法〕列维－斯特劳斯，2000，《忧郁的热带》，王志明译，三联书店。

〔法〕马塞尔·葛兰言，2005，《古代中国的节庆与歌谣》，赵炳祥等译，广西师范大学出版社。

〔法〕米歇尔·福柯，2005，《性经验史》，佘碧平译，上海人民出版社。

〔古希腊〕柏拉图，2011，《理想国》，郭斌和、张竹明译，商务印书馆。

〔美〕戴维·斯沃茨，2006，《文化与权力：布尔迪厄的社会学》，陶东风译，上海译文出版社。

〔美〕杜赞奇，1996，《文化、权力与国家——1900－1942 年的华北农村》，王福明译，江苏人民出版社。

〔美〕黄宗智，1986，《华北的小农经济与社会变迁》，中华书局。

〔美〕黄宗智，1992，《长江三角洲小农家庭与农村发展》，中华书局。

〔美〕克利福德·格尔茨，1999，《文化的解释》，纳日碧力戈等译，上海人民出版社。

〔美〕克利福德·格尔茨，2000，《地方性知识：阐释人类学论文集》，王海龙、张家瑄译，中央编译出版社。

〔美〕梅雷迪斯·高尔等，2002，《教育研究方法导论》，许庆豫等译，江苏教育出版社。

〔美〕乔纳森·特纳，2006，《社会学理论的结构》，邱泽奇等译，华夏出版社。

〔美〕乔治·马尔杜塞、米凯尔·费切尔，1997，《作为文化批评的人类学》，王铭铭译，三联书店。

〔美〕斯科特，2010，《制度与组织——思想观念与物质利益》，姚伟等译，中国人民大学出版社。

〔美〕威廉·哈维兰，1987，《当代人类学》，王铭铭译，上海人民出版社。

〔美〕威廉·怀特，1994，《街角社会》，黄育馥译，商务印书馆。

〔美〕威廉·威尔斯曼，1997，《教育研究方法导论》，袁振国主译，教育科学出版社。

〔美〕维克多·特纳，2006，《仪式过程：结构与反结构》，黄剑波等译，中国人民大学出版社。

〔美〕沃尔特·鲍威尔、保罗·迪马吉奥，2008，《组织分析的新制度主义》，姚伟译，上海人民出版社。

〔美〕许烺光，1990，《宗族·种姓·俱乐部》，薛刚译，华夏出版社。

〔美〕约翰·杜威，1990，《民主主义与教育》，王承绪译，人民教育出版社。

〔美〕詹姆斯·斯科特，2001，《农民的道义经济学：东南亚的反叛与生存》，程立显等译，译林出版社。

〔美〕詹姆斯·斯科特，2004，《国家的视角：那些试图改善人类状况的项目是如何失败的》，王晓毅译，社会科学文献出版社。

〔美〕詹姆斯·斯科特，2007，《不被统治的艺术》，郑广怀等译，译林出版社。

〔美〕詹姆斯·斯科特，2007，《弱者的武器》，郑广怀等译，译林出版社。

〔英〕艾尔弗雷德·哈登，1988，《人类学史》，廖泗友译，山东人民出版社。

〔英〕安东尼·吉登斯，1998，《民族国家与暴力》，王铭铭译，三联书店。

〔英〕安东尼·吉登斯，1998，《社会的构成：结构化理论大纲》，王铭铭译，三联书店。

〔英〕安东尼·吉登斯，1998，《现代性与自我认同》，王铭铭译，三联书店。

〔英〕保尔·汤姆逊，2000，《过去的声音：口述史》，覃方明等译，辽宁教育出版社。

〔英〕布劳尼斯娄·马林诺夫斯基，1990，《未开化人的恋爱与婚姻》，孙云利译，上海文艺出版社。

〔英〕布劳尼斯娄·马林诺夫斯基，2001，《文化论》，费孝通译，华夏出版社。

〔英〕布劳尼斯娄·马林诺夫斯基，2002，《西太平洋的航海者》，梁永佳、绍明译，华夏出版社。

〔英〕布劳尼斯娄·马林诺夫斯基，2001，《原始社会的犯罪与习俗》，梁永佳、李绍明译，华夏出版社。

〔英〕布劳尼斯娄·马林诺夫斯基，2004，《野蛮人的性生活》，高鹏编译，团结出版社。

〔英〕布劳尼斯娄·马林诺夫斯基，2009，《巫术科学宗教与神话》，张帆译，世界图书出版公司北京公司。

〔英〕布劳尼斯娄·马林诺夫斯基，2009，《自由与文明》，张帆译，世界图书出版公司北京公司。

〔英〕拉德克里夫－布朗，1988，《社会人类学方法》，夏建中译，山东人民出版社。

〔英〕拉德克里夫－布朗，2005，《安达曼岛人》，梁粤译，广西师范大学出版社。

〔英〕罗伯特·莱顿，2005，《他者的眼光——人类学理论入门》，蒙养山人译，华夏出版社。

〔英〕奈杰尔·巴利，2003，《天真的人类学家——小泥屋笔记》，何颖怡译，上海人民出版社。

〔英〕诺曼·费尔克拉夫，2003，《话语与社会变迁》，殷晓蓉译，华夏出版社。

曹锦清，2000，《黄河边的中国：一个学者对乡村社会的观察与思考》，上海文艺出版社。

曹锦清，2010，《如何研究中国》，上海人民出版社。

曹锦清等，2001，《当代浙北乡村的社会文化变迁》，上海远东出版社。

陈柏峰，2011，《乡村江湖：两湖平原"混混"研究》，中国政法大学出版社。

陈向明，2000，《质的研究方法与社会科学研究》，教育科学出版社。

樊红敏，2008，《县域政治：权力实践与日常秩序》，中国社会科学出版社。

费孝通，2002，《江村经济——中国农民的生活》，商务印书馆。

费孝通，2004，《论人类学与文化自觉》，华夏出版社。

费孝通，2010，《乡土中国生育制度》，北京大学出版社。

风笑天，2001，《社会学研究方法》，人民大学出版社。

冯增俊，2005，《教育人类学教程》，人民教育出版社。

葛兆光，1997，《中国思想史》，复旦大学出版社。

郭于华，2000a，《仪式与社会变迁》，社会科学文献出版社。

郭于华，2000b，《在乡野中阅读生命》，上海文艺出版社。

郭于华，2011，《倾听底层：我们如何讲述苦难》，广西师范大学出版社。

贺雪峰，2003，《新乡土中国：转型期乡村社会调查笔记》，广西师范大学出版社。

黄光国，2006，《儒家关系主义：文化反思与典范重建》，北京大学出版社。

黄光国等，2006，《人情与面子：中国人的权力游戏》，中国人民大学出版社。

黄仁宇，1997，《万历十五年》，三联书店。

黄树民，2002，《林村的故事：1949年后中国农村变革》，素兰、纳日碧力戈译，三联书店。

纪程，2011，《话语政治：中国乡村社会变迁中的符号权力运作》，中国社会科学出版社。

柯政，2011，《理解困境：课程改革实施行为的新制度主义分析》，教育科学出版社。

李亦园、杨国枢，2006，《中国人的性格》，江苏教育出版社。

李友梅等，2008，《组织管理与组织创新（组织社会学实证研究文选）》，上海人民出版社。

李泽厚，1984，《批判哲学的批判——康德述评》，人民出版社。

李泽厚，2008，《人类学历史本体论》，天津社会科学院出版社。

李政涛，2009，《教育人类学引论》，上海教育出版社。

联合国教科文组织国际教育发展委员会，1996，《学会生存——教育世界的今天和明天》，华东师范大学比较教育研究所译，教育科学出版社。

廖其发，2006，《中国农村教育问题研究》，四川教育出版社。

林耀华，1999，《金翼——中国家族制度的社会学研究》，三联书店。

林耀华，2000，《义序的宗族研究》，三联书店。

刘胡权，2015，《底部攻坚：农村小规模学校的振兴》，北京理工大学出版社。

刘岳、宋棠，2006，《国家政策在农村实践过程的理解社会学》，云南人民出版社。

缪榕楠、胡建华、张乐天，2008，《学术组织中的人：大学教师作用的新制度主义分析》，南京师范大学出版社。

裴娣娜，2004，《教育研究方法导论》，安徽教育出版社。

秦玉友，2011，《农村义务教育质量研究》，吉林人民出版社。

全国十二所重点师范大学联合编写，2002，《教育学基础》，教育科学出版社。

芮明杰，2005，《管理学：现代的观点》，上海人民出版社。

司洪昌、丁刚，2009，《嵌入村庄的学校：仁村教育的历史人类学探究》，教育科学出版社。

王道俊、王汉澜，1999，《教育学》（新编本），人民教育出版社。

王铭铭，1996，《社区的历程：溪村汉人家族的个案研究》，天津人民出版社。

王铭铭，1996，《外国学术名著提要：社会人类学分科》，上海人民出版社。

王铭铭，1997，《村落视野中的文化与权力——闽台三村五论》，三联书店。

王铭铭，1997，《社区人类学与中国研究》，三联书店。

王铭铭，1997，《文化格局与人的表述：当代西方人类学思潮评介》，天津人民出版社。

王铭铭，1999，《逝去的繁荣——一座老城的历史人类学考察》，浙江人民出版社。

王铭铭，2000，《非我与我——王铭铭学术自选集》，福建教育出版社。

王铭铭，2003，《走在乡土上——历史人类学札记》，中国人民大学出版社。

王铭铭，2005a，《西方人类学思潮十讲》，广西师范大学出版社。

王铭铭，2005b，《西学"中国化"的历史困境》，广西师范大学出版社。

王铭铭，2006，《心与物游》，广西师范大学出版社。

王铭铭，2007，《经验与心态：历史、世界想象与社会》，广西师范大学出版社。

王铭铭，2007，《西方作为他者——论中国"西方学"的谱系与意义》，世界图书出版公司北京公司。

王铭铭，2008，《20世纪西方人类学主要著作指南》，世界图书出版公司北京公司。

王铭铭，2011，《中国人类学评论》（第20辑），世界图书出版公司北京公司。

王铭铭、潘忠党，1997，《象征与社会：中国民间文化的探讨》，天津人民
出版社。

王铭铭、王斯福，1997，《乡土社会的秩序、公正与权威》，中国政法大学
出版社。

邬志辉，2000，《中国教育现代化新视野》，东北师范大学出版社。

邬志辉，2008a，《现代教育管理专题》，中国广播电视大学出版社。

邬志辉，2008b，《学校教育现代化指标体系研究》，东北师范大学出版社。

邬志辉、秦玉友，2012，《中国农村教育发展报告2011》，北京大学出
版社。

吴文藻，1990，《吴文藻人类学社会学研究文集》，民族出版社。

吴晓蓉，2003，《教育，在仪式中进行：摩梭人成年礼的教育人类学分
析》，西南师范大学出版社。

吴毅，2002，《村治变迁中的权威与秩序：20世纪川东双村的表达》，中国
社会环境科学出版社。

夏建中，1997，《文化人类学历史学派：文化研究的历史》，中国人民大学
出版社。

徐勇，1992，《非均衡的中国政治：城市与乡村比较》，中国广播电视出
版社。

徐勇，2009，《中国农村与农民问题前沿研究》，经济科学出版社。

薛晓源、陈家刚，2004，《全球化与新制度主义》，社会科学文献出版社。

阎云翔，2000，《礼物的流动：一个中国村庄中的互惠原则与社会网络》，
上海人民出版社。

阎云翔，2012，《中国社会的个体化》，陆洋等译，上海译文出版社。

杨懋春，2000，《一个中国村庄——山东台头》，张雄等译，江苏人民出
版社。

杨卫安，2012，《中国城乡教育关系制度的变迁研究》，东北师范大学出
版社。

杨颖秀，2001，《教育政策法规专题》，东北师范大学出版社。

杨豫、胡成，1996，《历史学的思想和方法》，南京大学出版社。

叶澜，1999，《教育研究方法论初探》，上海教育出版社。

衣俊卿，2004，《文化哲学十五讲》，北京大学出版社。

应星，2001，《大河移民上访的故事：从"讨个说法"到"摆平理顺"》，三联书店。

于建嵘，2002，《岳村政治——转型期中国乡村政治结构的变迁》，商务印书馆。

于显洋，2009，《组织社会学》，中国人民大学出版社。

袁庭栋，1995，《巽文化》，沈阳教育出版社。

袁庭栋，1998，《中华文化通志：巽文化志》，上海人民出版社。

翟博，2008，《教育均衡论——中国基础均衡发展实证分析》，人民教育出版社。

张新平，2006，《教育管理学导论》，上海教育出版社。

张新平，2007，《教育管理实践个案研究：实地研究方式》，上海教育出版社。

张永宏，2007，《组织社会学的新制度主义学派》，上海人民出版社。

周星、王铭铭，1997，《社会文化人类学讲演集》（上），天津人民出版社。

周星、王铭铭，1997，《社会文化人类学讲演集》（下），天津人民出版社。

周雪光，2003，《组织社会学十讲》，社会科学文献出版社。

朱炳祥，2004，《社会人类学》，武汉大学出版社。

庄孔韶，1989，《教育人类学》，黑龙江教育出版社。

庄孔韶，1999，《银翅——中国的地方社会与文化变迁 1920 - 1990》，三联书店。

庄孔韶，2005，《林耀华先生纪念文集》，民族出版社。

庄孔韶，2006，《人类学概论》，中国人民大学出版社。

二 论文类

陈静漪、宗晓华，2012，《从城乡分立到城乡一体化——中国农村义务教育供给机制演进路径分析》，《西南大学学报》（社会科学版）第 5 期。

陈雯，2003，《"城乡一体化"内涵的讨论》，《现代经济探讨》第 5 期。

陈向明，1996，《王小刚为什么不上学了——一位辍学生的个案调查》，《教育研究与实验》第 1 期。

陈学军，2008，《新制度主义组织社会学视野下的教育组织研究》，《比较教育研究》第 7 期。

褚宏启，2008，《光荣与梦想：建立公平高效的教育新秩序——中国教育政策 30 年述评（1978－2008）》，《中国教育学刊》第 10 期。

褚宏启，2009，《城乡教育一体化：体系重构与制度创新——中国教育二元结构及其破解》，《教育研究》第 11 期。

褚宏启，2010a，《教育制度改革与城乡教育一体化——打破城乡教育二元结构的制度瓶颈》，《教育研究》第 11 期。

褚宏启，2010b，《义务教育均衡发展评估指标与标准的制订》，《教育发展研究》第 6 期。

褚宏启、杨海燕，2008，《教育公平的原则及其政策含义》，《教育研究》第 1 期。

崔若峰，2011，《城乡一体化背景下中国农村教育走向》，《中国教育学刊》第 8 期。

丁钢，2008，《教育学学科问题的可能性解释》，《教育研究》第 2 期。

凡勇昆、邬志辉，2013，《我国农村教育发展方向的困境与出路》，《华东师大学报》（教科版）第 1 期。

范先佐，2015，《乡村教育发展的根本问题》，《华中师范大学学报》第 5 期。

范先佐、付卫东，2011，《义务教育教师绩效工资改革：背景、成效、问题与对策——基于对中部 4 省 32 县（市）的调查》，《华中师范大学学报》（人文社会科学版）第 11 期。

方展画，2010，《农村教育发展亟待三大突破》，《中国农村教育》第 3 期。

费孝通，1997，《反思，对话，文化自觉》，《北京大学学报》第 3 期。

冯大鸣，2008，《处境变迁与文化回应——西部农村教师专业发展研究》，华东师范大学博士学位论文。

冯军旗，2010，《中县干部》，北京大学博士学位论文。

葛新斌，2006，《农村教育研究：意义、立场与方法之思》，《华南师范大学学报》（社会科学版）第 2 期。

葛新斌，2015，《关于我国农村教育发展路向的再探讨》，《中国农业大学学报》（社会科学版）第 2 期。

郭彩琴、顾志平，2010，《城乡教育一体化的困境与应对策略》，《人民教育》第 10 期。

郭建如，2008，《社会学组织分析中的新老制度主义与教育研究》，《北京大学教育评论》第 3 期。

郭于华，2007，《问题引导下的田野调查与研究》，《民间文化论坛》第 1 卷。

郭于华，2008，《倾听无声者的声音》，《读书》第 6 期。

郭泽斌，2010，《理念变革与制度创新：从城乡教育均衡到城乡教育一体化》，《复旦教育论坛》第 5 期。

海因兹－迪特·迈尔、布莱恩·罗万，2007，《教育中的新制度主义》，《北京大学教育评论》第 1 期。

韩清林，2011，《中国城乡教育一体化发展的理论、实践与对策思路》，《首届中国农村教育论坛论文集》。

贺雪峰，2001，《半熟人社会》，《开放时代》第 1 期。

胡俊生、李期，2010，《农村教育城镇化：城乡一体化的助推器》，《甘肃社会科学》第 2 期。

胡俊生、司晓宏，2009，《农村教育城镇化的路径选择》，《北京大学教育评论》第 3 期。

胡耀宗、童宏保，2010，《义务教育教师绩效工资政策执行中的问题及解决策略》，《教师教育研究》第 4 期。

《教育研究》编辑部，2009，《2008 中国教育研究前沿与热点问题年度报告》，《教育研究》第 4 期。

柯政，2007，《学校变革困难的新制度主义解释》，《北京大学教育评论》第 1 期。

课题组，2006，《〈成都市构建城乡教育一体化发展模式研究〉的研究报告》，《成都教育学院学报》第 7 期。

赖德胜，1996，《分割的劳动力市场理论述评》，《经济学动态》第 11 期。

雷明亮，2003，《记抗日将领李保峰烈士的一生》，载政协中乐县委员会文史资料委员会编《中乐文史资料选辑》（内部资料）。

李冰，2010，《二元经济结构理论与中国城乡一体化发展》，西北大学博士学位论文。

李潮海、于月萍，2010，《城乡教育一体化若干基本问题的思考》，《现代教育管理》第 4 期。

李润洲，2008，《教育学原创性研究何以可能——一种教育学经典的阐释》，《河北师范大学学报》（教育科学版）第 5 期。

李宜江，2011，《城乡教师交流政策实施中问题与对策》，《中国教育学刊》第 8 期。

厉以宁，2010，《论城乡一体化》，《中国流通经济》第 11 期。

刘茂才，2003，《巽文化的历史特征与 S 省特色文化的构建》，《西南民族学院学报》（哲学社会科学版）第 1 期。

刘岳，2010，《国家政策在农村的实践过程和逻辑——以农业特产税征收为例》，华中科技大学博士论文。

刘祖云，1997，《社会转型：一种特定的社会发展过程》，《华中师范大学学报》（哲学社会科学版）第 6 期。

罗燕，2006，《大学排名：一种高等教育市场指引制度的构建》，《江苏高教》第 2 期。

罗燕、叶赋桂，2005，《2003 年北大人事制度改革：新制度主义社会学分析》，《教育学报》第 6 期。

倪星、杨君，2011，《经济奇迹、转型困境与地方官员纵向共谋》，《武汉大学学报》（哲学社会科学版）第 1 期。

庞丽娟等，2010，《完善机制落后义务教育教师绩效工资政策》，《教育研究》第 4 期。

乔晖，2011，《城乡一体化进程中教育均衡发展的教育学视角》，《盐城师范学院学报》（人文社会科学版）第 3 期。

秦玉友，2015，《师资建设是农村教育质量全面提升的战略重点》，《教育发展研究》第 15 期。

石中英，2006，《论教育实践的逻辑》，《教育研究》第 1 期。

宋立军，2010，《超越高墙的秩序：记录监狱生活的民族志》，中央民族大学博士学位论文。

宋丽娜，2011，《人情的社会基础研究》，华中科技大学博士学位论文。

孙立平，1998，《中国社会结构转型的中近期趋势与隐患》，《战略与管理》第 5 期。

孙立平，2002，《实践社会学与市场转型过程分析》，《中国社会科学》第

5 期。

孙立平、郭于华，2000，《"软硬兼施"：正式权力非正式运作的过程分析——华北 B 镇收粮的个案研究》，载《清华社会学评论》（第 1 辑），鹭江出版社。

孙绵涛，2011，《我国城乡教育一体化体制改革与机制创新研究》，《教育理论与实践》第 8 期。

汪丁丁，2008，《中国社会科学的研究方法导论（续）》，《财经问题研究》第 11 期。

王冬凌，2011，《教师高效教师培训模式：内涵与策略》，《教育研究》第 5 期。

王建民，2007，《碎片化到重构：以鄂伦春文化变迁为例》，中央民族大学博士论文。

王熙，2010，《批判性话语分析对教育研究的意义》，《教育研究》第 2 期。

王振存，2008，《文化视域下城乡教育公平研究》，河南大学博士论文。

魏峰，2010，《城乡教育一体化：基于文化视角的分析》，《复旦教育论坛》第 5 期。

魏峰，2011，《在"捆绑"中如何发展——对西南 Q 县城乡学校"捆绑发展"模式的分析》，《教育理论与实践》第 10 期。

邬志辉，2011，《农村义务教育基本价值追求的政策表达》，《湖南师范大学教育科学学报》第 5 期。

邬志辉，2012a，《城乡教育一体化：问题形态与制度突破》，《教育研究》第 8 期。

邬志辉，2012b，《当前我国城乡义务教育一体化发展的核心问题探讨》，《教育发展研究》第 17 期。

邬志辉，2015，《乡村教育现代化三问》，《教育发展研究》第 1 期。

邬志辉、马青，2008，《中国农村教育现代化的价值取向》，《中国地质大学学报》（社会科学版），第 6 期。

吴康宁，2002，《教育研究应研究什么样的"问题"——兼谈"真"问题的判断标准》，《教育研究》第 11 期。

吴康宁，2010，《中国教育改革为什么会这么难》，《华东师范大学学报》（教科版）第 4 期。

徐勇，2002，《圈子》，《开放时代》第 1 期。

徐勇，2006，《当前中国农村研究方法论问题的反思》，《河北学刊》第 2 期。

许纪霖、黄万盛、杜维明，2003，《当前学界的回顾与展望——许纪霖、黄万盛、杜维明三人谈》，《开放时代》第 1 期。

闫引堂，2010，《新制度主义的发展：领域拓展还是理论深化——评迈尔和罗万主编的〈教育中的新制度主义〉》，《北京大学教育评论》第 2 期。

严卫林，2007，《课改中教师培训的"五大顽症"》，《中国教育学刊》第 4 期。

杨晓杰，2003，《魏阳天传》，载政协中乐县委员会文史资料委员会编《中乐文史资料选辑》，中乐政协内部资料。

叶飞，2012，《城乡教师交流的"异化"及其对策分析》，《中国教育学刊》第 6 期。

叶澜，2001，《思维在断裂处穿行——教育理论与教育实践关系的再寻找》，《中国教育学刊》第 4 期。

余冰，2008，《西街社会：对一条广州老城街道中社区组织的研究》，中山大学博士学位论文。

余茜，2008，《试论巽文化对 DXP 品格的影响》，《传承》第 7 期。

袁桂林，2010，《农村教育政策的误区与建言》，《中国农村教育》第 2 期。

袁桂林，2011，《解决农村教师问题需要制度重建》，《今日教育》第 9 期。

袁桂林、李洪玲，2012，《农村学校布局过度调整的弊端与解决思路》，《社会科学战线》第 5 期。

袁媛，2010，《热闹而寂寞的乡村教化》，东北师范大学博士学位论文。

翟博，2006，《教育均衡发展：理论、指标及测算方法》，《教育研究》第 3 期。

张金岭，2007，《"法"眼看中国：文化想象中的"他者"研究》，中央民族大学，里昂第三大学博士学位论文。

张金英、陈通，2010，《城乡教育一体化的理论与指标体系建构》，《中国农机化》第 4 期。

张奇文，1989，《从城乡一体化的要求看户口政策对上海农村教育的影响》，《上海教育科研》第 4 期。

张天雪，2005，《权力理解的中西检视及其教育学价值》，《教育研究与实验》第 2 期。

张源源，2011，《义务教育教师职业城乡分层问题研究》，东北师范大学博士学位论文。

赵应生等，2012，《转变教育发展方式：教育事业科学发展的必然选择》，《教育研究》第 1 期。

郑金洲，2007，《学校内涵发展：意蕴与实施》，《教育科学研究》第 10 期。

郑也夫，2002，《饭局：一种社会学的分析》，载王焱《社会学家茶座》（第一辑），山东人民出版社。

周雪光，2001，《制度是如何思维的》，《读书》第 4 期。

周雪光，2008，《基层政府间的"共谋现象"——一个政府行为的制度逻辑》，《社会学研究》第 6 期。

周颖华.，2010，《教师培训中"实工虚做"现象解析》，《东北师大学报》（哲学社会科学版）第 4 期。

朱其训、缪榕楠，《高等教育研究的新制度主义视角》，《高教探索》第 4 期。

三 报刊、政策等

〔瑞典〕胡森、〔德〕波斯尔思韦特主编，2007，《教育大百科全书·教育人类学》，西南师范大学出版社、海南出版社。

薄冰，2009，《英汉双解词典》，商务印书馆。

陈碧红，2011，《教师"县管校用"能否促进教育公平?》，《S 日报》10 月 31 日第 1 版。

《辞典》编委会，2002，《英汉双解活用辞典》，上海外语教育出版社。

《辞海》编委会，1990，《辞海》，上海教育出版社。

龚学胜，2009，《当代汉语通用词典》，世界图书出版公司。

共识网，2011，《中国的左派和右派：共识和分歧》，http://www.21ccom. net/articles/zgyj/gqmq/2011/1123/49259.html，11 月 23 日。

国家统计局，2013，http://www.stats.gov.cn/tjsj/ndsj/2011/indexch.htm，

3 月 19 日。

汉语大词典编辑委员会，2003，《全新版现代汉语大词典》，商务印书馆。

胡守荣，2011，《县城教育是城乡一体化的关键》，《中国教育报》7 月 24 日第 3 版。

教育部发展规划司编，1999，《中国教育统计年鉴》，人民教育出版社。

《教育大辞典》编撰委员会，1990，《教育大辞典》，上海教育出版社。

李益众，2007，《乾口城乡教师将实现"同城同酬"》，《中国教育报》11 月 18 日第 1 版。

刘磊，2012，《乾口市全面推进中小学教师"县管校用"流动机制》，《中国教育报》12 月 29 日第 4 版。

乾口市地方志编纂委员会教育志编委会，2000，《乾口市志·教育志》（上、下），S 人民出版社。

乾口市教育局，2009，《乾口市城乡学校（幼儿园）互动发展联盟工作方案》4 月 13 日。

乾口市政府，2007，《乾口市人民政府关于印发乾口市教育事业发展第十一个五年规划的通知》4 月 30 日。

王柏玲，2005，《教师流动能否引入"转会制"》，《文汇报》12 月 19 日第 10 版。

王明浩，2007，《石家庄为教师流动立规矩 中小学不得高薪"挖墙脚"》，《人民日报》1 月 9 日第 11 版。

王善迈，2007，《"重点校"政策影响了教育的公平》，《中国教育报》3 月 8 日第 9 版。

温家宝，2011，《一定要把农村教育办好》，《人民日报》9 月 9 日第 2 版。

邬志辉，2017，《办"有温度"的乡村教育》，《光明日报》1 月 18 日第 5 版。

胥茜，2004，《中小学人事制度改革重点在农村》，《中国教育报》1 月 20 日第 1 版。

叶辉、邓威，2001，《宁波北仑区实行骨干教师流动制》，《光明日报》11 月 14 日第 1 版。

袁桂林，2016，《缓解"乡村弱"关键在轮岗和协作》，《光明日报》7 月 19 日第 14 版。

翟博等，2012，《人类教育史上的奇迹——来自中国普及九年义务教育和扫除青壮年文盲的报告》,《中国教育报》9 月 9 日第 1 版。

赵正元,2001,《北京教师队伍过得硬》,《中国教育报》5 月 2 日第 1 版。

中共中央、国务院,1993,《中国教育改革和发展纲要》2 月 13 日。

中华人民共和国建设部,1999,《城市规划基本术语标准》2 月 1 日。

中乐县地方志编撰委员会,2011,《中乐县志(1986－2005)》,方志出版社。

中乐县教育局,2004a,《关于全县农村中小学标准化建设工作的书记办公会议纪要》8 月 21 日。

中乐县教育局,2004b,《关于推进城乡一体化过程中统筹城乡教育改革和发展的意见》5 月 21 日。

中乐县教育局,2004c,《关于在全县师生中开展"推进城乡一体化"专题教育的通知》5 月 10 日。

中乐县教育局,2004d,《统筹城乡教育 促进基础教育再上新台阶——中乐县 2004 年教育工作会召开》5 月 8 日。

中乐县教育局,2005,《抓住农村中小学标准化建设契机,加快城乡教育一体化进程 促进城乡教育均衡发展》12 月 28 日。

中乐县教育局,2006a,《关于进一步推进教育事业均衡优质发展急需解决的问题的请示》12 月 4 日。

中乐县教育局,2006b,《中乐县关于审定中乐县促进教育均衡发展保障教育公平意见的请示》10 月 13 日。

中乐县教育局,2008,《关于加强教师交流互动工作的实施意见》4 月 10 日。

中乐县教育局,2012,《关于申请会务经费支持的申请》9 月 3 日。

中乐县人民政府办公室,2005,《抓住农村中小学标准化建设契机,加快城乡教育一体化进程,促进城乡教育均衡发展》12 月 28 日。

中乐县史志办公室,2007,《中乐年鉴(2002－2006)》,乾口标点制版印务中心。

中乐县史志办公室,2011,《中乐年鉴(2011)》,中央民族大学出版社。

中乐县委,2006,《关于促进教育均衡保障教育公平的意见》11 月 2 日。

中乐县县志编纂委员会,1998,《中乐县年鉴(1986－1992)》(内部资料),中乐县新华彩印厂印刷。

中乐县县志编纂委员会，2001，《中乐县年鉴（1993－1997）》（内部资料），乾口市印刷技术协会印刷厂。

中乐县县志编纂委员会，2004，《中乐年鉴（1998－2001）》（内部资料），河南省郑州金秋彩色印务有限公司印刷。

中乐县政府，2005，《全面落实科学发展观加快建设社会主义新农村》12月20日。

中乐县志编撰委员会，1992，《中乐县志》，乾口人民出版社。

四 英文类

Carroll G. R. , Delacroix F. , 1982, Organizational Mortality in the Newspaper Industries of Argentina and Ireland: an Ecological Approach, *Administrative Science Quarterly*, 27: 169－198.

DIMAGGIO P. J. , 1979, Review Essay: On Pierre Bourdieu, *American Journal of Sociology*, 84: 1460－1474.

Dimaggio P. , Powell W. W. , 1983, The Iron Cage Revisited: Institutional Isomorphism and Collective Rationality in Organizational Fields, *American Sociological Review*, 48（2）: 147－160.

Dimaggio P. , Powell W. W. , 1984, *Institutional Isomorphism and Structural Conformity*, 1984 American Sociological Association Annual Meetings, San Antonio, Tex.

Dimaggio P. , 1988. *Interest and Agent in Institutional Theory*, Institutional Paterns and Organizations. Ballinger Publishing Company.

Donald A. , Palmer P. , Devereaux Jennings, 1993, Late Adoption of the Multidivisional from by Large U. S. Corporations: Institutional, Political, and Economic Accounts, *Administrative Science Quarterly*, 38（1）: 100－131.

Hirsch P. , M. Hirsch, 1972, Processing Fads and Fashions: an Organizationset Analysis of Cultural Industry Systems, *American Journal of Sociology*, 77（4）: 639－659.

Hoffman A. W. , 1997, *From Heresy to Dogma: an Institutional History of Corporate Environmentalism*, San Francisco: New Lexington Press.

James D. Westphal, Ranjay Gulati, Stephen M. Shortell, 1997, Custo-mization or Conformity? An Institutional and Network Perspective on the Content and Consequences of TQM Adoption, *Administrative Science Quaterly*, 42 (2): 366 – 394.

Meyer H. D. , Rowan B. , 2006, *The New Institutionalism in Education*, State University of New York Press.

Meyer J. W. , Rowan B. , 1977, Institutionalized Organizations: Formal Structure as Myth and Ceremony, *American Journal of Sociology*, 83 (2): 340 – 343.

Meyer J. W. , Scott W. R. , 1983, Centralization and the Legitimacy Problems of Local Government, in Meyer J. W. , Scott W. R. (eds.) *Organizational Environments: Ritual and Rationality*, Beverly Hills, Calif, 199 – 215.

Powell W. W. , Dimaggio P. J. , 1991, *The New Institutionalism in Organizational Analysis*, Chicago: University of Chicago Press.

Scott W. R. , 1994, Conceptualizing Organizational Fields: Linking Organizations and Societal Systems. in Derlien H. U. , Gerhardt U. and Scharpf F. W (eds.) *System Rationality and Partial Interests*, Germany: Nomos Verlagsgesellschaft, 203 – 221.

Scott W. R. , 1987, The Adolescence of Institutional Theory, *Administrative Science Quaterly*, 32 (4): 493 – 511.

Selzhick P. , 1957, *Leadership in Administration*, New York: Harper&Row.

Selznick P. , 1996, Institutionalism "Old" and "New", *Administrative Science Quaterly*, 41 (2): 270 – 277.

Stinchcombe A. L. , 1997, On the Virtues of the Old Institutionalism, *Annual Review of Sociology*, 23: 1 – 18.

Tolbert P. S. , Zucker L. , 1983, Institutional Sources of Change in the Formal Structure of Organizations: the Diffusion of Civil Service Reform, 1880 – 1935, *Administrative Science Quaterly*, 28 (1): 22 – 539.

Tolbert P. S. , Zucker L. , 1996, Component Processes of Institutionalization , in Clegg S. , Hardy C. and Nord W. R. (eds.) *Handbook of Organization Studies*, Sage Publications, 182.

Zucker L. , 1977, The Role of Institutionalization in Cultural Persistence, *American Sociological Review*, 42: 726 – 743.

附　录

一　地名和学校一览

中乐县相关地名		
S省	红花镇	永兴镇
乾口市	田口镇	青山乡
中乐县	黄桥镇	官帽乡
水寨镇	白集镇	绿水乡
老城镇	克井镇	未来乡
中乐县学校		
中乐中学	东街小学	东北小学
红花高中	西街小学	侨民学校
红花初中	青山学校	红花小学
良善学校	田口学校	雅成学校
水寨初中	永兴学校	中乐中学实验学校
克井学校	白集学校	西街幼儿园
天宝学校	老城学校	东街幼儿园
侨乡学校	黄桥学校	中乐职业中学
官帽小学	普华学校	
银土小学	水桥学校	

二　访谈提纲

访谈1　县长、教育局局长访谈提纲

1. 我们是何时开始提出并实施教育均衡（或者城乡教育统筹、城乡教育一体化）政策的？当前是基于何种考虑实施教育均衡政策？是执行上级政策、模仿他人、自主创造抑或其他？您怎么理解教育均衡政策？具体而言它主要包括哪些举措？

2. 上级政府和教育行政部门对我县城乡教育发展提出的要求集中体现在哪里？是否建立了关于教育均衡实施情况的奖惩制度？包括哪些方面？

3. 根据您近年了解的城乡学校的情况，您觉得相比之下还存在哪些差距？近几年这些差距（优势）变化如何？

4. 在教育均衡政策实施的过程中我们县已经取得了瞩目成就，该政策能够被持续推进的原因是什么？在绩效工资处于较低水平的情况下，教育局是如何激发所有成员积极性的？

5. 回首以往的教育均衡工作，这个过程是否顺利？遇到什么样的困难和矛盾？为什么会遇到这些困难和矛盾？其间是否经历了政策的调试、变通或者反复？

6. 您是如何解决这些困难的？任何改革都可能会牵涉到不同利益方的利益，如何处理改革背后的各种关系和利益问题？

7. 当前中乐教育界的各层人士在城乡教育发展的政策上是否已经达成共识？这经历一个怎样的过程？其他人（例如科长、教师、校长以及家长等）是否存在不一样的观点？为何会出现这样的现象？您是如何处理的？

8. 关于城乡教育发展的政策和制度设计主要由哪些人参与？最终的决策是如何形成的？

9. 当国内一些教育专家来到这里进行指导的时候，您最希望他们帮助解决什么问题？从他们那里你们最大的收获是什么？

10. 您如何处理与不同层级人员的关系？包括与上级、同级以及学校校长和教师。

11. 在教育均衡过程中，作为中乐教育的负责人您认为当前存在的最大问题是什么？在以后的教育均衡发展和变革中最应该做的事情是什么？

访谈 2　教育局各科室负责人访谈提纲

1. 我们是何时开始提出并实施教育均衡（或者城乡教育统筹、城乡教育一体化）政策的？当前是基于何种考虑实施教育均衡政策？您怎么理解教育均衡政策？具体而言它主要包括哪些举措？

2. 上级政府和教育行政部门对贵县城乡教育发展提出了什么要求？咱们科室在如今教育均衡方面制定并实施了哪些相关政策和制度？我们是否建立了关于教育均衡实施情况的奖惩制度？集中体现在哪些方面？

3. 在教育均衡政策实施的过程中我们县已经取得了瞩目成就，我们科室在该领域的改革工作是否得以顺利实施？能够被持续推进的原因是什么？

4. 回首以往的工作，这个过程是否顺利？遇到什么样的困难和矛盾？为什么会遇到这些困难和矛盾？其间是否经历了政策和变革的调试、变通或者反复？

5. 您是如何解决这些困难的？任何改革都可能会牵涉到不同利益方的利益，如何处理改革背后的各种关系和利益问题？

6. 当前中乐教育界的各层人士在城乡教育发展的政策上是否已经达成共识？这经历了一个怎样的过程？其他人（例如局领导、校长、教师以及家长等）是否存在不一样的观点？为何会出现这样的现象？您是如何处理的？

7. 关于我们科室的政策和制度主要由哪些人参与设计？最终的决策是如何形成的？

8. 当国内一些教育专家来到这里进行指导的时候，您最希望他们帮助解决什么问题？从他们那里你们最大的收获是什么？

9. 您如何处理与不同层级人员的关系？包括与上级、同级以及学校校长和教师。

10. 在教育均衡过程中，您认为当前存在的最大问题是什么？在以后的均衡发展和变革中最应该做的事情是什么？

访谈3　校长访谈提纲

1. 您熟悉我县其他学校的情况吗？您觉得在人、财以及物等教育资源上与它们相比有什么优势和劣势？近几年这些差距和优势变大了还是变小了？

2. 咱们学校特色发展是什么时候开始进行的？为什么要进行特色发展？当前在特色发展中遇到的最大困难是什么？

3. 学校教师参与培训的积极性如何？每年大概有多少人次的教师接受培训？

4. 学校在高效课堂上是如何做的？取得了什么成效？

5. 咱们学校与哪些学校构成一个联盟？联盟发展的主要内容包括什么？（教师交流、教研活动、高效课堂）每一项内容是如何实施的？目前已经取得了什么样的成果，在哪些方面还需要进一步改进？

6. 如何看待当前我县绩效工资的情况？我们是如何提高教师的积极性的？

7. 教育局是如何考评学校教育教学的？你认为还有什么需要再完善的吗？

8. 你如何看待教育局的诸如特色发展、城乡联盟、教师交流等改革措施？

9. 你觉得和教育局领导交流的时候，最应该注意的是什么？与学校教师和其他学校的校长和教师呢？

10. 是否想过自己通过一些途径（例如发表论文、博客，向上级领导提意见）尝试改变学校现状？

11. 在教育改革的过程中我们已经取得了瞩目的成就，能够被持续推进的原因是什么？

12. 回首以往的工作，这个过程是否顺利？遇到什么样的困难和矛盾？为什么会遇到这些困难和矛盾？其间是否经历了政策和变革的调试、变通或者反复？

13. 您是如何解决这些困难的？任何改革都可能会牵涉到不同教师、家长或者其他人的利益，如何处理改革背后的各种关系和利益问题？

14. 学校中的其他人在这些教育改革中是否存在不一样的观点？为何

会出现这样的现象？您是如何处理的？当前中乐教育界的各层人士在城乡教育发展的政策上是否已经达成共识？

15. 我们学校的相关制度主要由哪些人参与设计？最终的决策是如何形成的？

16. 当国内一些教育专家来到这里进行指导的时候，您最希望他们帮助解决什么问题？从他们那里你们最大的收获是什么？

17. 在教育改革过程中，您认为当前最需要改进的问题是什么？在以后的教育变革中最应该做的事情是什么？

访谈4 教师访谈提纲

1. 你了解近年县城（农村）的学校吗？你觉得和它们相比你们学校在人、财和物等方面有哪些差距（优势）？近几年这些差距（优势）是变大了还是变小了？

2. 咱们学校特色发展是什么？什么时候开始进行的？为什么要进行特色发展？当前在特色发展中遇到的最大困难是什么？

3. 学校教师参与培训的积极性如何？每年大概有多少人次的教师接受培训？

4. 学校在高效课堂上是如何做的？取得了什么成效？

5. 如何看待当前我县绩效工资的情况？我们是如何提高教师的积极性？

6. 咱们学校与哪些学校构成一个联盟？联盟发展的主要内容包括什么？（教师交流、教研活动、高效课堂）每一项内容是如何实施的？目前已经取得了什么样的成果，在哪些方面还需要进一步改进？

7. 教育局是如何考评学校教育教学的？你认为还有什么需要再完善的吗？

8. 你如何看待教育局在诸如特色发展、城乡联盟、教师交流等改革措施？

9. 你觉得和教育局领导交流的时候，最应该注意的是什么？与学校教师和其他学校的校长和教师呢？

10. 我们学校的相关制度主要由哪些人参与设计？最终的决策是如何形成的？

11. 当国内一些教育专家来到这里进行指导的时候，您最希望他们帮助解决什么问题？从他们那里你们最大的收获是什么？

12. 在城乡教育一体化的实施中，你觉得做哪些事情是自己应该做的？是否想过自己通过一些途径（例如发表论文、博客，向上级领导提意见）尝试改变农村学校落后的现状？

13. 在教育改革过程中，您认为当前存在的最大问题是什么？在以后的教育变革中最应该做的事情是什么？

访谈 5　学生家长访谈提纲

1. 你们家孩子在哪里读书？现在读几年级？学习成绩如何？

2. 你曾经去过县城（农村）的学校吗？你觉得和它们相比你孩子所在学校有哪些差距（优势）？近几年这些差距（优势）是变大了还是变小了？

3. 你孩子就读的学校中有选择去县城（农村）读书的学生吗？为什么？

4. 你听说过国家正在积极实施的向农村学校倾斜的政策吗？你听说过特色学校建设、联盟发展、人事管理制度、教师培训吗？你如何看待这样的政策？

5. 作为学生的家长，你认为县城学校与农村学校之间是否应该存在合理差距？还是应该一样？

6. 与县城学校相比农村教育质量差，你觉得主要原因是什么？

7. 你为什么送（不送）孩子去实验学校读书？如果孩子转学到县城（农村）学校，你觉得他的学习成绩会提高（降低）吗？

8. 你如何看待实验学校收取学费这件事情？

9. 您认为当前城乡学校教育存在的最大问题是什么？在以后的教育变革中最应该做的事情是什么？

10. 你是否想过自己通过一些途径（例如发表论文、博客，向政府部门领导提意见）来表达自己的观点？如果有，主要通过什么方式？

后　记

　　我有一个习惯，阅读一本书首先要做的事情并非打开目录浏览整个文本的写作思路，也不是直接进入作者洋洋洒洒十几万言的陈述论证，而是打开后记部分去领略作者记述的写作期间复杂的、真实的、丰富的心路历程。后记是整个文本中最具个性的那一部分，里面隐藏着作者情感的流露和灵魂的跳跃，是自身对个人过往的历程、思想的口述。在这里我没有"富人之乐，穷人之悲"，没有"宇宙之巨，苍蝇之微"，要做的只是想要暂时把自己置于茶楼之一隅，慢慢地分享着属于个人的写作故事。我想，记录作者内心世界本身就是一件有意义的事情。任何社会都会留给人们一个共同的记忆，然而，如果整个社会的记忆没有任何区分也将非常无聊，没有个人、没有灵魂、没有自由。

　　本书是在我的博士论文基础上修改而成。首先我要感谢博士生导师邬志辉教授。在我读本科的时候，就开始读邬老师的著述，也慢慢地有了有朝一日向邬老师学习的梦想，终于在2010年的夏天，我如愿收到了东北师范大学的录取通知书，实现了继续追求人生梦想的愿望。来到学校的第十天是教师节，那天晚上邬老师带领所有同门齐聚东师会馆，虽然当时的一些面孔已经有些模糊，觥筹交错的喧哗也逐渐淡去，然而邬老师的一句话至今仍令人难以忘怀，那就是"做人要与人为善！"邬老师与我们交往中也一直在践行着这样的原则。多年来，我一直在感受着它散发出来的魅力和能量。读博期间，每年的中秋节我们都能享用他送给我们的口味各异的月饼，端午节我们也能品尝到香甜可口的粽子和鸡蛋，在教师节和元旦到来的时候邬老师又带领我们去享受丰盛的大餐……正是如同亲子般的关爱，让远离家乡的我时常感受到家的温暖。博士论文设计之初，依照研究问题和内容我选择了人类学的研究方法，然而对我而言这无疑是一个极大的挑战，这不仅仅因为我从来没有孤身深入陌生的地区进行田野工作，更重要的是我可以选择什么地方作为我的研究对象呢？谁会愿意接纳这样一个陌生的闯入者呢？无奈之下我只能向邬老师求助。令我非常开心的是，邬老师非常爽快地答应了我，并很快联系到了中乐县，这一切为我能够专心于调研工作提供了重要的保障。在我的印象里，邬老师从来没有批评过我，这绝非意味着我从来没有犯过错，我身上存在着很多的缺陷。然而，邬老师给予我很多鼓励，"我相信你的能力""你一定能够做好"。每当我纠结到想要放弃的时候，正是这些话语给我重新注入了活力，让我再次抖擞精神去继续思考。

感谢在调研期间给予我帮助的所有人。研究选择的田野工作地点是位于我国西部乾口市的中乐县，按照研究的计划以及实际的工作情况，在将近五个月的时间里我几乎未离开过中乐县。在这段日子里，中乐县给我留下很多美好的回忆，青山、绿水、饮食、民俗以及各式各样的地方特色都让我大开眼界，更重要的是当地人待我极为友好，他们拿出自己全部的淳朴善良、热情好客来与我坦诚相对。在这里我要特别感谢中乐县的李县长和李副县长，尽管他们工作非常繁忙，但是还不忘时时给予我诸多方便。感谢教育局所有工作人员以及曾给予我帮助的学校校长、教师和当地居民。尤其是教育局的余局长始终以一位长辈对晚辈的呵护为我的生活起居和调研工作建立绿色通道，正因如此，我的调研工作畅通无阻。

人类学者李亦园先生在《寂寞的人类学生涯》中曾言："人类学的研究工作有一大特色，那就是要到研究的地方去做深入的调查探索，无论是蛮荒异域或者是穷乡僻壤都要去住过一年半载，……一个人单枪匹马要去住一年半载，不但孤单寂寞，而且甚至于危险万分并有生命危险……"有了这次人类学田野工作的经历，我才对这段话所包含的意蕴有了更深刻的体会。刚到中乐县之时，每逢周末我或者独自在房间里百无聊赖，或者来到中乐县城的大街小巷闲逛，或者干脆背起电脑再去教育局办公室，独在异乡的这种孤寂若非真正体验是难以想象的。不仅如此，田野工作中我也遭遇了种种别样的考验：长达一月有余的皮肤过敏，一次意外导致小腿严重挫伤，以前只是在电视上看到的地震在这里却接连遭遇了三次……此外，"观察者反被观察"，我也是当地人观察的对象，这或许也是人类学最具奇瑰的魅力之一。身边的一些人看出我的窘况之后开始主动与我接近，在周末的时候邀请我去他们家里做客、品尝当地美食、登山望远，很快我就结识了一些志同道合的朋友。在这里，我想要告诉你们，我始终牢记着我们之间的承诺和"小秘密"，我一直期待着我们再见时那句"朋友，别来无恙"。

我要特别感谢在博士论文答辩时的各位专家！他们是北京师范大学的刘复兴教授、苏君阳教授以及东北师范大学的杨颖秀教授、王景英教授和赵俊峰教授，他们非常耐心地指出了研究的不足和未来需要修改的方向，就其中的一些内容对我进行了极大的鼓励，并且在研究思路和逻辑框架上给予了恰到好处的点拨。我认为如果没有这些专家热心的支持，我的研究成果不会这么顺利地与读者见面，我会一直记得他们的好！

我要感谢我的家人。父母永远是我安放灵魂的港湾，无论有多忙多累，父母的关怀总能够消除身心的疲惫，每一次回到老家也总能够获得难得的放松和休息。感谢爱人王帅女士，你一直是隐藏于我背后的强大精神支撑。每当我遇到难以承受的困难和挑战时，你总是挺身而出与我并肩应对，每当我侥幸获得了一些成绩，我们就会在一起共同分享这份喜悦。

感谢教育部人文社会科学青年基金项目、中国博士后科学基金等项目对研究的大力支持，这些资助不仅解决了我开展科研的经费问题，让我可以有一个比较宽松和便利的工作开展方式，也让我在一些领域和问题上有了深入思考的可能。

一代精神分析大师荣格曾经说过一句话，古希腊时代的神话之所以能够流芳千古，正是因为那里的人民不是在创作神话而是在体验神话。本书的写作过程又何尝不是一次有意义的体验，我们不断地在自己有限的生命和无限的世界之间想象出种种穿梭的可能。然而，有时候我或许过于高估了自己对生活的体验和感悟能力，因为一旦深入教育现场中，就会发现那些研究对象对于教育场景的感悟体验和工作智慧根本就在我之上。"士不可不弘毅，任重而道远"，在未来的学术道路上，我将尽力让自己回到常识、回到真正的中国教育经验中来，对中国当下的教育处境进行深入的体悟和理解，在中国教育问题的语境中寻求真实。

凡勇昆

2016 年 11 月 22 日于东北师范大学

图书在版编目（CIP）数据

城乡教育一体化的制度逻辑：基于中乐县的人类学
考察／凡勇昆著． -- 北京：社会科学文献出版社，
2018.7

（社会变迁中的农村教育）
ISBN 978 - 7 - 5201 - 1040 - 2

Ⅰ.①城… Ⅱ.①凡… Ⅲ.①地方教育 - 城乡一体化
- 研究 - 中乐县 Ⅳ.①G527.614

中国版本图书馆 CIP 数据核字（2017）第 157973 号

·社会变迁中的农村教育·

城乡教育一体化的制度逻辑
——基于中乐县的人类学考察

著 者／凡勇昆

出 版 人／谢寿光
项目统筹／谢蕊芬
责任编辑／杨 阳 佟英磊 杨鑫磊

出   版／社会科学文献出版社·社会学出版中心（010）59367159
          地址：北京市北三环中路甲 29 号院华龙大厦 邮编：100029
          网址：www. ssap. com. cn
发   行／市场营销中心（010）59367081 59367018
印   装／三河市尚艺印装有限公司

规   格／开 本：787mm × 1092mm 1/16
          印 张：17 字 数：278 千字
版   次／2018 年 7 月第 1 版 2018 年 7 月第 1 次印刷
书   号／ISBN 978 - 7 - 5201 - 1040 - 2
定   价／79.00 元

本书如有印装质量问题，请与读者服务中心（010 - 59367028）联系